U0154407

Regression Analysis of Categorical and Limited Dependent Variables

質變數與受限依變數的迴歸分析

黃紀、王德育 ◎著

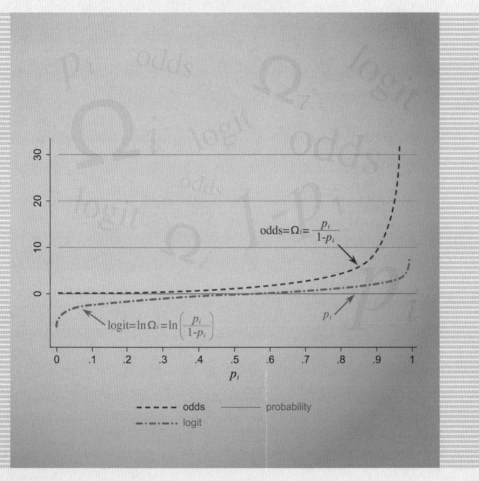

隨書附贈「Stata示範資料檔光碟」

研究方法
系列

序言

　　在社會科學中，依變數屬於質變數與受限變數的例子很多。尤其近年隨著民調資料的普及，這些變數更是常見。但是因為許多研究者不瞭解質變數與受限變數的特質，往往運用了錯誤的分析方法，以致得到謬誤的結果。我們寫這本書的目的就是在提供社會科學研究者一些適當的迴歸模型，以期能正確地分析這些變數。

　　因為本書的內容屬於中階以上的統計方法，我們假定讀者已經對機率與線性迴歸模型有基本的瞭解。在內容上，書中有較多的統計公式，但是我們仍儘量以淺顯易懂的文句來說明。為求理論與實務並重，本書也以實際的範例來解說不同的迴歸模型，並以統計軟體 Stata 第 11 版示範分析的操作。讀者可以自本書所附光碟或作者的網頁下載所使用的資料檔，以便複製練習書中的範例。由於分析質變數與受限依變數的模型很多，本書在有限的篇幅內難以窮盡，所以僅能挑選文獻中比較常見、應用較廣的主題來說明，遺珠之憾在所難免。

　　這本書是我們在教授相關的課程多年之後，集我們共有的心得所寫出的。我們在撰寫的過程中，最苦惱的是尋找適當的範例。我們因此要感謝許多學者慷慨地提供他們的原始資料，使我們得以有不同的例子來說明各種迴歸模型。這些學者包括：在臺灣的王鼎銘、郭銘峰，以及黃紀教授領導的「臺灣選舉與民主化調查」（Taiwan's Election and Democratization Study，簡稱 TEDS）的研究團隊，在美國的 J. Scott Long、Fred C. Pampel 與 Richard G. Rogers、Donald R. Songer 與 Kelley A.

Crews-Meyer、Edwin A. Sexton 與 Terence N. Decker 等諸位教授。我們在此對他們表示由衷的感謝。

　　最後，因為本書的第四、五、六章中使用的部分 Stata 統計軟體指令為美國學者 J. Scott Long 與 Jeremy Freese 所撰寫，所以在這三章中多次引用兩位學者的相關著作。除已在適當的地方注明出處外，並在此說明。

黃紀　　　王德育
謹識於
國立政治大學　　美國 伊利諾州立大學
2012 年 2 月

作者簡介

黃紀

美國 Indiana University（Bloomington）政治學博士（1986），現任國立政治大學講座教授、政治系教授暨選舉研究中心合聘研究員、中研院政治所合聘研究員。專長領域包括政治學方法論、計量方法、比較政治、民意調查、選舉制度、投票行為等。為「美國政治學會臺灣研究會」（Conference Group on Taiwan Studies, American Political Science Association）發起人之一，亦參與「政治學計量方法研習營」之創立，自 2000 年迄今擔任國科會跨校合作研究計畫「臺灣選舉與民主化調查」（TEDS）之召集人。著作發表於 *American Political Science Review*、*American Journal of Political Science*、*Journal of Politics*、*Comparative Political Studies*、*Journal of Conflict Resolution*、*American Politics Research*、*Political Research Quarterly*、*Party Politics* 等 SSCI 期刊及《臺灣政治學刊》、《政治學報》、《問題與研究》、《選舉研究》、《人文及社會科學集刊》等 TSSCI 期刊，合編 *Inherited Rivalry: Conflict Across the Taiwan Strait*、《政治分析的層次》、《如何評估選制變遷：方法論的探討》、《2008 年總統選舉：論二次政黨輪替之關鍵選舉》等書，並著有〈實用方法論〉、〈調查研究設計〉、〈質量並用法〉等專章。E-mail: chihuang@nccu.edu.tw

作者簡介

王德育

　　現任美國 Illinois State University 政治學系教授以及《亞洲與非洲季刊》（*Journal of Asian and African Studies*）共同主編。曾任「美國政治學會臺灣研究會」（Conference Group on Taiwan Studies, American Political Science Association）總協調人。教授課程包括亞洲政府、軍政關係、開發中國家政治、應用統計、與類別變數分析。近年並於中央研究院政治學研究所與政治大學選舉研究中心合辦的「政治學計量方法研習營」（Institute for Political Methodology）以及美國 Duke University 政治學系與上海財經大學公管學院合辦的「中國公共管理與政治學研究方法培訓班」教授研究方法。主要研究興趣為兩岸關係、美國對華政策、國家認同與政治穩定等專題。並於中外知名期刊發表文章四十餘篇，其中包括 *American Political Science Review*、*Asian Survey*、*International Studies Quarterly*、*Journal of Peace Research*，以及 *Political Research Quarterly* 等。編撰與專論的著作有 *National Identity and Democratization in Taiwan*（2005）、*China After the Sixteenth Party Congress: Prospects and Challenges*（2005）、*The Rise of China and its Emerging Grand Strategy*（2008），以及《政治學定量分析入門》（中國人民大學出版社，2007）等六部。

總目錄

章節目錄

第二篇　質變數

第四章　二分類依變數的分析：
二分勝算對數模型 *79*

第五章　有序多分類依變數的分析：
有序勝算對數模型 *151*

第六章　無序多分類依變數的分析：
多項勝算對數模型 *199*

第三篇　受限變數

第七章　直接篩選型受限依變數的分析：
截尾迴歸、Tobit模型與設限迴歸 *241*

第八章　間接篩選型受限依變數的分析：
選樣校正模型與因果效應模型 *299*

表目錄

圖目錄

範例資料檔目錄

範例資料檔清單及可供下載網址

章節	檔名	下載網址
第三章	economy.dta	http://mruling.nccu.edu.tw/download.php?filename=1644_0d60ba2b.dta&dir=users_sharing/53641&title=economy.dta
第四章	judge.dta	http://mruling.nccu.edu.tw/download.php?filename=1649_35f0e2fd.dta&dir=users_sharing/53641&title=judge.dta
第五章	smoking.dta	http://mruling.nccu.edu.tw/download.php?filename=1652_fa45fab5.dta&dir=users_sharing/53641&title=smoking.dta
第六章	JES1996.dta	http://mruling.nccu.edu.tw/download.php?filename=1645_2d8ce818.dta&dir=users_sharing/53641&title=JES1996.dta
第七章	job1TOB.dta	http://mruling.nccu.edu.tw/download.php?filename=1646_2363b50b.dta&dir=users_sharing/53641&title=job1TOB.dta
第七章	laborsub.dta	http://mruling.nccu.edu.tw/download.php?filename=1656_00aa152a.dta&dir=users_sharing/53641&title=laborsub.dta
第七章	polcon2TOB.dta	http://mruling.nccu.edu.tw/download.php?filename=1650_6dc63163.dta&dir=users_sharing/53641&title=polcon2TOB.dta
第七章	2008pintreg.dta	http://mruling.nccu.edu.tw/download.php?filename=1642_a1368d12.dta&dir=users_sharing/53641&title=2008pintreg.dta
第八章	choice.dta	http://mruling.nccu.edu.tw/download.php?filename=1643_52cbf2ef.dta&dir=users_sharing/53641&title=choice.dta
第八章	SDP2000.dta	http://mruling.nccu.edu.tw/download.php?filename=1651_a431db47.dta&dir=users_sharing/53641&title=SDP2000.dta

說明：

1. 上述資料檔亦可從本書所附光碟或王德育教授網頁 http://my.ilstu.edu/~tywang/data.htm 下載。

2. 本書各章範例檔來源如下：

   1) economy.dta：Sexton, Edwin A. and Terence N. Decker. 1992. "US Foreign Aid: Is It for Friends, Development or Politics?" *The Journal of Social, Political and Economic Studies* 17 (3): 303-315.

   2) judge.dta：Songer, Donald and Kelley A. Crews-Meyer. 2000. "Does Judge Gender Matter?　Decision Making in State Supreme Courts." *Social Science Quarterly* 81(3): 750-62.

   3) smoking.dta：Pampel, Fred and Richard G. Rogers. 2004. "Socioeconomic Status, Smoking, and Health: A Test of Competing Theories of Cumulative Advantage." *Journal of Health and Social Behavior* 45 (3): 306-321.

   4) JES1996.dta：黃紀、王鼎銘、郭銘峰，2008，〈「混合選制」下選民之一致與分裂投票：1996 年日本眾議員選舉自民黨選票之分析〉，《選舉研究》，15 (2): 1-35。

   5) job1TOB.dta：Long, J. Scott. 1997. *Regression Models for Categorical and Limited Dependent Variables*. Thousand Oaks, CA: Sage Publications.

   6) polcon2TOB.dta：王鼎銘，2007，〈臺灣政治獻金法及參選人政治獻金資料之實證分析〉，《選舉研究》，14 (2): 121-141。

   7) 2008pintreg.dta：2008 年「臺灣選舉與民主化調查」（Taiwan's Election and Democratization Study）調查資料：2008 年總統選舉面訪案（TEDS2008P）。

   8) laborsub.dta：StataCorp. 2009. *Stata: Release 11. Statistical Software*. College Station, TX: StataCorp LP.

9) choice.dta：2008 年「臺灣選舉與民主化調查」（Taiwan's Election and Democratization Study）調查資料：2008 年總統選舉面訪案（TEDS2008P）。

10)SDP2000.dta：郭銘峰、黃紀、王鼎銘，2012，〈日本眾議院選舉政黨重複提名策略與效應：選區層次之分析〉，《政治科學論叢》，51: 165-221。

作者對上述提供資料者敬表感激。

3. 前述資料檔僅供本書範例學習使用，請勿公開散布、傳遞、翻製。

第一章

導　論

第一節　質變數、受限變數與社會科學的研究[1]

在社會科學的研究中，有些研究的對象是連續變數（continuous variable）。這類型的資料的特點是可以取小數點以下的數值，所以觀察值與觀察值之間沒有間斷。例如經濟成長率、人均所得、外商投資等都是很好的例子。當依變數是連續變數時，我們可以用傳統的線性迴歸模型（linear regression）進行統計分析，以檢驗自變數對依變數的影響。但是，社會科學研究的對象很多是非連續的。這類型的變數或者依研究者所感興趣之特徵，將分析單元分成若干個窮盡且互斥的類別，或者記錄某種現象發生的次數。這類型的變數因此有別於連續變數，而統稱為「質變數」（qualitative variables）。以質變數作為分析目標的統計模型，一般稱為質的依變數模型（qualitative response models）。此外，社會科學研究的對象中，也有一些雖然是連續的，但是因為某種原因其值卻受到限制，以致無法完全觀察到。這類型的「受限變數」（limited variables）又分為「截尾」（truncation）、「設限」（censored）及「選樣」（sample selection）。因為質的依變數與受限依變數各有其特殊的性質，所以不宜以傳統的線性迴歸模型來分析。本書的主要目的，是在介紹如何以正確的迴歸模型來分析質的依變數與受限依變數。

在社會科學中，質變數與受限變數的例子很多。一般而言，質變數又可細分為「二分類」（binary）變數、「有序多分類」（ordinal）變數、「無序多分類」（nominal）變數、與「計次」（count）變數。下面是一些質變數與受限變數的例子：

1. 二分類變數：這類變數只包含兩個類別，其中一個類別指出某一事件「有」發生或具「有」某種特質，而另一個類別則指出某一事件「沒有」發生或「沒有」某種特質。例如，有沒有在最近一

---

[1]　本章的內容主要係依據黃紀（2000）改寫更新。

次總統（或立法委員）選舉中投票？已婚還是未婚？是不是認同某政黨？有沒有宗教信仰？對某件事是同意還是不同意？

2. 有序多分類變數：這類變數通常有兩個以上的類別，而且這些類別具有等級而可以排列出高低。例如，教育水準可分為「小學及以下」、「國中」、「高中」、「大學」、與「碩士及以上」，收入可分為「高收入」、「中等收入」與「低收入」。在抽樣調查研究中，受訪者常被詢問對某件事的同意程度為何，選項包括「非常同意」、「有點同意」、「不太同意」、與「很不同意」。當被問及事情的嚴重程度時，他們可以選擇「很嚴重」、「有點嚴重」、「不太嚴重」、與「根本不嚴重」。

3. 無序多分類變數：這類變數雖然也有兩個以上的類別，但是這些類別並不具有等級，因此無法按照順序排列出高低先後。例如，工作單位性質可分為「公家機關」、「國營事業」、「一般企業」、「自營業」、「外商企業」、以及「其他企業」。受訪人的政黨偏好可分為「國民黨」、「民進黨」、「其他政黨」與「無政黨偏好」。

4. 計次變數：是指某事件發生的次數，相關的數值通常是從 0 到正無窮大。例如，美國總統否決國會通過之法案的次數，某教授發表論文的篇數，非洲國家發生政變的次數等。

5. 受限變數：這類變數的值雖然是連續的或者計次的，但是基於某種原因卻無法完全觀察到，有部分資料發生了缺漏，而且缺漏又不是隨機發生的。例如，為了保護個人隱私，凡是月收入多於一百萬新臺幣，一律記錄為一百萬新臺幣。在這種情形下，這些受訪人的實際收入沒有記錄，相關的真值則受到限制無法得知。又例如在執行民調時，往往會遇到選中的受訪人雖接受訪問，但對問卷中的若干問題拒絕回答（稱為項目無反應，item nonresponse），造成了間接選樣的問題。

上述前三項又稱為「類別變數」（categorical variables），因為它們

呈現若干個窮盡且互斥的類別。第一項至第四項也常合稱為「間斷變數」（discrete variables），這是因為它們記錄某現象是否發生或發生的次數。

　　不過在社會科學研究中，質變數與受限變數的例子雖然很多，其經驗研究卻處於一個尷尬的局面。這是因為一方面社會科學概念的測量多屬於類別或間斷層級，而另一方面從事定量分析的學者卻比較熟悉適用於連續變數的分析方法（如線性迴歸）。此一矛盾的產生反映了統計分析上一個有趣的現象：測量層級越低的變數，其統計分析往往令人感覺越複雜。而測量層級越高之變數，其統計分析往往反而越簡單。這種矛盾現象也反映在坊間統計導論的書本中，因為它們幾乎都至少論及適用於連續依變數的傳統線性迴歸模型，但對於分析質變數常用的「勝算對數」（logit）[2]，或「機率單元」（probit）[3]等模型，則甚少論及。主要的原因是，質變數與受限變數的分析常涉及社會科學家較不熟悉的機率分布與統計理論，而學習這些機率分布與統計理論常需要投入更多的時間精力，曠日費時，令人卻步。但是為了能對質變數分析有充分的掌握，機率分布與統計理論又有瞭解之必要。所以本書的撰寫，則在調和社會科學家在這方面瞭解之「不足」與「必要」。除了介紹質變數與受限變數的分析實務外，本書也將適當地說明相關的機率分布與統計理論，但是在公式的推導與演算上會儘量簡化。

　　其實，質的依變數與受限依變數的分析，和常見的連續依變數分析，差別並不若一般人想像的大。自 1960 年以來，在質的變數與受限變數的分析上，學者逐漸強調資料產生的內在過程與結構。也就是把觀察到的類別現象，視為是未直接觀察到的機率現象之具體實現，而研究者的任務就是盡可能彰顯此一機率現象的規律部分（systematic component），將決定該機率大小的機制（mechanism）透過其他可觀察的現象（即自變

---

[2]　"logit" 為 "the *log* of the odds"的縮寫，故譯為「勝算之對數」，後兩個字母 "it" 是 Berkson（1944）刻意模仿 "probit"。其起源詳見黃紀（2000: 403-405）。

[3]　"probit" 為 "*prob*ability un*it*"的縮寫，故譯為「機率單元」，其起源詳見黃紀（2000: 403-405）。

數），以適當的函數表達出來。例如對二分類變數的研究而言，重點已
從依變數與自變數間的相關程度（如 λ，γ 等相關係數），轉移到了決
定事件發生機率的機制。也就是研究某一個類別（如投票），相對於另
一類別（如不投票），其發生的機率受到那些因素的影響。同理，對無
序多分類變數的分析，研究的重點是，在兩類以上可能發生的結果中，
某一類相對於另一類，其發生的機率受到那些因素的影響？換言之，所
觀察到的某個單元之所以具備某一類特性（如工作單位性質是「外商企
業」，而不是「公家機關」或「國營事業」），乃是因為某種機制造成
該類發生的機率高於其他類。這樣的機率觀點，當然也適用於有序多分
類變數、計次變數與受限變數的分析。特別是質變數雖然在實際測量上
有不連續的特性，其發生的機率卻是介於 0 與 1 之間的連續實數。而前
述各種的質變數，基本上就可視為是對此機率的不同分割方式而已，只
要分割方式符合機率的基本要件即可。

　　因此，質的依變數與受限依變數的分析在概念上與連續依變數的分
析相似。不過一般的連續依變數，其理論值（即樣本空間）多半可介於
正負無窮大之間，因此在統計模型上，自變數的加權總和（weighted
sum），往往可直接以對等式（identity）與依變數之條件平均數連結起來，
形成大家耳熟能詳之線性模型。然而此一模型若強加於質變數上，就會
出現加權總和大於 1 或小於 0 的不合理機率。關於這一點，我們會在後
章中詳細說明。總之，質變數的統計模型與連續變數統計模型，兩者最
大的差異就在前者之非直線性（non-linearity）。對質的依變數之分析，
研究者必須辨識其資料產生之機率分布函數，從而找出一適當之非線性
轉換函數（transformation function），將介於 0 與 1 之間的機率轉換為理
論上可介於正負無窮大之間的實數值[4]，以便使轉換後之機率與自變數之

---

[4] 　一個常見的例子就是勝算對數（logit）轉換。若 $0<\pi<1$ 表示概率，則其勝算對
數轉換值介於正負無窮大之間的實數 $-\infty<\log it(\pi)\equiv\ln\left(\dfrac{\pi}{1-\pi}\right)<+\infty$（Powers and Xie,
2008: 37），詳見公式1.7、1.10及第四章第一節的說明。

間的（線性）加權總和，可以自然的連接（link）起來。因此，間斷樣本空間之機率分布（discrete probability distribution）及其非線性轉換函數，就成了質變數與受限變數分析的重點了。在下節中，我們將先介紹幾個不同的間斷樣本空間之機率分布，然後在第三節以「廣義之線性模型」（generalized linear models，簡稱 GLM）來說明非線性轉換函數。

第二節　質變數與受限變數之機率分布

為了要能對質變數與受限變數的分析有全面的掌握，讀者首先須要瞭解相關的機率分布。然而機率分布繁多（見 Johnson, Kotz, and Kemp, 1992），且多半不為社會科學家所熟悉，確是事實。如能在眾多的分布中找出幾個常用者之共通特性，提綱挈領，當可幫助初學者先建立一個較全面的概念，以便在日後深入學習各個模型時，仍能掌握彼此間的關係，而不至於被細節所淹沒，只見樹卻不見林。事實上，統計學家早已注意到，眾多的機率分布，可歸為幾個大類，每一類彷彿就像一個家族（family），族內成員容或不同，卻可追溯出共通之血緣關係。其中最受矚目的機率家族，大概要算指數族（exponential family）了。此一家族中之最常見的，就是常態（Normal）分布，其它如柏努力（Bernoulli）分布，二項（binomial）分布，泊松（Poisson）分布，多項（multinomial）分布，與負二項（negative binomial）分布等，都是指數族中重要的機率分布。指數族中常見的幾個機率分布和彼此之間的關係，請參見表 1.1 及圖 1.1。從表 1.2 可看出，它們都與質的變數與受限變數的分析有關。下面將依序介紹。

表 1.1　指數族分布

指數族之標準函數形式：$f(y|\theta,\phi) = \exp\left\{\dfrac{y\theta - b(\theta)}{a(\phi)} + c(y,\phi)\right\}$

分布	指數族之成分：標準參數 θ	動差對數之函數 $b(\theta)$	尺度參數 $a(\phi)$	期望值與變異數：期望值 $E(y)=b'(\theta)$	變異數 $V(y)=a(\phi)b''(\theta)$
常態 (Normal) $N(\mu,\sigma^2)$	μ	$\dfrac{\theta^2}{2}$	σ^2	$\mu=\theta$	σ^2
柏努力 (Bernoulli) $B(1,\pi)$	$\ln\left(\dfrac{\pi}{1-\pi}\right)$	$\ln(1+\exp(\theta))$	1	$\pi=\dfrac{\exp(\theta)}{1+\exp(\theta)}$	$\pi(1-\pi)$
二項 (Binomial) $Bin(n,\pi)$	$\ln\left(\dfrac{\pi}{1-\pi}\right)$	$n\ln(1+\exp(\theta))$	1	$\pi=\dfrac{\exp(\theta)}{1+\exp(\theta)}$	$n\pi(1-\pi)$
多項 (Multinomial) $M(n,\pi_1,\cdots,\pi_J)$	$\theta=\left(\ln\dfrac{\pi_1}{\pi_J},\ln\dfrac{\pi_2}{\pi_J},...,\ln\dfrac{\pi_{J-1}}{\pi_J}\right)^T$	$n\ln\left(1+\sum_{j=1}^{J-1}\exp(\theta_j)\right)$	1	$\pi_j=\dfrac{\exp(\theta_j)}{1+\sum_{j=1}^{J-1}\exp(\theta_j)}$ for $j=1,...,J-1$	$n\pi_j(1-\pi_j)$
泊松 (Poisson) $Po(\mu)$	$\log\mu$	$\exp(\theta)$	1	$\mu=\exp(\theta)$	μ
負二項 (Negative Binomial) $NBin(r,\pi)$	$\ln(1-\pi)$	$r\ln(1-\exp(\theta))$	1	$\mu=r\dfrac{1-\pi}{\pi}$	$r\dfrac{1-\pi}{\pi^2}$

資料來源：修改補充自 Fahrmeir and Tutz (2001: 21)。

表 1.2　質變數與受限變數的機率分布

質變數與受限變數的性質	機率分布
連續變數	常態分布
二分類變數	柏努力分布、二項分布
無序多分類變數	多項分布
有序多分類變數	多項分布
計次變數	泊松分布、負二項分布
受限變數	各種受限分布

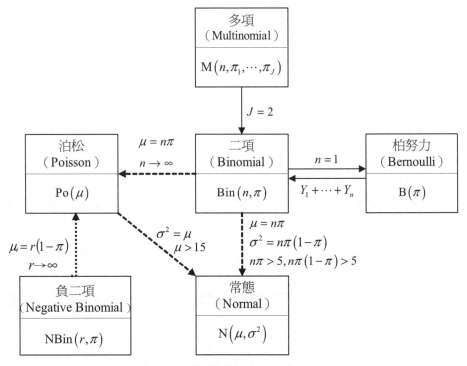

圖 1.1　指數族分布間之關係

說明：實線表示轉換；虛線則表示大樣本下之近似關係。
資料來源：修改補充自 Dobson and Barnett（2008: 58）。

壹、指數族

指數族分布之所以能統合最常見的連續與類別變數分布，關鍵不但在其「求同存異」的包容力，替原本看似各立門戶的機率分布，建立一套有系統的家譜；而且還以簡馭繁，只要鎖定共通結構內的少數幾個次函數（subfunctions），就能推出未知參數的充分統計量（sufficient statistics）。

設依變數 y 爲一個屬於指數族的隨機變數（random variable），則其機率函數可一律寫成下列共通之指數函數 exp{.}，稱爲指數族之標準形式（canonical form）（McCullagh and Nelder, 1989: 28）：

$$f(y \mid \theta, \phi) = \exp \left\{ \frac{y\theta - b(\theta)}{a(\phi)} + c(y, \phi) \right\} \tag{1.1}$$

公式 1.1 將指數族之機率函數拆解成幾個主要的成分，各司其職：

1. θ 稱爲「標準參數」（canonical parameter），其函數的形式在 GLM 中扮演了連結期望值 μ 與自變數間的橋樑角色，故該函數稱爲「連結函數」（link function），而其逆函數又稱爲「反應函數」（response function）。

2. 次函數 $b(\theta)$ 稱爲「動差對數之函數」（cumulant function），與機率分布的動差（moments）有密切的關係。

3. 次函數 $a(\phi)$ 中的 ϕ 則爲分布尺度參數（scale parameter），與分布的變異程度（dispersion）息息相關。

4. 次函數 $c(y, \phi)$ 僅爲觀察到的依變數 y 及尺度參數 ϕ 之函數，重要性較低。

指數族的機率分布，一旦寫成了公式 1.1 之標準形式後，其最關鍵的兩個動差，包括第一動差（即期望值）與第二中央動差（即變異數），就可以用 $b(\theta)$ 及 $a(\phi)$ 推知（McCullagh and Nelder, 1989: 28-29）：

$$E(y) = \mu = \frac{\partial}{\partial \theta} b(\theta) \tag{1.2}$$

$$V(y) = a(\phi) \frac{\partial^2}{\partial \theta^2} b(\theta) \tag{1.3}$$

貳、間斷樣本空間之機率分布

儘管公式 1.1 乍看之下有些可怕，但卻是間斷樣本空間之機率分布的主要源頭，下列常見之分布均成了指數族的一員。

一、常態分布

當 y 呈常態分布，y 為連續變數 $y \in (-\infty, +\infty)$，其機率函數為（McCullagh and Nelder ,1989: 28; Gill, 2001: 16）[5]

$$
\begin{aligned}
f\left(y \mid \mu, \sigma^2\right) &= \frac{1}{\sqrt{2\pi\sigma^2}} \exp\left[-\frac{1}{2\sigma^2}(y-\mu)^2\right] \\
&= \exp\left[-\frac{1}{2}\ln(2\pi\sigma^2) - \frac{1}{2\sigma^2}(y^2 - 2y\mu + \mu^2)\right] \\
&= \exp\left[\left(\underbrace{y\underset{y\theta}{\mu} - \underbrace{\frac{\mu^2}{2}}_{b(\theta)}}\right) \Bigg/ \underbrace{\sigma^2}_{a(\phi)} + \underbrace{\frac{-1}{2}\left(\frac{y^2}{\sigma^2} + \ln(2\pi\sigma^2)\right)}_{c(y,\phi)}\right].
\end{aligned} \tag{1.4}
$$

公式 1.4 顯示我們耳熟能詳的常態分布 $y \sim N(\mu, \sigma^2)$，可以改寫成指數族之標準函數形式，其標準參數 $\theta = \mu$，因此其標準連結函數（canonical link）就是線性等式；其分布尺度參數 $\phi = \sigma^2$，其動差對數之函數

---

[5] 公式1.4中的 π 是指圓周率之常數3.14159...，與間斷變數分布中以 π 代表母群之機率參數不同。

$$b(\theta) = \frac{\mu^2}{2} = \frac{\theta^2}{2}$$ ，因此常態分布變數的期望值與變異數為：

$$E(y) = \frac{\partial}{\partial \theta} b(\theta) = \mu \qquad (1.5)$$

$$V(y) = a(\phi) \frac{\partial^2}{\partial \theta^2} b(\theta) = \sigma^2 \qquad (1.6)$$

常態分布一個很大的特色是，其變異數 σ^2 不是 μ 之函數。但是下面所討論的幾個類別變數，其機率分布與變異數都是期望值的函數。

　　儘管常態分布通常是被假定為一連續依變數之機率分布，其累積分布函數（cumulative distribution function，簡寫為 CDF）卻也在類別變數分析中之「機率單元模型」（probit model）扮演了舉足輕重的反應函數的角色。

二、二項（binomial）分布

　　當隨機變數為二分類，其中我們感興趣的那一類出現（也就是「成功」success）的機率為 π，在嘗試了 n 次之後，該類共出現了 y 次的機率，就呈二項分布（McCullagh and Nelder, 1989: 31; Gill, 2001: 15）：

$$f(y \mid n, \pi) = \binom{n}{y} \pi^y (1-\pi)^{n-y}$$

$$= \exp\left[\ln\binom{n}{y} + y \ln(\pi) + (n-y)\ln(1-\pi) \right] \qquad (1.7)$$

$$= \exp\left[\underbrace{y \ln\left(\frac{\pi}{1-\pi}\right)}_{y\theta} - \underbrace{\left(-n\ln(1-\pi)\right)}_{b(\theta)} + \underbrace{\ln\binom{n}{y}}_{c(y)} \right].$$

公式 1.7 中，標準參數 $\theta = \ln\left(\dfrac{\pi}{1-\pi}\right)$，因此其標準連結函數就是「勝算之

對數」（log of the odds），一般簡稱「勝算對數」（logit），而其反應

函數則是 $\pi = \dfrac{\exp(\theta)}{1+\exp(\theta)}$；其分布尺度參數為 $\phi = 1$，其動差對數之函數為

$b(\theta) = -n\ln(1-\pi) = n\ln(1+\exp(\theta))$，因此二項分布變數的期望值與變

異數為（Gill, 2001: 24, 27）：

$$E(y) = \frac{\partial}{\partial \theta} b(\theta) = n\pi \tag{1.8}$$

$$V(y) = a(\phi)\frac{\partial^2}{\partial \theta^2} b(\theta) = n\pi(1-\pi) \tag{1.9}$$

三、柏努力（Bernoulli）分布

二項分布的一個特例，是當 $n = 1$ 時（也就是 y 只嘗試了一次時），

稱為柏努力分布。若 y 呈柏努力分布，y 為二分變數 $y \in \{0,1\}$，其機率函

數為（Agresti, 2002: 117）：

$$\begin{aligned}
f(y \mid \pi) &= \pi^y (1-\pi)^{1-y} \\
&= \exp\left[y\ln(\pi) + (1-y)\ln(1-\pi) \right] \\
&= \exp\left[\underbrace{y\ln\left(\frac{\pi}{1-\pi}\right)}_{y\theta} - \underbrace{\left(-\ln(1-\pi)\right)}_{b(\theta)} \right].
\end{aligned} \tag{1.10}$$

由於 $n = 1$，因此其期望值與變異數各為：

$$E(y) = \pi \tag{1.11}$$

$$V(y) = \pi(1-\pi) \tag{1.12}$$

柏努力分布之變異數爲 $\pi(1-\pi)$，這表示其變異數是期望值 π 的函數。用線性迴歸的術語來說，這已違反了條件變異數相等（homoscedasticity）之假定。不過我們用以導衍二分依變數模型的 GLM 並未作此一假定，因此可以避免線性迴歸中條件變異數相等之假定。

值得注意的是，柏努力分布之標準參數 $\theta = \ln\left(\dfrac{\pi}{1-\pi}\right)$，就是 Berkson（1944）開創 S 狀成長曲線迴歸法（logistic regression）時，所提出之「勝算之（自然）對數轉換」，簡稱「勝算對數」，而其反應函數則是 $\pi = \dfrac{\exp(\theta)}{1+\exp(\theta)}$。柏努力分布在建立以個體（individual）爲單位之「二分類依變數模型」上，扮演關鍵性的角色。但如果二分類依變數是以集體（group）爲單位彙整的次數，則二項分布扮演關鍵性的角色。

四、多項（multinomial）分布

當隨機變數的可能結果有 $J > 2$ 類時，就屬於多分類變數，其中第 j 類出現的機率爲 π_j（$\sum_{j=1}^{J} \pi_j = 1$），在嘗試了 n 次之後，第 j 類共出現了 y_j 次（$\sum_{j=1}^{J} y_j = n$）的機率，就呈多項分布。多項分布其實是前述二項分布的多變數延伸（McCullagh and Nelder, 1989: 164-165; Fahrmeir and Tutz, 2001: 76），故需以向量（vector）表示各類發生的次數 $\mathbf{y} = \begin{bmatrix} y_1 \\ \vdots \\ y_j \end{bmatrix}$ 及機率

$$\boldsymbol{\pi} = \begin{bmatrix} \pi_1 \\ \vdots \\ \pi_j \end{bmatrix} :$$

$$f\left(\mathbf{y} \mid n, \boldsymbol{\pi}\right) = \binom{n}{\mathbf{y}} \pi_1^{y_1} \cdots \pi_J^{y_J} \qquad \text{where} \binom{n}{\mathbf{y}} = \frac{n}{y_1! \cdots y_J!}$$

$$= \binom{n}{\mathbf{y}} \left(\frac{\pi_1^{y_1}}{\pi_J^{y_1}} \cdots \frac{\pi_{K-1}^{y_{J-1}}}{\pi_J^{y_J}} \right) \left(\pi_J^{y_1} \cdots \pi_J^{y_J} \right)$$

$$= \exp \left\{ \underbrace{\left[y_1, \cdots, y_{J-1} \right]}_{\substack{\mathbf{y}^T \\ 1 \times (J-1)}} \underbrace{\begin{bmatrix} \ln\left(\dfrac{\pi_1}{\pi_J}\right) \\ \vdots \\ \ln\left(\dfrac{\pi_{J-1}}{\pi_J}\right) \end{bmatrix}}_{\substack{\boldsymbol{\theta} \\ (J-1) \times 1}} - \underbrace{\left[-n \ln\left(\pi_J\right) \right]}_{b(\boldsymbol{\theta})} + \underbrace{\ln\binom{n}{\mathbf{y}}}_{c(\mathbf{y})} \right\} \quad (1.13)$$

公式1.13中，尺度參數 $\phi = 1$。由於 $\sum_{j=1}^{j} \pi_j = 1$ 之限制，我們只須決定其中 $J-1$ 個類別後，剩下的一個類別便爲已知。例如我們若以最後一個類別 J 爲對照類別（reference category），則 $\pi_J = 1 - \sum_{j=1}^{J-1} \pi_j$。當 $J = 2$（即二分類）時，$\pi_1 = \pi$，$\pi_2 = 1 - \pi$，就簡化成了二項分布。至於標準參數向量 $\boldsymbol{\theta} = \left(\ln\dfrac{\pi_1}{\pi_J}, \ln\dfrac{\pi_2}{\pi_J}, ..., \ln\dfrac{\pi_{J-1}}{\pi_J} \right)^T$ 中的個別元素 $\ln\left(\dfrac{\pi_j}{\pi_J}\right)$，即是第 j 個類別（$j = 1, 2, ..., J-1$）相對於第 J 個參照類別之勝算對數。當 $J = 2$ 且 $n = 1$

時，就簡化爲柏努力分布中之「勝算對數」$\ln\left(\dfrac{\pi}{1-\pi}\right)$；而這正是Theil

（1969）將「二分類依變數之勝算對數模型」延伸至適用於無序多分類

依變數之「多項（或多類）勝算對數模型」時，所根據之原理。稍後，

McFadden（1974）也據以發展出「條件勝算對數模型」（conditional logit

model），奠定了間斷選擇分析（discrete choice analysis）的基礎。我們

如果把標準參數向量 $\boldsymbol{\theta}$ 解聯立方程式，就可以得出各類別發生的機率 π_j

之反應函數：

$$
\pi_j = \frac{\exp\left(\theta_j\right)}{1+\displaystyle\sum_{j=1}^{J-1} \exp\left(\theta_j\right)} \quad \text{for } j=1,\ldots,J-1;
$$

$$
\pi_J = \frac{1}{1+\displaystyle\sum_{j=1}^{J-1} \exp\left(\theta_j\right)} \quad \text{for the reference category } J.
$$

(1.14)

多項分布的動差對數之函數 $b(\boldsymbol{\theta}) = -n\ln\left(\pi_J\right) = n\ln\left(1+\displaystyle\sum_{j=1}^{J-1} \exp\left(\theta_j\right)\right)$，因

此多項分布變數的期望值與變異數爲：

$$
E\left(y_j\right) = \frac{\partial}{\partial \theta_j} b(\boldsymbol{\theta}) = n\pi_j
$$

(1.15)

$$
V\left(y_j\right) = \frac{\partial^2}{\partial \theta_j^2} b(\boldsymbol{\theta}) = n\pi_j\left(1-\pi_j\right)
$$

(1.16)

共變數（covariance）則爲：

$$
V\left(y_i, y_j\right) = \frac{\partial^2}{\partial \theta_i \partial \theta_j} b(\boldsymbol{\theta}) = -n\pi_i\pi_j, \quad \forall i \neq j
$$

多項分布在建立多分類之依變數模型上，扮演舉足輕重的角色。

五、泊松（Poisson）分布

若 y 呈泊松分布，y 為間斷變數 $y \in \{0,1,2,...\}$，其機率函數為：

$$
\begin{aligned}
f(y \mid \mu) &= \frac{e^{-\mu} \mu^{y}}{y!} \\
&= \exp\left[\underbrace{y \ln(\mu)}_{y\theta} - \underbrace{\mu}_{b(\theta)} \underbrace{-\ln(y!)}_{c(y)} \right].
\end{aligned}
\tag{1.17}
$$

公式 1.17 中，標準參數 $\theta = \ln(\mu)$，其分布尺度參數 $\phi = 1$，其動差對數之函數 $b(\theta) = \mu = \exp(\theta)$，因此泊松分布變數的期望值與變異數為：

$$
E(y) = \frac{\partial}{\partial \theta} b(\theta) = \mu
\tag{1.18}
$$

$$
V(y) = a(\phi) \frac{\partial^2}{\partial \theta^2} b(\theta) = \mu
\tag{1.19}
$$

其變異數正好等於期望值 μ。值得注意的是，標準參數 $\theta = \ln(\mu)$ 就是 Goodman（1970）發展對數線性模型（loglinear model）之起點，同時也是泊松迴歸法之理論依據。泊松分布在分析列聯表細格內之次數，以及建立正整數依變數的計次（count）模型上，扮演關鍵性的角色。

六、負二項（negative binomial）分布

前述之二項分布，測量固定 n 次獨立之柏努力嘗試中，我們感興趣的那一類發生 y 次的機率。負二項分布則探討獨立之柏努力嘗試，在達

到 r 次成功前需經歷 y 次失敗的機率（Gill, 2001: 18; Hilbe, 2007: 82）。負二項分布之機率函數爲：

$$f(y \mid r, \pi) = \binom{r+y-1}{y} \pi^r (1-\pi)^y$$

$$= \exp\left[\underbrace{y \ln(1-\pi)}_{y\theta} + \underbrace{r \ln(\pi)}_{b(\theta)} + \underbrace{\ln\binom{r+y-1}{y}}_{c(y)} \right]. \tag{1.20}$$

公式 1.20 中，標準參數 $\theta = \ln(1-\pi)$，亦即反應函數爲 $\pi = 1 - \exp(\theta)$；其分布尺度參數 $\phi = 1$，其動差對數之函數 $b(\theta) = r \ln(\pi) = r \ln(1 - \exp(\theta))$，因此二項分布變數的期望值與變異數爲（Gill, 2001: 25, 28）：

$$E(y) = \frac{\partial}{\partial \theta} b(\theta) = r \frac{1-\pi}{\pi} \tag{1.21}$$

$$V(y) = \frac{\partial^2}{\partial \theta^2} b(\theta) = r \frac{1-\pi}{\pi^2} \tag{1.22}$$

七、受限變數的分布

受限變數依照其受限的機制（例如截尾或設限等）而不同，十分多樣，這裡無法一一詳述，留待第七章開始再仔細討論。不過基本上，受限變數的機率分布，仍都是上述的分布在給定受限機制下，推導出來的的條件分布（conditional distribution），或爲連續與間斷變數的混合體（mixture）。譬如我們以 f 代表機率密度函數，以 F 代表累積分布函數，[6]

---

[6]　本書大寫的 F 均代表「累積分布函數」（cumulative distribution function, cdf），小寫的 f 代表「機率密度函數」（probability density function, pdf）。

那麼自下（左）方 c 點截尾後的條件分布就成了：

$$f(y \mid y > c) = \frac{f(y)}{1 - F(c)} \tag{1.23}$$

我們舉上述的泊松分布為例，某事件沒發生（ $y = 0$ ）及有發生（ $y > 0$ ）的機率各為

$$\Pr(y = 0) = f(0) = \exp(-\mu) \tag{1.24}$$

$$\Pr(y > 0) = 1 - f(0) = 1 - \exp(-\mu) \tag{1.25}$$

因此給定零被截掉後，則觀察到某事件發生了 y 次的條件分布變成了（Simonoff, 2003: 168; Winkelmann, 2008: 144）：

$$f(y \mid y > 0) = \frac{\exp(-\mu)\mu^{y} / y!}{\left[1 - \exp(-\mu)\right]} \tag{1.26}$$

這個「截去零的（受限）泊松分布」（zero-truncated Poisson），仍然和指數族中的泊松分布息息相關，只是期望值已不再是 μ 本身，而是 $\dfrac{\mu}{\left[1 - \exp(-\mu)\right]}$ ，也就是說，y 為正整數的機率都提高了 $\left[1 - \exp(-\mu)\right]^{-1}$ 倍。

　　上面的討論顯示，不同的質變數與受限變數會有不同的機率分布。如表 1.2 所示，當某變數 y 是連續變數時，其機率服從常態分布；當 y 為二分類變數，其機率呈柏努力分布或二項分布；當 y 為無序或有序多分類變數時，其機率服從多項分布；如果 y 為計次變數，其機率則為泊松分布或負二項分布；最後，y 為受限變數時，則其機率分布為上述分布之條件分布或混合體。

第三節 廣義線性模型

政治學的計量研究和其他社會科學一樣，多半是對解釋依變數的條件平均數（conditional mean）感興趣，也就是要找出一組自變數，以說明依變數在不同的條件下，整個母體中平均而言的值爲何。例如想說明在那些條件互動（interactions）下，選民比較可能不去投票（Huang and Shields, 1994），或美國總統在那些國內、外條件下，會行使較多次的否決權（Shields and Huang, 1995, 1997），或在那些情形下開發中國家較會發生政變（Wang, 1998）。但是在估計條件平均數時，我們必須注意依變數的機率分布。這是因爲依變數的機率分布對所應使用的統計模型有決定性的影響。如果所使用的統計模型與依變數之機率分布不一致時，就會出現不合理的結果，甚至會有錯誤的結論。下面將以 GLM 來說明質的依變數之機率分布與相對的統計模型（Agresti, 2002; McCullagh and Nelder, 1989）。

在傳統的線性迴歸中，依變數與自變數的關係可寫成：

$$y_i = E\left(y_i \middle| \mathbf{x}_i\right) + \varepsilon_i = \mathbf{x}_i\boldsymbol{\beta} + \varepsilon_i, \quad \varepsilon_i \sim N\left(0, \sigma^2\right) \qquad i = 1, 2, ..., n \quad (1.27)$$

上式中，$E\left(y_i \middle| \mathbf{x}_i\right) = \mu_i = \mathbf{x}_i\boldsymbol{\beta}$ 是隨機變數 Y 的條件平均數（或條件期望值），稱之爲「系統部分」（systematic component），在線性迴歸中這部分設定爲 K 個自變數 x_{ik} 與未知參數 β_k 之線性組合，[7]（即 $\mathbf{x}_i$ 爲 $1 \times (K+1)$ 之自變數向量，而 $\boldsymbol{\beta}$ 爲 $(K+1) \times 1$ 之未知參數向量）；而 ε_i 則爲該模型之「隨機部分」（random component），$\varepsilon_i \sim N\left(0, \sigma^2\right)$ 表示線性迴歸的隨機部分服從常態分布，設定 $\varepsilon_i \sim N\left(0, \sigma^2\right)$ 即相當於設定 $Y_i \sim N\left(\mathbf{x}_i\boldsymbol{\beta}, \sigma^2\right)$。

---

[7] 自變數共 K 個，因爲 $\mathbf{x}_i$ 的第一個元素是值爲1之常數項（constant term），其係數 β_0 是截距（intercept）。

　　GLM 之所以被稱爲「廣義」之線性模型的原因，在於它一方面維持了上述線性模型之系統與隨機兩部分，一方面又加入了第三個成分——連結部分（link component），允許條件平均數 μ_i 與自變數之線性組合 $\mathbf{x}_i\boldsymbol{\beta}$ 間，可以用一個非線性函數連貫起來。與其它線性模型相比較，廣義線性模型因此有較大的適用範圍（如圖 1.2 所示）。茲將 GLM 中的三大成分說明如下：

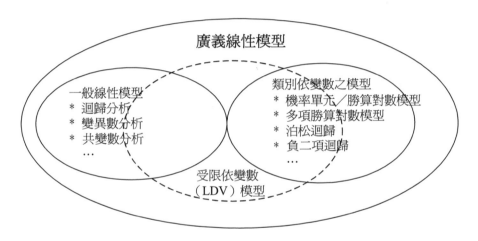

圖 1.2　廣義線性模型涵蓋之範圍

資料來源：修改補充自 Olsson（2002: ix）。

一、隨機部分

　　根據上面所述，統計模型中的隨機誤差 ε_i 爲 GLM 的隨機部分。但是因爲 ε_i 的機率分布反映出依變數 y 的機率分布，所以模型中的隨機部分也就是指涉依變數 y，及其相關的機率分布。例如，設定 $\varepsilon_i \sim N(0, \sigma^2)$ 即相當於設定 $Y_i \sim N(\mathbf{x}_i\boldsymbol{\beta}, \sigma^2)$。在分析質的依變數時，研究者便可以依據依變數之特性，選定適當的指數族成員爲其模型之隨機部分。因此，

如果依變數爲經濟成長率或人均所得等連續變數（Sexton and Decker, 1992），則可考慮常態分布。依變數若爲投票與否的二分變數，便應選定柏努力分布（Huang and Shields, 1994）。若爲衝突發生次數，則可從泊松分布開始考慮（Huang, Kim, and Wu, 1992; Wang, Dixon, Muller, and Seligson, 1993; Wang, 1998）。若依變數爲兩種以上之健康狀況，則可考慮多項分布（Pampel and Rogers, 2004）。總之，GLM 的隨機部分隨著指數族的成長，讓研究者更有選擇的彈性。但另一方面，這種彈性也促使從事經驗研究的學者更仔細而深入的思考其研究之現象，搜集到之資料的性質，與統計學理間之關係，才能做出適當的選擇。這和以往線性迴歸中，將誤差項視爲「干擾」（disturbance）之心態相比，有了一百八十度的轉變。

二、系統部分

研究者依學理及文獻，選定是那些自變數 x_k 最能解釋依變數。所以系統部分（systematic component）指涉所有自變數的組合。值得注意的是，GLM 之所以爲廣義「線性模型」，是因爲它以線性函數來組合自變數，即

$$\eta_i = \mathbf{x}_i\boldsymbol{\beta} = \sum_{k=0}^{K} \beta_k x_{ik} = \beta_0 + \beta_1 x_{i1} + \beta_2 x_{i2} + ... + \beta_K x_{iK} \tag{1.28}$$

三、連結部分

爲了將選定之隨機部分裡的主要參數 μ 與模型之系統部分 η 連結起來，GLM 運用適當的函數爲仲介。這個連結函數就是 GLM 的連結部分，我們可以 $g(\mu) = \eta$ 來表示。函數 g 就是「連結函數」（link function），而其逆函數 $g^{-1} = h$ 即所謂之「反應函數」，二者在文獻中都常出現，彼此的關係爲 $\mu = g^{-1}(\eta) = h(\eta)$。連結函數 g 之形式若直接來自公式 1.1 式

中之標準參數,則稱為「自然(或標準)連結函數」(natural or canonical link),因其與隨機部分中之機率分布,呈一對一之對應關係,如表 1.3 所列。但研究者亦可依實質理論之需要,選定其它連結函數。最淺顯的 例子,就是二分依變數以柏努力分布為隨機部分,但若以「機率單元」 (probit)而非表 1.3 所列之「勝算對數」(logit)為連結函數,便組合 成了「機率單元模型」。

表 1.3 隨機部分與其反應函數、連結函數之關係

隨機部分	反應函數 h	連結函數 g
常態	$\mu = \eta$	$\eta = \mu$
柏努力	$\mu = \dfrac{1}{1+\exp(-\eta)}$	$\eta = \ln\left(\dfrac{\mu}{1-\mu}\right)$
二項	$\mu = \dfrac{1}{1+\exp(-\eta)}$	$\eta = \ln\left(\dfrac{\mu}{1-\mu}\right)$
多項	$\mu_j = \dfrac{\exp(\eta_j)}{1+\sum_{j=1}^{J-1}\exp(\eta_j)},$ $j=1,2,\ldots,J-1$	$\eta_j = \ln\left(\dfrac{\mu_j}{\mu_J}\right)$ $j=1,2,\ldots,J-1$
泊松	$\mu = \exp(\eta)$	$\eta = \ln\mu$
負二項	$\mu = 1-\exp(\eta)$	$\eta = \ln(1-\mu)$

說明:本表僅就實際應用中較常見者列舉說明。較完整之列舉,參見 McCullagh and Nelder(1989)及 Gourieroux and Monfort(1993)。

上述三個 GLM 成分的組合方式甚多,Agresti(2007: 90)將其中最 常見的幾種組合列成一表(見表 1.4),簡單而明瞭,並可配合第五節討 論之 GLM 統計軟體使用。讀者若將表 1.4 與表 1.1 至 1.3 對照,應更能 理解 GLM 如何統合個別的既有統計模型,並奠定後續擴展延伸的基礎

（參見 Rabe Hesketh and Skrondel, 2010; Rodríguez, 2008）。

表 1.4 GLM 及其旗下常見之統計模型

隨機部分	連結函數	系統部分	組合成之統計模型
常態 （Normal）	對等式 （Identity）	連續自變數 （Continuous）	線性迴歸 （Regression）
常態 （Normal）	對等式 （Identity）	類別自變數 （Categorical）	變異數分析 （Analysis of Variance）
常態 （Normal）	對等式 （Identity）	連續與類別都有 （Mixed）	共變數分析 （Analysis of Covariance）
柏努力 （Bernoulli）	勝算之對數 （Logit）	連續與類別都有 (Mixed)	成長曲線迴歸 （Logistic Regression）
二項 （Binomial）	勝算之對數 （Logit）	連續與類別都有 (Mixed)	二項迴歸 （Binomial Regression）
多項 （Multinomial）	廣義勝算對數 (Generalized Logits)	連續與類別都有 （Mixed）	多項之依變數模型 （Multinomial Response）
泊松 （Poisson）	對數 （Log）	連續與類別都有 （Mixed）	對數線性模型 （Loglinear Model） 及泊松迴歸 （Poisson Regression）
負二項 （Negative Binomial）	對數 （Log）	連續與類別都有 （Mixed）	負二項迴歸 （Negative Binomial Regression）

資料來源：修改補充自 Agresti（2007: 90）。

第四節　最大或然估計法

學過初級統計學的讀者都知道，當依變數爲連續變數時，傳統的線性迴歸模型是以「最小平方法」（the method of least squares），或亦稱

「最小二乘法」，來估計迴歸係數。[8]因為在經驗研究中，變數間往往不具有一對一的對應關係，這使得任何一項迴歸方程式所產生的預測值與實際的觀察值間會有誤差。因此在決定一條「最好的」迴歸線時，最小平方法就是找一條能使觀察值（y_i）與預測值（$\hat{y}_i$）的誤差平方和（sum of squared errors）為最小的直線。但是當依變數為分類或間斷變數時，線性模型就不適用，必須依據依變數的分布特性，選擇適合的指數族機率分布，以連結函數將之與系統成分結合成「廣義線性模型」。這些模型多屬於非線性模型，係數的估計方法就不宜再採最小平方法，而改以「最大或然估計」（maximum likelihood estimation，或 MLE）來計算相關的迴歸係數。簡單來說，最大或然估計法，是在研究者設定的模型裡，找出一組參數的值，讓所觀察到的資料最可能發生。這組參數值，就稱為「最大或然估計值」。例如我們想知道一個銅板出現正面的機率 π，只知道 π 介於 0 與 1 之間，但確切的值為未知。現將該枚銅板丟了 10 次，其中 3 次為正面，我們就認為 $\hat{\pi}$=0.3 最可能讓我們觀察到「銅板丟了 10 次，其中 3 次為正面」的結果。

　　當模型比較複雜、待估計的參數有好幾個時，最大或然估計法的演算自然也變得稍微複雜些，但基本上可以分成幾個步驟。首先，根據依變數的性質選擇適當的 GLM；其次，以該 GLM 的機率分布建立「或然函數」（likelihood function）；接著將此或然函數做對數轉換求得「對數或然函數」（log-likelihood function）後，針對參數取偏微分（partial derivative），將之設定為 0，得到「或然方程式」（likelihood equation）；最後解方程式求最大值，就得到該參數之「最大或然估計式」（maximum likelihood estimator）（King, 1998）。

　　GLM 的便利之處，在於旗下的模型固然眾多，但其機率分布都是指數族的成員（表 1.1），因此可以直接從指數族的統一標準形式（公式 1.1）著手，進行最大或然估計，得出的原則就可以通用於指數族的全體成員

---

[8]　關於傳統的線性迴歸，讀者可參考王德育（2007），第七章與第九章。

（McCullagh and Nelder, 1989: 41; Agresti, 2002: 135-137）。我們先就單一個觀察值來看，其或然函數已知為：

$$L(\theta,\phi\,|\,y) = \exp\left\{\frac{y\theta - b(\theta)}{a(\phi)} + c(y,\phi)\right\} \tag{1.29}$$

接著將此或然函數做對數轉換求得「對數或然函數」（log-likelihood function）

$$\ln L(\theta,\phi|y) = \ln\left[\exp\left\{\frac{y\theta - b(\theta)}{a(\phi)} + c(y,\phi)\right\}\right]$$

$$= \frac{y\theta - b(\theta)}{a(\phi)} + c(y,\phi) \tag{1.30}$$

在第三節討論的 GLM 中，我們最感興趣的是（$K+1$）個迴歸係數 $\boldsymbol{\beta}$，因此針對第 k 個係數參數 β_k 取偏微分，得到「或然方程式」。表面上看起來，對數或然函數裡並沒有 β_k，實則 β_k 是 GLM 系統成分 $\eta = \mathbf{x_i}\boldsymbol{\beta}$ 的一部分，而標準參數 $\theta = g(\mu) = \eta$ 又顯示期望值 $\mu = g^{-1}(\eta)$ 其實是系統成分的函數。因此針對 β_k 取偏微分，就好像剝洋蔥似的，我們運用鏈鎖律（chain rule）由外而內：

$$\frac{\partial \ln L(\theta,\phi\,|\,y)}{\partial \beta_k} = \frac{\partial \ln L}{\partial \theta}\frac{\partial \theta}{\partial \mu}\frac{\partial \mu}{\partial \eta}\frac{\partial \eta}{\partial \beta_k}$$

$$= \frac{y-\mu}{a(\phi)}\frac{a(\phi)}{V(y)}\frac{\partial \mu}{\partial \eta}x_k \quad \left(\because \frac{\partial \theta}{\partial \mu} = \frac{1}{\partial \mu/\partial \theta} = \frac{1}{b^{\cdot}(\theta)}\right) \tag{1.31}$$

$$= \frac{(y-\mu)x_k}{V(y)}\frac{\partial \mu}{\partial \eta}$$

處理完一個觀察值後，接下來 n 個獨立觀察值的或然方程式，就是上式

加總後設定爲 0：

$$\sum_{i=1}^{n} \frac{(y_i - \mu_i) x_{ik}}{V(y_i)} \frac{\partial \mu_i}{\partial \eta_i} = 0, \quad k = 1, \ldots, K-1 \qquad (1.32)$$

解此一或然方程式，就可得出最大或然估計式。上式 1.32 最後一項 $\frac{\partial \mu_i}{\partial \eta_i}$ 的偏微分沒解出來，是因爲其結果端視採用哪一個 GLM 的連結函數而定。例如採用二項（binomial）GLM 的話，$\mu_i = \pi_i, \eta_i = \ln\left(\frac{\pi_i}{1-\pi_i}\right)$，則

$$\frac{\partial \mu_i}{\partial \eta_i} = \frac{\partial \pi_i}{\partial \eta_i} = \pi_i (1 - \pi_i) \text{。}$$

在實際的操作上，或然函數的估計值不是以代數來計算，而是以「數值法」（numerical methods）來找出能使或然函數最大化的估計值。數值法首先「猜測」一個參數值，然後經過不斷的猜測與比較的試誤過程，而找出或然函數最大的參數估計值。這好像是盲人爬山，爲了要上到最高點，盲人可以不斷以腳探試那一個方向比較高，而不斷向那一個方向前進。一旦發現四方的高度都比目前所站的高度來得低時，這就是最高點，也就是或然函數的最大值（Long and Freese, 2006: 76）。因此，在使用數值法估計參數 ϑ 值時，我們先從猜測參數的值開始，這個值通常稱爲「起始值」（start value），我們以 ϑ_0 來表示。然後再經過不斷的猜測與試誤，而找出或然函數最大的參數估計值。每一次猜測都比前一次多一個常數 ξ_0：

$$\vartheta_1 = \vartheta_0 + \xi_0 \qquad (1.33)$$

然後再根據下列的公式來改進下一次的猜測：

$$\vartheta_{n+1}= \vartheta_n + \xi_n \qquad\qquad (1.34)$$

因為這是一個不斷的試誤過程,所以稱為「遞迴法」(iteration)。當參數估計值從上一次的猜測到下一次的猜測都沒有改變或改變小於某個設定的數值時,也就是當「對數或然函數」的斜度(gradient)等於或趨近 0 時,估計的過程便達到「收斂」(convergence),參數估計值便計算出來了(Long, 1997)。

第五節　質變數分析的統計軟體

隨著電腦科技的進步,坊間有關分析質變數之統計軟體也逐漸增多。其中早期最為「正統」的專業軟體首推 GLIM(Generalized Linear Interactive Modeling,見 Francis, Green, and Payne, 1993)。此一軟體完全按照 GLM 的開山始祖 Nelder and Wedderburn(1972)之架構發展而成,使用者只需參照表 1.4 以「$ERROR」選定隨機分布,以「$LINK」選定連結函數,再以「$FIT」設定系統部分即可。隨著 GLM 之影響力日增,其它較普及之統計程式亦不得不跟進,以符使用者之需求。例如 SAS 中之 PROC GENMOD,便是針對 GLM 而新加入之指令,若配合 SAS 原有用來估計二分或有序多分之成長曲線迴歸、機率單元模型之 PROC LOGISTIC 和 PROC PROBIT 指令,以及用來估計無序多分之勝算對數模型的 PROC CATMOD 指令(參見 Agresti, 2002, 2007; Stokes, Davis, and Koch, 1995),其 GLM 之功能還算完備。

SPSS 中也有分析質的依變數指令。例如 BINARY LOGISTIC 可以用來估計二分類變數的迴歸模型,ORDINAL 或 MULTINOMIAL LOGISTIC 則可以分析有序多分類與無序多分類變數。不過,除了 BINARY LOGISTIC 外,SPSS 的指令較為繁複。一般在分析質的依變數時,多使用另一統計軟體 Stata。其中不但有特別的指令可從事列聯表分

析、二分類、有序與無序之機率單元及勝算對數分析，而且還有一 glm 指令，讓研究者根據實際需要，選定不同之隨機部分與連結函數。例如二分類依變數之「勝算對數模型」，其 Stata 之基本指令爲：

glm y x1 x2 x3 ..., family(binomial) link(logit)

Stata 的 glm 指令允許以 family ( )選六個指數族成員之一爲隨機部分，以 link ( )就十種連結函數之中擇一，其功能已超出一般之普及軟體，加上其甚強之圖形功能，是分析質變數與受限依變數有力的工具。本書因此主要以 Stata 爲分析軟體來製作範例。

第六節　本書的章節

本書的重點是在介紹如何分析資料，應用成分超過統計理論的說明。因此，關於各類質變數與受限變數相關模型中的統計概念，我們僅作簡單的介紹，不做詳細的推演。但是爲便於讀者日後的查考，我們儘量列出相關的文獻。此外，爲了能強化讀者做實務分析的能力，本書務求以實際的範例來解說相關的統計模型。本書使用的各項資料檔除了可以由所附的光碟取得外，並可從作者的個人網站下載。請參閱本書目錄「範例資料檔清單及可供下載網址」。

在章節的安排上本書共分三篇。第一篇「基礎論」包含第二及第三章，第二章先介紹統計軟體——Stata。雖然 SPSS 是國內學界較普遍使用的統計軟體，但是其使用程式比較繁複，我們不做介紹。此外，我們假定讀者已經對線性迴歸模型有基本的瞭解，但是爲了能與後面討論質的依變數及受限依變數的模型有所對照，本書第三章簡要地說明傳統的線性迴歸模型。這一章並介紹二分類變數的線性機率模型，以說明這個線性模型違反了統計分析中許多重要的假定，不適用於質變數或受限變數的分析。第二篇「質變數」共分三章，第四章將說明二分類依變數的統計模型，包括二分勝算對數與二分機率單元模型。第五章說明有序多分

類變數的分析，這些統計模型是二分勝算對數模型與二分機率模型的延伸。第六章說明無序多分類變數的分析。因為這模型需要估計大量的參數，在解釋上比較複雜。第三篇「受限變數」則分為兩章，第七章說明截尾、Tobit 與設限迴歸，第八章則說明需要兩個迴歸式來分析的跨欄（the hurdle model）、選樣（sample selection model）及因果效應模型（treatment effects model）。

第一篇

基礎篇

第二章

Stata 軟體簡介

　　我們在第一章中提到，坊間有若干分析質變數與受限變數的統計軟體。這些軟體各有其特色，使用上難簡度也不相同，而 Stata 是一個比較受學界歡迎的統計軟體。Stata 不但可以從事常見的次數分析，列聯表分析與線性迴歸分析外，也可執行二分類、有序多分類與無序多分類機率單元及勝算對數分析，以及截尾與設限變數的分析。Stata 有四種不同的版本，雖然所有的指令大體相當，但所能處理的案例多寡與計算速度的快慢則有差別。本書以 Stata/SE 11.1 版本爲分析軟體來製作範例。[1]

　　在撰寫本書時，我們假定讀者已將 Stata 安裝在電腦上。我們也假定讀者瞭解電腦的基本操作，知道如何從主選單上選擇指令，開啓與關閉對話窗，調整視窗大小，以及複製與轉貼各種檔案。爲了達到最好的學習效果，我們建議讀者跟著下面的例題邊看邊做。

第一節　啟動Stata

　　啓動 Stata 的方法有許多種。第一種方式是在微軟視窗的程式管理器中按一下 Stata 圖示，即可啓動 Stata。第二種方式是從開始→所有程式→Stata11 來啓動 Stata。第三種方式是按兩下 Stata 的資料檔，即可啓動 Stata 並且直接開啓資料檔。

---

[1]　Stata的四種版本爲Stata/MP，Stata/IC，Stata/SE，以及Small Stata。其中Stata/MP可用於雙核心或多核心處理器的電腦，所以運算速度最快，能量也最大。除此以外，這四種版本的重要差別在於所能處理的變數與案例的多寡。Small Stata爲學生版本，僅能處理99個變數與大約1,200個案例。Stata/IC是標準版本，可處理2,047個變數。Stata/MP與Stata/SE 效能最大，可以處理32,767個變數。除了Small Stata外，其餘三種版本所能處理的案例數量，都視電腦記憶體的容量大小。有興趣的讀者可參考Stata的網站：http://www.stata.com/products/whichstata.html。

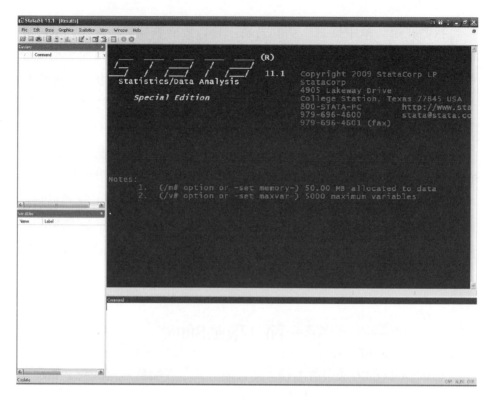

圖 2.1　Stata 開啟視窗

　　假定我們是以第一種或第二種方式啟動 Stata，電腦會顯示四個視窗，如圖 2.1 所示。從右上方順時鐘依序為「結果視窗」（Results Window），「指令視窗」（Command Window），「變數視窗」（Variable Window）以及「回顧視窗」（Review Window）。在開啟一個資料檔後，資料檔中的變數就會列在變數視窗中。我們可以自主選單選取相關的指令或直接將指令輸入指令視窗，並按下 Enter 鍵後，Stata 便會執行該指令，所得的分析結果就會列在結果視窗中。執行過的指令則會存在回顧視窗中，等待以後取用。因此，我們可以用滑鼠自回顧視窗中按一下已執行過的指令，該指令便會回到指令視窗，我們可以再度執行該指令或修改該指令。圖 2.2 所顯示的是開啟資料檔 economy.dta 後的視窗。讀者

可見四個視窗，在變數視窗中列有資料檔中的 8 個變數，回顧視窗中顯示若干執行過的指令，結果視窗列有統計分析結果，指令視窗內有一指令正待執行。

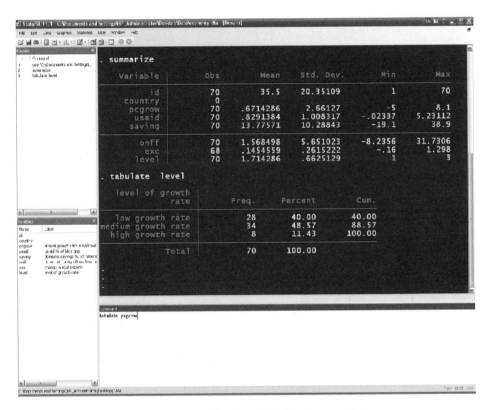

圖 2.2　執行統計分析後的 Stata 視窗

正如其他的統計軟體，Stata 基於不同的需要，製造不同的文件。這些文件都以副檔名（file extension）來區辨。若干常用的文件包括：

1. .dta：Stata 的資料檔，例如 economy.dta

2. .do：使用者可將一組指令儲存在一個文件中，Stata 以 .do 來認定這類文件，例如 economy.do

3. .ado：是包含 Stata 系統指令的文件。與上述 .do 文件不同的是，

這類文件通常由程式設計師寫成供人下載，而 .do 文件則爲使用
者寫成

4. .log：爲儲存 Stata 分析結果的文件，是以一般文字格式（plain text）
寫成，例如 section1.log

5. .smcl：也是儲存 Stata 分析結果的文件，但是以 SMCL 格式寫成，
例如 section1.smcl

6. .gph：以 Stata 系統所製成的圖形

7. .hlp：含有協助資訊的文件

第二節　Stata指令的運用

自 Stata 8.0 後，使用者可以自 Stata 的主選單選取所要的指令，來分
析資料。除此以外，我們也可以將指令直接輸入指令視窗。下面的說明，
將兩種方法都明列出來。因爲 Stata 的指令可以用原指令的前三個英文字
母代表，熟悉 Stata 的讀者有時可以將指令的前三個英文字母直接輸入指
令視窗，而無需透過主選單來選取所要的指令。在資料的使用上，我們
以資料檔 economy.dta 爲例。讀者可自第一章中的連結從網站直接下載資
料檔。

壹、開啟現有的資料檔

我們可以用兩種方法開啓資料檔 economy.dta。

1. 第一種方法是以「視窗瀏覽器」從本書的資料檔中找到
economy.dta，按兩下該檔名，即可開啓資料檔。

2. 第二種方法是在啓動 Stata 後，在主選單以 File→Open 打開對話
窗，然後自對話窗中找到適當的路徑與資料檔名 economy.dta，即
可開啓資料檔（如圖 2.3）。

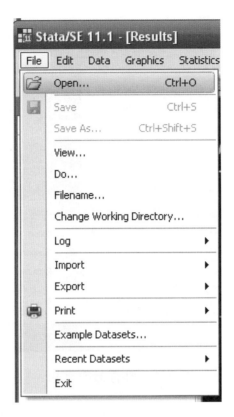

圖 2.3　開啟現有的資料檔

　　讀者也可以將指令直接輸入指令視窗中，指令的句法結構為：

use *filename* [, clear nolabel]

例如，

use c:\data\economy.dta

貳、儲存分析結果

　　Stata 不會自動儲存分析後的結果到文件中。為了能將分析結果儲存起來以便日後查考或列印，我們必須先打開一個儲存 Stata 分析結果的文件。其步驟為：

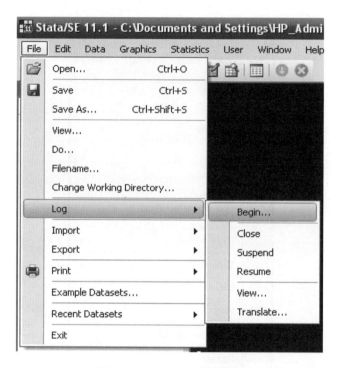

圖 2.4　儲存分析結果

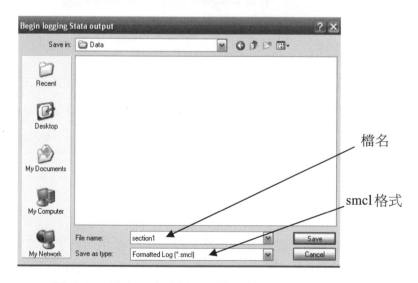

圖 2.5　儲存分析結果：輸入檔名

1. 從主選單 File→Log→Begin（如圖 2.4），打開對話窗 Begin logging Stata output。
2. 在所開啓的對話窗中，輸入一個檔名，如 section1（如圖 2.5），並選擇適當的路徑。按下 Save 鍵後即成。讀者應注意到預設的文件爲 smcl 格式，如果要改成一般文字格式（text），則選擇 log 格式。
   讀者也可以將指令直接輸入指令視窗中，指令的句法結構爲：
   log using *filename* [, append replace [smcl | text]]
例如，
   log using section1, smcl

如果要停止儲存 Stata 分析結果，則從主選單 File→Log→Close，關閉儲存文件。或者將指令直接輸入指令視窗中，
   log close
儲存後的文件將來可以打開，以供查考。假定我們對變數 level 執行了次數分析，其結果如下：

```
. tabulate level

 level of growth
            rate        Freq.      Percent         Cum.

   low growth rate         28        40.00        40.00
medium growth rate         34        48.57        88.57
  high growth rate          8        11.43       100.00

            Total          70       100.00
```

因爲我們已打開 section1.smcl，次數分析的結果就會存入該文件。在 Stata 中，我們可以執行下列的指令：
1. 自主選單 File→Log→View（如圖 2.6），打開對話窗 Choose File to View。按 Browse 鍵，選擇適當的路徑與文件名。
2. 按下 OK 鍵，Stata 便會打開 section1.smcl（如圖 2.7）。

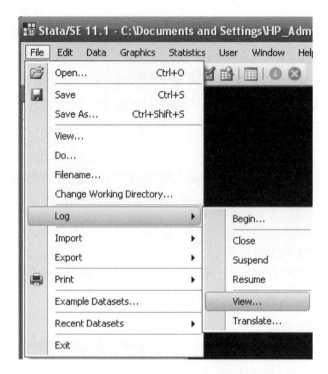

圖 2.6　打開儲存分析結果的文件

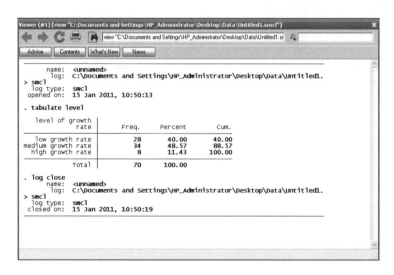

圖 2.7　打開後的結果文件

參、取得資料檔相關的資訊

在開啓資料檔後，一般都是要先取得與資料檔相關的資訊：

1. 自主選單 Data→Describe data→Describe data in memory（如圖 2.8），打開對話窗 describe - Describe data in memory。

2. 我們可以自 Variables 框中選取某一個或數個變數名（如 level），按下 OK 鍵，Stata 便會提供與這些變數相關的資訊。如果我們不選擇任何變數，讓 Variables 框空白（如圖 2.9），在按下 OK 鍵後，Stata 會提供資料檔中所有變數的資訊（如圖 2.10）。

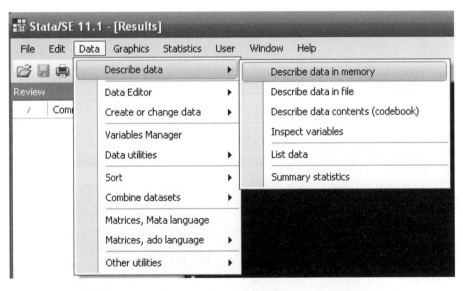

圖 2.8　以 Describe 取得與資料檔相關的資訊

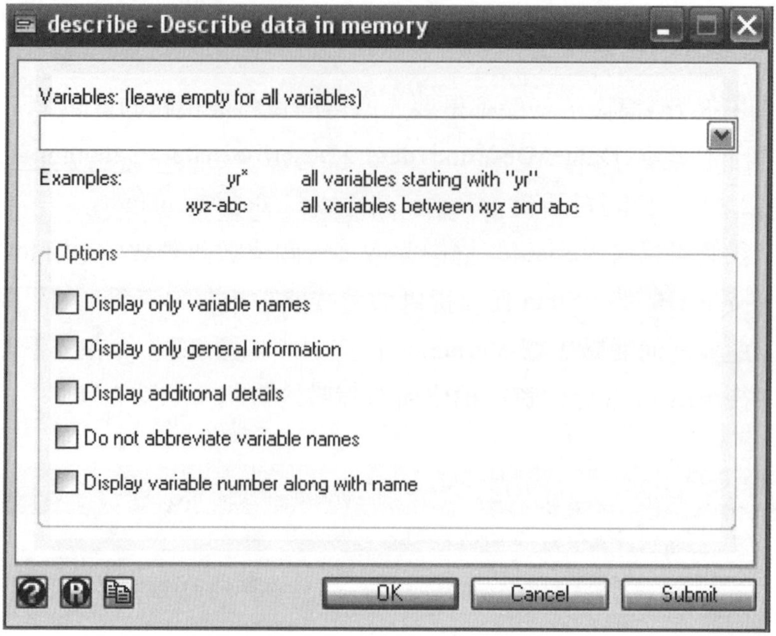

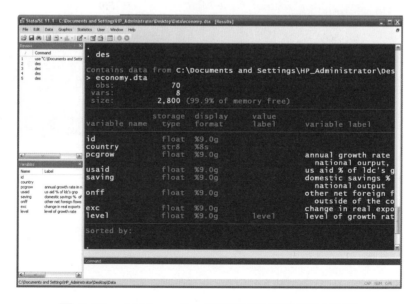

圖 2.9　Describe 的對話窗

圖 2.10　以 Describe 取得資料檔相關的資訊

讀者也可以將指令直接輸入指令視窗中，指令的句法結構爲：

describe *varlist* [, memory_options]

例如，只取 level 與 onff 兩個變數的資訊：

describe level onff

因爲 Stata 的指令可以用原指令的前三個英文字母代表，上述指令也可輸入爲

des level onff

如果要取得資料檔中所有變數的資訊，則無須指定任何變數名：

des

肆、分析資料

Stata 分析資料的指令都可以自主選單中的 Statistics 來選取。例如，我們要對變數 level 執行次數分析：

1. 自主選單 Statistics→Summaries, tables, and tests→Tables→One-way tables（如圖 2.11），打開對話窗 tabulate 1 - One-way tables（如圖 2.12）。然後自 Categorical variable 框中選取變數 level。

2. 按下 OK 鍵，即可得變數 level 的次數分析表（如圖 2.13）。

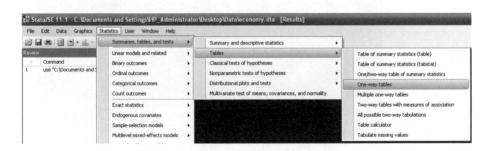

圖 2.11　以 Summarize 執行次數分析

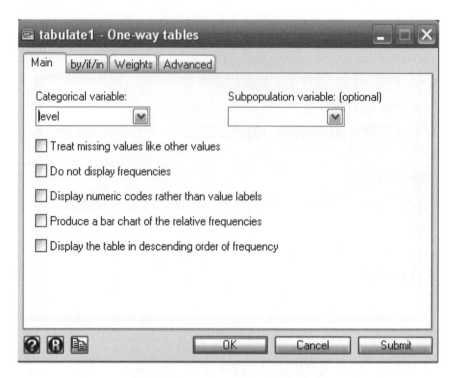

圖 2.12　tabulate1 的對話窗

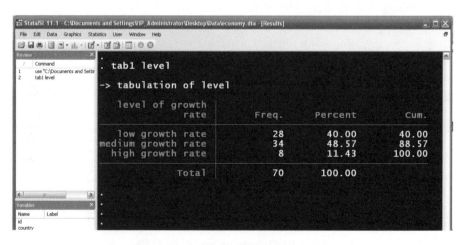

圖 2.13　Stata 的次數分析表

熟悉 Stata 的讀者也可以將指令直接輸入指令視窗：

tabulate level（或 tab1 level）

在主選單 Statistics 之下有若干指令，都是與本書的主題相關的。例如 Binary outcomes、Ordinal outcomes 以及 Categorical outcomes 等。我們在適當的章節中會一一討論。

伍、儲存指令

上述執行指令的方式是一般所稱的「互動模式」（interactive mode）。使用者輸入一個指令，馬上就要 Stata 執行該指令。互動模式通常對初學者比較有用。當研究者在嘗試不同統計模型時，通常也用互動模式來執行 Stata 的指令。不過互動模式的缺點是無法留下分析的記錄，以供日後查考。熟悉 Stata 的人一般會將要執行的指令，全部納入一個指令文件（do-file），也就是副檔名為 do 的文件。如此以來，使用者不僅可以執行文件中的指令，同時也可留下分析的記錄，以供日後查考。

將 Stata 指令存入指令文件的步驟為：

1. 自主選單 Window→Do-file Editor→New Do-file Editor（如圖 2.14），打開一個新的視窗 Stata Do-file Editor。

2. 將要執行的指令依序輸入新視窗中（如圖 2.15），例如

   log using section1, smcl

   use c:\data\economy.dta

   des

   tab1 level

   log close

3. 在新視窗中 File→Save，這會打開一個對話窗 Save Stata Do-File。輸入一個檔名，如 test，並選擇適當的路徑。按下 Save 鍵後即成。

如要執行 test.do 文件中所有的指令，

1. 自主選單 File→Do，這會打開一個對話窗 Select Batch File to Do
（如圖 2.16）
2. 選擇 test.do，然後按下 Open 鍵。文件中所有的指令便會全部執行一遍。分析的結果會顯示在結果視窗中。

如要執行 test.do 文件中部分的指令，

1. 以滑鼠將 test.do 文件中所要執行的指令選取出來
2. 自文件視窗的主選單 Tools→Execute (do)，所選的指令即會被執行。

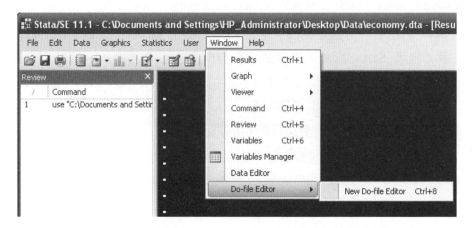

圖 2.14　打開新指令文件

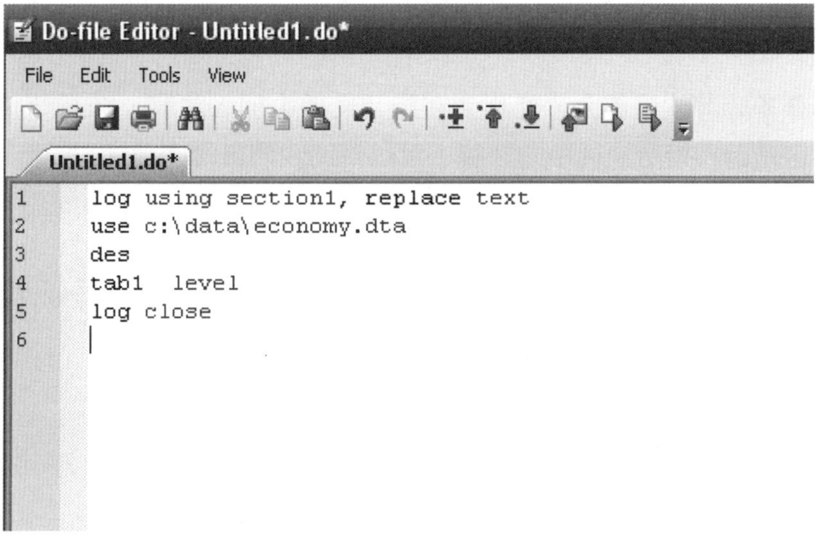

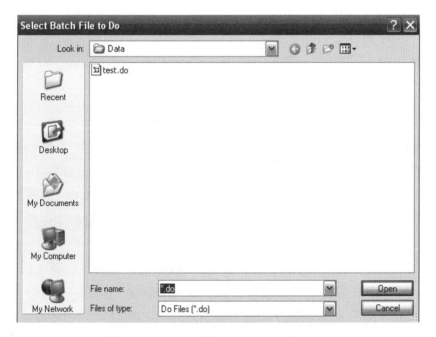

圖 2.15 在指令視窗中輸入指令

圖 2.16 執行指令文件的對話窗

陸、加入註解

許多統計軟體都允許使用者在指令文件中加入註解，Stata 也不例外。這是因為指令文件中的註解，可以幫助我們日後回憶當初執行這些指令的理由。此外，如果別人要檢視我們的研究過程，文件中的註解也可以協助他人瞭解這些指令的用意。

如果要在 Stata 指令文件中加入註解，我們必須在相關的註解之前以雙斜線（//）或星號（*）標示。例如，

// 這是一範例

// 打開分析結果文檔

log using section1, smcl

// 資料檔為 economy.dta

use c:\data\economy.dta

// 以傳統的線性迴歸為分析模型，regress 為指令 pcgrow 為依變數，其餘為自變數

regress pcgrow usaid saving onff exc

柒、取得協助

讀者在使用 Stata 的過程中，如果遭遇到問題時，可以自 Stata 軟體中找到協助。例如，我們要找尋有關勝算對數模型（logit）的資訊。

1. 自主選單 Help→Search（如圖 2.17）或 Help→Stata Command（如圖 2.18）前者會打開視窗 Keyword Search，後者會打開視窗 Stata Command。

2. 然後在 Keyword 框中或 Command 框中輸入 logit（如圖 2.19，圖 2.20），按下 OK 鍵就會有協助資訊出現在一個新的視窗中。

Help→Search 與 Help→Stata Command 的差別在於，前者會提供非常詳盡的連結（link），包括與 logit 相關的各種 Stata 指令，常問的問題，

各式例題等。後者則提供 logit 指令的語法結構。

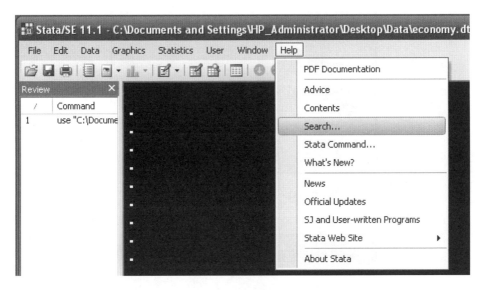

圖 2.17　自 Stata 軟體中取得協助

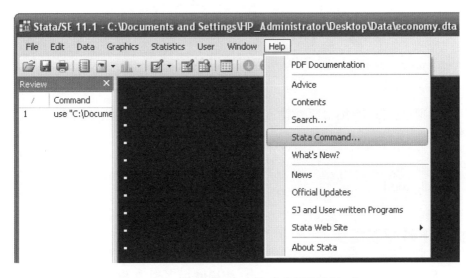

圖 2.18　搜尋 Stata 指令相關的協助

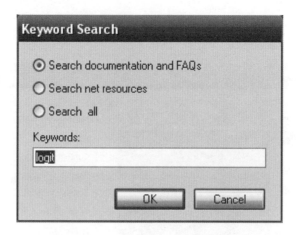

圖 2.19　取得協助的對話窗

圖 2.20　取得協助的對話窗

　　我們也可以將指令直接輸入指令視窗中，指令的句法結構為：

help *command_name*

例如，

help logit

捌、下載相關指令

　　Stata 允許使用者自行發展指令。如果使用者覺得 Stata 內建的指令不符需求，則可以自行寫出一套指令，儲存在前述的.ado 文件中，供人下

載。爲了能複製本書的例題，讀者需要下載三種指令：

一、SPost指令

在分析質變數時，爲了方便解釋分析後的結果（post-estimation interpretation），往往需要進一步計算若干統計資料，例如預測機率（predicted probabilities），勝算比的變化（change of odds ratio）等。美國學者 Scott Long 與 Jeremy Freese 發展出一組指令方便使用者的運算。這組指令總稱爲 SPost 指令。因爲 SPost 指令不是 Stata 的內建指令，讀者可依下列步驟下載：

1. 將下列指令直接輸入指令視窗中，

   search spost, net

2. 在結果視窗中會顯示若干連結，注意連結本身是藍色字體。以滑鼠點選下列連結：

```
spost9_ado from http://www.indiana.edu/~jslsoc/stata
    Distribution-date: 21Dec2010 / spost9_ado Stata 9, 10 & 11 commands for
    the post-estimation interpretation / of regression models. Use package
    spostado.pkg for Stata 8. / Based on Long & Freese - Regression Models for
    Categorical Dependent / Variables Using Stata. Second Edition. / Support
```

然後在新的視窗中，點選"click here to install"，Stata 就會自動下載 SPost 指令。我們在後章中，將詳細討論如何使用這些 SPost 指令。

二、gologit2指令

美國學者 Richard Williams （2006）爲估算「廣義之有序勝算對數模型」（generalized ordered logit model, 簡稱 gologit）而撰寫了 gologit2 指令。讀者可依下列步驟下載這個指令：

1. 將下列指令直接輸入指令視窗中，

   net search gologit2

2. 在結果視窗中會顯示若干連結，注意連結本身是藍色字體。以滑

鼠點選下列連結：

```
gologit2 from http://fmwww.bc.edu/RePEc/bocode/g
    'GOLOGIT2': module to estimate generalized logistic regression models for
    ordinal dependent variables / gologit2 estimates generalized ordered logit
    models for ordinal / dependent variables. A major strength of gologit2 is
    that it can / also estimate three special cases of the generalized model:
```

然後在新的視窗中，點選"click here to install"，Stata 就會自動下載 gologit2 指令。我們在第五章中，將詳細討論如何使用這項指令。

三、Bounds程式

美國學者 Beresteanu and Manski(2000)用 Stata 撰寫了 Bounds 程式，其中的 outcen（取 *outcome censoring* 二字的前三個字母）指令，可以用來計算受限變數條件平均數的上下限。outcen 指令會在第七章中說明。讀者可依下列步驟下載 Bounds 程式：

1. 進入 Manski 的網頁 http://faculty.wcas.northwestern.edu/~ cfm754/，點選 Software 專案中的 BOUNDS STATA 程式壓縮檔（Zip files）及使用手冊。

2. 將下載之軟體解壓縮，安裝於指定之資料夾，本書假定該軟體安裝於 c:\Programs Files\Stata11\ado 下。

第三節　如何有效地使用Stata

許多讀者都知道，統計分析的過程常常是很繁複的，很瑣碎的。尤其是在嘗試不同統計模型過程中，因為各個模型都很相似，稍一不慎就可能張冠李戴，導致錯誤的結論。因此，有系統地的資料管理就很重要了（Long and Freese, 2006: 31-33）。我們建議：

1. 將研究過程完整地記錄下來：科學研究的一個重要特性就是複製（replication）發現，也就是任何人（包括研究者本身）都可以透

過同樣的研究過程，重新將一項發現再度顯現出來，以便驗證發現的真實性與可信性。為了達到此一目的，我們必須確保所有的研究資料與過程，都完整地記錄下來。我們用 Stata 分析資料，在開始時可能會以互動模式來嘗試不同的統計模型。模型一旦確定後，我們就應將所有的分析過程完整地記錄在 do 文件中。日後即使僅有小小的改變，都應在 do 文件中記錄清楚。

2. 在 do 文件中加入註解：雖然在分析資料的時候，我們可能很清楚為什麼要執行這些指令，但是三、五個月後我們可能因為記憶模糊，就不瞭解當初為什麼要這麼做。所以 do 文件中的指令應加入說明的註解。

3. 對相關的文件要有系統地命名：在分析資料的過程中，我們常常會新增許多文件，有些是資料檔，有些是分析結果的文件，也有些是儲存指令的文件。如果沒有將文件有系統地命名，則很容易混淆。一般而言，儲存分析結果的文件（即 log 文件）應和 do 文件同名。例如，section1.do 的分析結果應儲存在 section1.log 中。因為同檔名，我們很自然的可以聯想起來。

4. 詳查每一個新的變數：如果在分析資料的過程中，創造了新的變數，我們應當確切地檢查新變數，以免有誤。經驗顯示，迴歸分析所產生不合理的結果，有時僅是因為新變數在製作過程中有偏差。為了確保新變數含有正確的數值，次數分布表以及集中趨勢統計量與變異統計量往往是簡單而又有效的檢驗方法。

第三章

連續依變數的分析：
線性迴歸模型

　　雖然我們假定讀者已經對線性迴歸模型有基本的瞭解，但是為了能與質的依變數及受限依變數相關的模型有所對照，我們在本章仍然簡單的說明線性迴歸模型。對線性迴歸模型有興趣的讀者，可以進一步參考王德育編著《政治學定量分析入門》（2007）。在章節的安排上，將先介紹線性迴歸模型，然後說明為什麼當依變數為質變數與受限變數時，一般常用的線性迴歸模型並不適合。

第一節　線性迴歸模型

　　當依變數為連續變數時，我們一般可以用線性模型來執行迴歸分析。依照第一章的討論可知，線性迴歸模型可以用矩陣來表示：

$$y_i = E\left(y_i | \mathbf{x}_i\right) + \varepsilon_i = \mathbf{x}_i \boldsymbol{\beta} + \varepsilon_i, \qquad i = 1, 2, ..., n \qquad (3.1)$$

上式中，y_i 為代表依變數第 i 個觀察值的純量（scalar），$\mathbf{x}_i$ 為代表自變數的 $1 \times (K+1)$ 向量，$\boldsymbol{\beta}$ 為代表迴歸係數的 $(K+1) \times 1$ 向量，ε_i 為代表隨機誤差（error）的純量。對於向量的使用比較不熟悉的讀者，線性迴歸模型也可以用下列公式來表示：

$$y_i = \beta_0 + \beta_1 x_{i1} + \beta_2 x_{i2} + ... + \beta_K x_{iK} + \varepsilon_i = \beta_0 + \sum_{k=1}^{K} \beta_k x_{ik} + \varepsilon_i \qquad (3.2)$$

上式中，下標 i 指的是第 i 個觀察值，下標 k 指的是第 k 個自變數（ $k = 1, ..., K$ ），因此 y_i 是代表依變數的第 i 個觀察值，x_{ik} 是第 k 個自變數（即 x_1 是第 1 個自變數，x_2 是第 2 個自變數，依此類推）的第 i 個觀察值，β_0 是截距，β_k 是第 k 個自變數的多元迴歸係數（即 β_1 是第 1 個自變數的多元迴歸係數，β_2 是第 2 個自變數的多元迴歸係數，依此類推），ε_i 為隨機誤差。我們在第一章中提到，各式的迴歸模型都可以用廣義線性模型（GLM）來說明。簡單來說，GLM 有三個構成部分：系統

部分、隨機部分與連結部分。系統部分指涉所有自變數的線性組合。這一部分通常是由研究者基於理論所認定的自變數所組成。隨機部分指涉依變數 y，及其相關的機率分布。連結部分顯示依變數 y 的條件平均數（或條件期望值，也就是 $\mu_i = E(y_i|\mathbf{x}_i)$），如何與等式右邊的系統部分相連。如果 y 是一服從常態分布的連續變數，因為其理論值（即樣本空間）可介於正負無窮大之間，因此在統計模型上，自變數的加權總和（weighted sum），可直接以對等式（identity）與依變數之條件平均數連結起來，這就是上述的線性迴歸模型。

第二節　最小平方法與線性迴歸係數的解讀

傳統的線性迴歸模型一般都是以「最小平方法」（the method of least squares），或亦稱「最小二乘法」，來估計迴歸係數。也就是迴歸係數的估計值是在觀察值（y_i）與預測值（$\hat{y}$）間誤差平方和（sum of squared errors）為最小的情況下得出。在英文文獻中，最小平方法也稱為「一般最小平方法」（ordinary least squares，或 OLS），以與其他型式的最小平方法有所區別。[1]以最小平方法所得迴歸係數的估計值可以用下列公式表示：

$$\hat{\boldsymbol{\beta}} = \left(\mathbf{X'X}\right)^{-1}\mathbf{X'y} \qquad\qquad (3.3)$$

如果線性迴歸模型的相關假定（assumptions）為真時，上式所得的 OLS 估計值（$\hat{\boldsymbol{\beta}}$）就是「最佳線性不偏估計值」（best linear unbiased estimator，或稱為 BLUE）。所謂不偏的估計值就是指對相同的母體不斷

---

[1] 線性迴歸係數的估計方法除了最小平方法外，還有 generalized least squares、weighted least squares、two-stage least squares 及 three-stage least squares 等。對線性迴歸模型有興趣的讀者，可參考 Greene（2012）與 Hanushek and Jackson（1977）。

重複抽樣，在作了許多次估計後，這些估計值的平均數會等於母體參數。也就是說，「平均而言」我們對迴歸係數的估計會是正確的。我們先說明如何解讀迴歸係數的估計值，然後在下節討論線性迴歸模型的相關假定。

　　簡單來說，迴歸模型中係數的估計值所顯示的是第 k 個自變數 x_k 對依變數 y 的影響力。這可以用微積分來表示。如果我們以 x_k 來對 y 取偏導數（partial derivative）：

$$\frac{\partial E(y|\mathbf{x})}{\partial x_k} = \frac{\partial \mathbf{x\beta}}{\partial x_k} = \beta_k \tag{3.4}$$

因為在線性迴歸中，偏導數是在其他自變數保持不變的情況下，y 與 x_k 間直線的斜率（slope），所以 β_k 正負值的大小就代表了 x_k 對 y 的影響力。也因為 y 與 x_k 是線性關係，所以偏導數的值（也就是 β_k 的值）不會因為模型中其他變數有不同的值而改變。

　　係數估計值 β_k 的意義也可以用「間距改變」（discrete change）的方法來解讀（Long, 1997: 14-15）。也就是說，在其他自變數保持不變的情況下，第 k 個自變數 x_k 產生一個單位的改變，如何影響 y 的條件平均數。假設 y 的條件平均數為 $E(y|\mathbf{x},x_k)$，當第 k 個自變數 x_k 增加一個單位時，也就是從 x_k 改變為 x_k+1 時，y 的條件平均數成為 $E(y|\mathbf{x},x_k+1)$。因此 y 的間距改變為：

$$\frac{\Delta E(y|\mathbf{x})}{\Delta x_k} = E(y|\mathbf{x},x_k+1) - E(y|\mathbf{x},x_k)$$
$$= [\beta_0 + \beta_1 x_1 + \ldots + \beta_k(x_k+1) + \ldots + \beta_K x_K + \varepsilon]$$
$$- [\beta_0 + \beta_1 x_1 + \ldots + \beta_k x_k + \ldots + \beta_K x_K + \varepsilon] \tag{3.5}$$
$$= \beta_k$$

這顯示，在其他自變數保持不變的情況下，x_k 每增加一個單位，y 的條件平均數會增加 β_k 個單位。因為在線性迴歸中，偏導數值與間距改變的值是相等的：

$$\frac{\partial E(y|\mathbf{x})}{\partial x_k} = \frac{\Delta E(y|\mathbf{x})}{\Delta x_k} = \beta_k \qquad (3.6)$$

所以我們在線性迴歸中，常以下列用語來解讀迴歸係數的估計值 β_k：

> 「平均而言，在其他變數都受到控制後，自變數 x_k 每增加一個單位，依變數的條件平均數會增加 β_k 個單位」。

間距改變對虛擬變數（dummy variable）的解讀尤其有用。因為虛擬變數只包含兩個類別，通常分別標示為 1 與 0。標示為 1 的類別顯示某一事件「有」發生或具「有」某種特質，而標示為 0 的類別則顯示某一事件「沒有」發生或「沒有」某種特質。所以虛擬變數的係數可以解讀為：

> 「平均而言，在其他變數都受到控制後，因為具有 x_k 的特質，依變數的條件平均數會增加 β_k 個單位」。

上述對迴歸係數的解讀方法主要適用於線性迴歸模型。如果我們使用的是非線性迴歸模型，係數的解讀方法就不一樣。首先，在線性迴歸模型中，公式 3.4 中的偏導數的值，不會因為模型中其他變數的值有所改變而變化。在非線性迴歸模型中，偏導數的值則取決於 x_k 的值以及模型中其他變數的值。當其他變數有不同的值時，偏導數的值也會隨之改變。其次，在線性迴歸模型中，公式 3.6 中的偏導數的值與間距改變的值相等，但是在非線性迴歸模型中，公式 3.6 不必然成立。因此，線性迴歸係數的解讀方法不可機械地應用在非線性迴歸係數。我們在後章中將陸續

介紹解讀非線性迴歸係數的適當方法。

第三節　線性迴歸模型的若干假定

我們在上節提到，如果線性迴歸模型的相關假定為真時，以最小平方法所得的估計值就是「最佳線性不偏估計值」。因為這些相關的假定不僅對瞭解線性迴歸模型很重要，對分析質的依變數與受限依變數的模型也很重要，所以下面將說明這些相關的假定。

壹、線性關係之假定（linearity）

這項假定就是指依變數與自變數間的關係必須是線性的。例如，公式 3.1 與 3.2 就是線性模型。從 GLM 的觀點來看，如果連結函數不能將自變數的加權總和與依變數之條件平均數，以對等式連結起來，就不是線性模型。

貳、無共線性之假定（non-collinearity）

在建構多元迴歸模型時，一個很重要的條件是模型中的自變數之間不能具有完全的線性關係（perfect linear relationship），否則會產生共線性的問題，係數無法估計。但即使是非完美但高度的線性關係，也會使得迴歸係數很難達到統計顯著的水準，因此影響結論的正確性。

參、隨機誤差的條件平均數為零之假定（zero conditional mean of ε）

這裡的隨機誤差指的是公式 3.1 與 3.2 中的 ε。這項假定可以下式來表示：

$$E\left(\varepsilon_i \middle| \mathbf{x}_i\right) = 0 \tag{3.7}$$

也就是說，對所有的 x 而言，迴歸模型中隨機誤差的條件平均數都應爲零。這項假定隱含的意義是 y 的條件平均數是所有 x 的線性組合：

$$E\left(y_i \middle| \mathbf{x}_i\right) = E\left(\mathbf{x}_i \boldsymbol{\beta} + \varepsilon_i \middle| \mathbf{x}_i\right) = \mathbf{x}_i \boldsymbol{\beta} + E\left(\varepsilon_i \middle| \mathbf{x}_i\right) = \mathbf{x}_i \boldsymbol{\beta} \tag{3.8}$$

如果誤差的條件平均數不爲零時，也就是 $E\left(\varepsilon_i \middle| \mathbf{x}_i\right) = \mathbf{c}_i$，公式 3.8 就成爲

$$E\left(y_i \middle| \mathbf{x}_i\right) = E\left(\mathbf{x}_i \boldsymbol{\beta} + \varepsilon_i \middle| \mathbf{x}_i\right) = \mathbf{x}_i \boldsymbol{\beta} + E\left(\varepsilon_i \middle| \mathbf{x}_i\right) = \mathbf{x}_i \boldsymbol{\beta} + \mathbf{c}_i \tag{3.9}$$

在公式 3.9 的情形下，我們可能會有兩種狀況：第一種狀況是每一個案例（case）的誤差值都相等。因此違反此一假定的結果，僅會影響迴歸模型中的截距。因爲社會科學研究通常著重對迴歸係數的解讀，不太在意截距的大小，在此情形下，違反此一假定的結果並不嚴重。第二種狀況是每一個案例的誤差值都不相等時。這種情形的問題就比較嚴重，因爲這表示依變數之條件平均數是等於所有的自變數加上誤差值。也就是說誤差值 c 相當於一個自變數，應當加入統計模型中但是卻沒有加入。違反此一假定的結果，會影響迴歸分析的具體結論。

肆、條件變異數相等與不相關誤差之假定（homoscedasticity and uncorrelated errors）

　　雖然這是兩個不同的假定，但是因爲它們對迴歸分析的影響相同，所以放在一起討論。條件變異數相等之假定是指迴歸模型中所有隨機誤差的條件變異數（conditional variance of the error terms）都是相等的。也就是：

$$Var(\varepsilon_i|\mathbf{x}_i) = \sigma^2 \qquad \text{for all } i \qquad\qquad (3.10)$$

如果這些誤差的變異數值都不相等時，就是條件變異數不等（heteroscedasticity）。條件變異數不等則以下式表示：

$$Var(\varepsilon_i|\mathbf{x}_i) = \sigma_i^2 \qquad \text{for all } i \qquad\qquad (3.11)$$

讀者可注意到公式 3.11 與 3.10 的差異僅在 σ^2 有一個下標 i，表示每個變異數都各有其值，也就是誤差的變異數值都不相等。

其次，不相關誤差之假定是指誤差值彼此間是沒有關係的，也就是誤差 ε_i 與誤差 ε_j 的共變數等於零：

$$COV(\varepsilon_i, \varepsilon_j) = 0 \qquad\qquad (3.12)$$

如果一迴歸分析違反了條件變異數相等之假定或是不相關誤差之假定，雖然係數的 OLS 估計值仍然是不偏的，但是已不是最好的線性不偏估計值，且標準誤估計值不正確。因為違反了任何一項假定都會影響假設檢定與信賴區間，從而導致錯誤的結論。

伍、隨機誤差常態分布之假定（normality）

這個假定是指迴歸模型的隨機誤差值會形成常態分布。因為當迴歸分析中的誤差值為常態分布時，我們就可推論迴歸係數的抽樣分布也是常態分布，從而可以執行假設檢定與估算信賴區間。因此，這個假定的重要性在於能否正確地檢定迴歸係數。一般而言，當樣本足夠大時，我們都可以根據「中央極限定理」（central limit theorem）假定迴歸係數的抽樣分布趨近於常態分布。

第四節　一個線性迴歸的例子

在介紹了線性迴歸分析的原理原則後，下面以 Sexton 與 Decker
（1992）的研究爲例，示範如何以多元迴歸模型作統計分析（Stata 資料
檔爲 economy.dta）。假定我們想要研究美國的經濟援助是否會提升開發
中國家的經濟成長率。我們可以想見影響這些國家經濟成長率的因素很
多，美國的經濟援助只是其中之一。其他可能的因素還包括本國的對外
貿易輸出，本國人民的存款量，以及其他流入國內的外資。根據此一理
論，我們可以建構一個四個自變數的迴歸模型：

$$y_i = b_0 + b_1 x_{i1} + b_2 x_{i2} + b_3 x_{i3} + b_4 x_{i4} + \varepsilon_i \quad i = 1, 2, \ldots, 70 \qquad (3.13)$$

上式中，y 是依變數，代表開發中國家的「經濟成長率」（pcgrow）。
其餘爲自變數，其中 x_1 是「外資流入比率」（onff），x_2 是「出口貿易
增減率」（exc），x_3 是「國內存款率」（saving），而 x_4 是「美援比率」
（usaid）。在執行迴歸分析前，我們先依照第二章所列的步驟（如圖 2.8
與圖 2.9），以 describe 指令取得資料檔的基本資訊：

```
. describe

Contains data from C:\Documents and Settings\HP_Administrator\Desktop\Data\economy.dta
  obs:            70
  vars:            8
  size:        2,800 (99.9% of memory free)

              storage  display   value
variable name   type   format    label    variable label

id            float   %9.0g
country       str8    %8s
pcgrow        float   %9.0g                annual growth rate in national ourput,
                                             1975-85
usaid         float   %9.0g                us aid % of ldc's gnp
saving        float   %9.0g                domestic savings % of national output
onff          float   %9.0g                other net foreign flows from outside of
                                             the country
exc           float   %9.0g                change in real exports
level         float   %9.0g       level    level of growth rate

Sorted by:
```

上面結果顯示資料檔中共有 8 個變數。表的最左邊列有相對的變數

標籤。我們再以下列步驟取得各變數的集中趨勢統計量與變異統計量：

1. 自主選單 Statistics→Summaries, tables, and tests→Summary and descriptive statistics→Summary statistics，打開一個對話窗 Summarize – Summary statistics。

2. 我們或可從 Variables 框中選取某一個或數個變數。按下 OK 鍵，即可得所選變數的集中趨勢與變異統計量。如果我們不選取任何變數，讓 Variables 框空白，而直接按下 OK 鍵，則資料庫中所有變數的統計量都會顯示出來，有如下面的結果：

```
. summarize

    Variable │      Obs        Mean    Std. Dev.        Min         Max
─────────────┼───────────────────────────────────────────────────────
          id │       70        35.5     20.35109          1          70
     country │        0
      pcgrow │       70    .6714286      2.66127         -5         8.1
       usaid │       70    .8291384     1.008317    -.02337     5.23112
      saving │       70    13.77571     10.28843      -19.1        38.9
─────────────┼───────────────────────────────────────────────────────
        onff │       70    1.568498     5.651023    -8.2356     31.7306
         exc │       68    .1454559     .2615222       -.16       1.298
       level │       70    1.714286     .6625129          1           3
```

結果顯示，變數 pcgrow（經濟成長率）為一連續變數，共有 70 個有效樣本。其算術平均數為 0.6714286，標準差為 2.66127，最小值為-5，而最大值為 8.1。此外，onff（外資流入比率），exc（出口貿易增減率），saving（國內存款率），與 usaid（美援比率）也都是連續變數。最後一個變數，level（發展水準），具有三個類別，以 1 表示低度發展水準，並以 3 表示高度發展水準。

Stata 內建的 regress 指令可以用來分析線性迴歸模型，其指令的句法結構為：

regress *depvar* [*indepvars*] [if] [in] [*weight*] [, *options*]

上述指令中，

- *depvar*：為依變數。
- *indepvars*：為自變數。

- *if* 與 *in*：為限制條件。例如，如果我們的線性迴歸分析僅限於低度發展水準的國家，則 regress 指令可寫為
  regress pcgrow usaid saving onff exc if level==1。
  讀者應注意 level 後面有兩個等號，即"=="。Stata 以兩個等號作為條件真偽的檢定。

- *weight*：為加權值。logit 指令可以 fweights，pweights，以及 iweights 來加權。我們可以 fw, pw 以及 iw 等縮寫的方式來表示不同的加權。不過，加權是一個比較複雜的議題，有興趣的讀者可參考 Stata 的 使 用 者 手 冊 （ *User's Guide* ）[U]11.1.6 weight 20.17 以及 [U]weighted estimation。

- *options*：為若干控制分析結果的選項，其中包括：
  - level (#)：控制假設檢定的統計顯著水準。Stata 預設的統計顯著水準為 0.05，因此會提供 95%信賴區間。但是我們可以用這個選項改設統計顯著水準。例如，
    regress pcgrow usaid saving onff exc, level(99)
  - noconstant：這個選項要求 Stata 不要列出常數。

我們可以下列步驟來執行線性迴歸模型，或者將指令直接打入指令視窗中：

1. 自 主 選 單 Statistics→Linear models and related→Linear regression，打開一個對話窗 regress – Linear regression。然後自 Dependent variable 框中選取變數 pcgrow，從 Independent variables 框中選取變數 usaid，saving，onff 與 exc。

2. 按下 OK 鍵，即可得迴歸分析結果，有如下表。

```
. regress pcgrow usaid saving onff exc
```

Source	SS	df	MS		
Model	255.750958	4	63.9377395		
Residual	205.776698	63	3.26629679		
Total	461.527656	67	6.88847247		

```
Number of obs =      68
F(  4,    63) =   19.57
Prob > F      =  0.0000
R-squared     =  0.5541
Adj R-squared =  0.5258
Root MSE      =  1.8073
```

pcgrow	Coef.	Std. Err.	t	P>|t|	[95% Conf. Interval]	
usaid	-.1443084	.2376108	-0.61	0.546	-.6191357	.3305189
saving	.0578546	.0276019	2.10	0.040	.0026965	.1130126
onff	.0974557	.0516985	1.89	0.064	-.0058554	.2007668
exc	6.261742	.9744426	6.43	0.000	4.314474	8.20901
_cons	-1.009019	.5520584	-1.83	0.072	-2.11222	.094182

從表列的資料來看，這四個自變數共同解釋了依變數中55%的變異量。如果以單尾假設檢定，在這四個自變數中，僅有美援比率（usaid）在統計上不顯著，這表示美援比率對這些國家的經濟成長沒有影響。其餘三個變數，外資流入比率（onff），出口貿易增減率（exc）與國內存款率（saving）統計上都是顯著的，而且相對應的迴歸係數都是正值，表示外資的流入，本國的對外貿易輸出，以及本國人民的存款率都可以提升開發中國家的經濟成長率。前面提及，迴歸係數的解讀為：「平均而言，在其他變數都受到控制後，自變數 x_k 每增加一個單位，依變數的條件平均數會增加 β_k 個單位」。以出口貿易增減率的迴歸係數為例：

「平均而言，在其他變數都受到控制後，對外經貿輸出每增加一個百分點，開發中國家的經濟成長率會增加 6.262 個百分點」。

第五節　線性機率模型

上述討論顯示，在不違反各項假定的情形下，線性迴歸模型適用於對連續變數的分析。但是當依變數為質變數或受限變數時，線性迴歸模型的適用性就有問題。下文中我們以對二分類變數的分析來說明。當 y

是二分類隨機變數時，如果仍套用公式 3.1 的線性模型，稱爲線性機率模型（linear probability model，或 LPM），但這個模型在學理上不盡合理，說明如下。

當 y 是二分類隨機變數時，y 的非條件平均數（unconditional expectation of y）等於事件發生的機率加上事件不發生的機率。這可以由下列公式看出：

$$
\begin{aligned}
E(y_i) &= \left[1 \times \Pr(y_i = 1)\right] + \left[0 \times \Pr(y_i = 0)\right] \\
&= \Pr(y_i = 1)
\end{aligned}
\tag{3.14}
$$

因爲虛擬依變數將事件不發生編碼爲 0，0 乘上事件不發生的機率後等於 0，所以 y 的非條件平均數就等於事件發生的機率。同理，我們也可以用上述公式來計算線性迴歸中依變數 y 的條件平均數。因爲線性迴歸有自變數 x，所以依變數 y 的平均數是有條件的（conditional），也就是會受到自變數 x 的影響。y 的條件平均數（conditional expectation of y）可以用下式表示：

$$
\begin{aligned}
E(y_i | \mathbf{x}_i) &= \left[1 \times \Pr\left(y_i = 1 | \mathbf{x}_i\right)\right] + \left[0 \times \Pr\left(y_i = 0 | \mathbf{x}_i\right)\right] \\
&= \Pr\left(y_i = 1 | \mathbf{x}_i\right)
\end{aligned}
\tag{3.15}
$$

依照線性機率模型

$$
\Pr(y_i = 1 | \mathbf{x}_i) = \mathbf{x}_i \boldsymbol{\beta}
\tag{3.16}
$$

綜上所述，當依變數 y 爲二分類變數時，y 的預測值就是 y 的條件機率，也就是某事件發生的條件機率。因爲在線性模型中，迴歸係數代表自變數對依變數的影響力，我們可以將迴歸係數解讀爲「平均而言，在其他變數不變的情況下，自變數 x_k 每增加一個單位，某事件發生的條件機率會增加 b_k 個單位」。也因爲是線性迴歸，自變數對依變數的影響力是持續不變的，不會因爲自變數有不同的值而有不同程度的影響。這個線性

機率模型可以下面的例子來說明。

　　我們以美國學者 Fred C. Pampel 與 Richard G. Rogers（2004）的研究為例（Stata 資料檔爲 smoking.dta），來檢定年齡與性別對抽煙習慣的影響。相關的線性機率模型爲：

$$Smokealot = \beta_0 + \beta_1 Ag + \beta_2 dfem + \varepsilon \tag{3.17}$$

上式中，$Smokealot$ 爲一個二分類變數，將煙癮很大的受訪者編碼爲 1，否則編碼爲 0。Ag 爲受訪者的年齡，是一個以十年爲單位的連續變數。$dfem$ 爲受訪者的性別，是一個二分類變數，凡是女性受訪者編碼爲 1，男性受訪者編碼爲 0。所計算出的迴歸方程式爲：

$$Smokealot = 0.089 - 0.002 Ag - 0.043 dfem + \varepsilon \tag{3.18}$$

上式中，年齡（Ag）的多元迴歸係數可解讀爲：

　　　　「平均而言，在受訪者的性別受到控制後，年齡每增加十歲，受訪者自認煙癮很大的機率會降低 0.002」。

女性（$dfem$）的多元迴歸係數則可解讀爲：

　　　　「平均而言，在受訪者的年齡受到控制後，女性受訪者自認煙癮很大的機率會比男性低 0.043」。

　　上面這個例子顯示，線性迴歸似乎可以應用在分析二分類依變數。但是線性機率模型卻有一些問題，使得線性迴歸模型不宜應用在二分類依變數。這些問題包括：

壹、非常態性

前面已說明，線性迴歸分析的一項重要假定是，其隨機誤差（ε）必須服從常態分布。但是當依變數為二分類變數時，與每個自變數相對應的隨機誤差只有兩個值，也就是：

$$\varepsilon_1 = 1 - E(y|x) = 1 - (\beta_0 + \beta_1 x)，\quad 當 y = 1 \tag{3.19}$$

$$\varepsilon_0 = 0 - E(y|x) = 0 - (\beta_0 + \beta_1 x)，\quad 當 y = 0 \tag{3.20}$$

由此可知，當依變數為二分類變數時，因為線性機率模型中的隨機誤差僅有兩個值，隨機誤差不會服從常態分布。雖然違反常態分布的假定並不會影響線性迴歸係數的正確性，但是會使得迴歸係數的標準誤有偏差。當標準誤有偏差時，假設檢定就會受到影響，統計分析的準確性從而受到懷疑。

貳、條件變異數不相等（heteroscedasticity）

線性迴歸分析的另一項重要的假定是，隨機誤差必須有相等的條件變異數。這就是前一節討論的條件變異數相等（homoscedasticity）的假定。從公式 3.19 與 3.20 可知，當依變數為二分變數時，其隨機誤差將視自變數 x 的大小而定，因此隨機誤差的變異數不會相等，而違反了隨機誤差變異數相等的假定。這可以用下列的統計公式來證明：

假定二分類依變數 y 的平均值為 μ，則其變異數為 $\mu(1-\mu)$。[2]因為 y 的條件平均數為 $\mathbf{x\beta}$，y 的條件變異數為：

$$Var(y|\mathbf{x}) = \Pr(y=1|\mathbf{x})\left[1 - \Pr(y=1|\mathbf{x})\right] = \mathbf{x\beta}(1-\mathbf{x\beta}) \tag{3.21}$$

---

[2]　參見第一章第二節關於柏努力分布之說明及公式1.12。

這顯示隨機誤差的變異數取決於自變數 x 值,當 x 值改變時其相對應隨機誤差的條件變異數也會隨之變化,因此違反條件變異數相等的假定。

違反了這項假定的有什麼後果呢?當隨機誤差的條件變異數不等時,迴歸係數 OLS 估計值(b)的標準誤(S_b)會有偏差,因此會使統計檢定不準確。例如,設顯著水準爲 0.05($\alpha = 0.05$),如果迴歸係數與其標準誤比率的絕對值大於相對應的 t 分數,在雙尾檢定的邏輯下,我們可拒斥虛無假設。也就是說,

$$|b/S_b| > t,拒斥虛無假設(H_0):\quad \beta = 0 \tag{3.22}$$

由上式可知,標準誤的大小可決定統計檢定的顯著性,一個不準確的標準誤自然會造成錯誤的統計檢定。

參、機率的上下限問題

機率的值是從 0 到 1,也就是說機率的上限爲 1,而下限爲 0。因此,以線性機率模型所產生 y 的預測值,也就是二分類依變數的條件機率,其值應不大於 1,也不小於 0。但是實際上,線性機率模型的預測值可大於 1 到正無窮大,也可小於 0 到負無窮大。這對二分類依變數的分析則會產生不合理的解讀。這可從前述抽煙習慣的例子看出來。依公式 3.18,一個 20 歲女性煙癮很大的條件機率爲 0.006(=0.089-0.002×20 -0.043×1),而一個 40 歲女性煙癮很大的條件機率則爲 -0.034(=0.089-0.002×40-0.043×1)。因爲機率的值是從 0 到 1,小於 0 的條件機率顯然是不合理的。換言之,因爲機率有上下限,以線性機率模型所產生的預測,則可能出現不合理的結果。

肆、函數形式的問題

　　線性機率模型的最大問題在於線性方程式不能正確的表現二分類依變數的函數形式。我們在前面提到，線性迴歸中的迴歸係數代表自變數對依變數的影響力。因爲是線性迴歸，自變數對依變數的影響力是持續不變的，不會因爲自變數有不同的值而有不同程度的影響。但是這種「持續不變影響力」的假定往往不切實際。例如，薪水的增加可能會提高買車的可能性，但是每月多收入一萬元新臺幣，對高收入者可能不會有太大的影響。因爲高收入的人擁有車的可能性已經很高了，每個月多一萬元新臺幣的收入，不太會增加其再購買另一部汽車的機率。對低收入者，本來就難以求得溫飽，更遑論購買汽車。每個月多一萬元新臺幣的收入，可用於一般生活開支，對其購買汽車的可能性也不會有太大的影響。但是對收入中等的人而言，這筆多出的錢應可支付每個月的汽車貸款，對其購車的機率會有較大的影響力。這顯示工資的增加對中等收入者的影響力較大，但是對高收入與低收入者的影響力則相對的遞減。因此，工資的增加與買車的機率並不是線性關係，而是呈現非線性的關係。也就是對中段觀察值的影響力會大於對兩端觀察值的影響力。

　　再如，對 20 到 30 歲的人而言，結婚的可能性會隨年齡的增加而提高。但是對 15 歲以下或 50 歲以上的人而言，年齡對結婚機率的影響力則可能會降低。因爲很少人會在 15 歲以前結婚。一旦到了 50 歲以後，會結婚的人也不多了。但是，一個自 25 歲成長到 26 歲的人，其結婚的可能性會顯著的提高。這個例子顯示年齡對結婚機率的影響力，也是非線性的關係。同樣是對中段觀察值的影響力大於對兩端觀察值的影響力。

　　上述的例子顯示，我們在預測事件發生的機率時（也就是二分類依變數），通常自變數與依變數的關係會呈現非線性的關係。當機率趨近於 0 或 1 時，自變數對依變數的影響力會逐漸遞減。因此，一般常用的線性迴歸模型不能正確的呈現二分類依變數與自變數間的函數形式，以致於在解釋或預測上，會有偏差。因爲機率有上下限，不能大於 1，也不

能小於 0，線性機率模型的預測值則可能超過上下限，而產生不合理的結論。此外，當依變數的值趨近於 0 與 1 時，線性機率模型也無法正確的表現自變數對依變數的影響力。因為在分析二分類依變數時，自變數與依變數的關係是非線性的。任何一個自變數對依變數的影響力，不是持續不變的，而會因為自變數有不同的值而有不同程度的影響。

第六節　本章小結

　　本章將線性迴歸模型及其相關的假定作一簡單的回顧，並以對二分類依變數為例，說明為何線性模型不適合分析質變數或受限變數。簡單來說，如果依變數是一個服從常態分布的連續變數，因為其理論值可介於正負無窮大之間，以 GLM 的觀點來看，這個統計模型的系統部分與隨機部分，便可以用對等式作為其連結部分。也就是說，自變數的加權總和，可直接以對等式與依變數之條件平均數連結起來，這就成為一個線性迴歸模型。當然，線性迴歸模型的成立乃是建立於若干重要的假定，包括線性關係之假定與條件變異數相等之假定等。但是，當依變數為質變數或受限變數時，這些假定通常不能成立。如果將線性迴歸模型機械地使用在這些變數的分析，則會有偏差。最後，因為線性迴歸模型是瞭解質的依變數及受限依變數分析的基礎，讀者在閱讀以下章節前應熟悉本章的討論。

第二篇

質變數

第四章

二分類依變數的分析：
二分勝算對數模型

　　二分類變數就是只包含兩個類別的質變數，其中一個類別指出某一事件「有」發生或「具有」某種特質，而另一個類別則指某一事件「沒有」發生或「不具有」某種特質。二分類依變數在社會科學研究中是很常見的。舉例來說，軍售是否會增加戰爭發生的可能性（Craft and Smaldone, 2002），選民有沒有去投票（Plane and Gershtenson, 2004），單親家庭中的兒童是否快樂（Biblarz and Gottainer, 2000），以及美國法官是否支持死刑為合理的刑罰（Songer and Crews-Meyer, 2000）。上面這些例子中的依變數都只包含兩個類別，例如有沒有發生戰爭，投票或未投票，快樂或不快樂，以及支持或不支持，所以是二分類變數。在編碼上，雖然可以任何數字來代表這兩個類別，但一般是以 1 與 0 來顯示：1 代表研究者特別感興趣的那一類，0 則代表另一類。例如 1 通常表示某一事件「有」發生或「具有」某種特質（例如，發生戰爭，有投票，感到快樂，支持），而 0 則顯示某一事件「沒有」發生或「不具有」某種特質（如沒有發生戰爭，沒有投票，不快樂，不支持）。在資料檔中，一個曾經歷過戰爭的國家，相關的變數編碼為 1，沒有經歷過戰爭的國家，則編碼為 0。同理，在某項選舉中投過票的受訪者，相關的變數編碼為 1，沒有投票的受訪者，則編碼為 0。感到快樂的兒童，相關的變數編碼為 1，不快樂的兒童，則編碼為 0。支持死刑為合理刑罰的美國法官，相關的變數編碼為 1，而不支持死刑的美國法官，則編碼為 0。

　　我們已經在前章以二分類變數為例，說明為什麼一般常用的線性迴歸模型不適合用來分析質變數與有限變數。因此，本章的目的則在介紹如何分析二分類依變數。在章節的安排上，將先說明「二分勝算對數模型」（binary logit）。第二節介紹如何以 Stata 的 logit 指令與其他相關的指令執行統計分析。第三節說明假設檢定。第四節介紹四種不同解讀迴歸係數的方法。第五節討論模型的適合度（Goodness of fit）。最後在第六節中說明殘差值的檢驗。雖然本章主要在討論二分類依變數的分析方法，不過文中所說明的觀念，迴歸係數的解讀方法，與 Stata 的指令都與後面的章節有密切的關係，建議讀者應仔細閱讀本章。

第一節　二分勝算對數模型

為了因應線性機率模型在分析二分類依變數所產生的問題，學者提出不同的統計模型。我們先以「隱性變數模型」（Latent Variable Model）（Long, 1997: 40-47; Long and Freese, 2006: 132-135）來說明如何分析二分類依變數。然後再以第一章中所討論的「廣義線性模型」（generalized linear models，簡稱 GLM）導出二分勝算對數模型的統計公式。

壹、隱性變數模型

在某項民意調查中，受訪者回答了是否對目前的工作感到滿意。雖然受訪者的答案只有兩個：「滿意」與「不滿意」，但是我們應可想見的是，有些受訪者實際上對目前工作感到非常滿意，有些受訪者會感到非常不滿意，當然也有些人態度不會顯示得那麼強烈。因此，我們可將「工作滿意度」想像成為一個連續變數，每個受訪者的滿意度都在這連續變數中佔有一個值。這個值代表受訪者的態度傾向（propensity），有些人對目前工作感到非常滿意，有些人感到非常不滿意，也有些人的工作滿意度居於兩者的中間。雖然「工作滿意度」為一連續變數，其值可從負無窮大到正無窮大，但是我們卻無法觀察到這個變數本身。在經驗世界中，我們所能觀察到的只有兩個值：「滿意」（編碼為 1）與「不滿意」（編碼為 0）。這一觀察不到的變數，我們稱為「隱性變數」，在這裡以 y^* 來代表，y^* 與自變數的關係則可以下式表示：

$$y_i^* = \mathbf{x}_i\boldsymbol{\beta} + \varepsilon_i \tag{4.1}$$

假定只有一個自變數，公式 4.1 則可寫成為

$$y_i^* = \beta_0 + \beta_1 x_i + \varepsilon_i \tag{4.2}$$

上式與線性迴歸模型的公式相同，差別是依變數是觀察不到的隱性變數。而隱性變數 y^* 與實際觀察到的變數 y 的關係則可以下式表示：

$$y_i = \begin{cases} 0 & \text{if } y_i^* \leq 0 \\ 1 & \text{if } y_i^* > 0 \end{cases} \tag{4.3}$$

換言之，凡是隱性變數 y^* 小於或等於 0 的受訪者，我們在經驗世界中所觀察到的值為 0，表示受訪者對目前工作感到不滿意。當受訪者的態度傾向超過某一個「門檻」（threshold）或「分界點」（cutpoint），也就是隱性變數 y^* 的值大於 0 時，我們在經驗世界中所觀察到的值為 1，表示受訪者對目前工作感到滿意。

隱性變數 y^* 與實際觀察到的變數 y 的關係，便可以從圖 4.1 顯示出來。圖例中以 τ 表示分界點，有箭頭的虛實線顯示隱性變數 y^*，為一連續變數，其值從負無窮大（$-\infty$）到正無窮大（∞）。0 與 1 表示變數 y 所能觀察到的兩個值。當隱性變數 y^* 的值超過分界點 $\tau = 0$ 時，實際觀察到的變數 y 則從 0 轉變為 1。

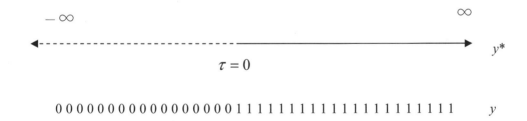

圖 4.1　隱性變數 y^* 與實際觀察到的變數 y 的關係

因此，一個二分類依變數的隱性變數模型便可以下面的公式來表示：

$$\Pr\left(y_i = 1 \middle| \mathbf{x}_i\right) = \Pr\left(y_i^* > 0 \middle| \mathbf{x}_i\right) \tag{4.4}$$

將公式 4.1 代入 4.4，經過一些演算，上面的式子可以轉化成：

$$\Pr\left(y_i = 1\middle|\mathbf{x}_i\right) = \Pr\left(\varepsilon_i \leq \mathbf{x}_i\boldsymbol{\beta}\middle|\mathbf{x}_i\right) \tag{4.5}$$

這顯示事件發生的機率端賴隨機誤差 ε 的「累積分布函數」（cumulative distribution function 或 cdf）累積至 $\mathbf{x}_i\boldsymbol{\beta}$ 的值。這可以進一步用下式來表示：

$$\Pr\left(y_i = 1\middle|\mathbf{x}_i\right) = F\left(\mathbf{x}_i\boldsymbol{\beta}\right) \tag{4.6}$$

一般而言，$F(\bullet)$ 可能為服從常態分布（normal distribution）的累積分布函數，我們以 Φ 來代表。或者，$F(\bullet)$ 可能為服從 S 狀成長曲線分布（logistic distribution）的累積分布函數，我們以 Λ 來代表。也就是說，隨機誤差 ε 可能服從兩種機率分布之一：

一、如果隨機誤差 ε 服從平均值為 0（$\mu = 0$），變異數為 1（$Var(\varepsilon) = 1$）的常態分布，在僅有一個自變數 x 時，公式 4.5 便為「二分機率單元模型」（binary probit model）：

$$\Pr\left(y = 1\middle|x\right) = \int_{-\infty}^{\beta_0 + \beta_1 x} \frac{1}{\sqrt{2\pi}} \exp\left(-\frac{t^2}{2}\right) dt \tag{4.7}$$

二、如果隨機誤差 ε 服從平均值為 0（$\mu = 0$），變異數為 $\pi^2/3$（$Var(\varepsilon) = \pi^2/3 \approx 3.290$）的 S 狀成長曲線分布（logistic distribution），公式 4.5 便成為二分勝算對數模型：

$$\Pr\left(y = 1\middle|x\right) = \frac{\exp\left(\beta_0 + \beta_1 x\right)}{1 + \exp\left(\beta_0 + \beta_1 x\right)} \tag{4.8}$$

雖然這兩個模型隨機誤差 ε 的機率分布不同，公式也不同，但是只要模型的適合度夠好，分析的結果卻頗爲相似。唯一的差別是因爲兩者的變異數不同，因此二分勝算對數模型的係數較大，大約是二分機率單元模型係數的 1.81 倍（$\sqrt{\pi^2/3} \approx 1.814$）。Agresti（2007: 72-73）及 Long（1997: 47-48）對兩個模型間的關係有詳細的說明。有興趣的讀者可參考其公式推演。換言之，對二分勝算對數與二分機率單元模型的選擇，端視研究者的偏好。因爲二分勝算對數模型可以提供各種不同解讀迴歸係數的方法，下文將集中介紹這個模型。

貳、二分勝算對數模型

上文是以隱性變數模型來瞭解二分類依變數的分析，另一個推演二分類依變數分析模型的方法是運用第一章中所討論的廣義線性模型。前文提及 GLM 有三個構成部分：隨機部分，系統部分，與連結部分。模型中的隨機誤差 ε 就是隨機部分，這個部分反映依變數 y 及其相關的機率分布。在線性迴歸模型中，y 是一個服從常態分布的連續變數，例如經濟成長率或人均所得。在二分勝算對數模型中，如果分析單位是個體，y 爲服從柏努力（Bernoulli）分布的二分類變數，例如是否曾在總統選舉中投票，或者有沒有特定政黨偏好。

系統部分指涉所有自變數的組合。在第一章中我們提到 GLM 中系統部分通常可以用下式來表示：

$$\eta_i = \mathbf{x}_i\boldsymbol{\beta} = \beta_0 + \sum_{k=1}^{k}\beta_k x_{ik} = \beta_0 + \beta_1 x_{i1} + \beta_2 x_{i2} + ... + \beta_k x_{ik} \qquad (4.9)$$

公式 4.9 是一個線性組合，這就是 GLM 被稱爲廣義「線性模型」的原因。所以，線性迴歸模型的系統部分可以用公式 4.9 來表示。同樣的，勝算對數模型的系統部分，也可以公式 4.9 來表示。由此可知，勝算對數模型與線性迴歸模型非常相似，因爲兩者的系統部分都是線性組合。不過，雖

然這兩種模型的系統部分相似，但是它們的連結函數則有很重要的區別。

連結函數是 GLM 中的第三個組成份子。這一部分顯示依變數 y 的條件平均數（$\mu_i = E(\mathbf{y}_i|\mathbf{x}_i)$），如何與迴歸式右邊的自變數相連。$y$ 的條件平均數與系統部分便可以用下列公式來表示：

$$g(\mu_i) = \eta_i = \mathbf{x}_i\boldsymbol{\beta} = \beta_0 + \sum_{k=1}^{k} \beta_k x_{ik} = \beta_0 + \beta_1 x_{i1} + \beta_2 x_{i2} + ... + \beta_k x_{ik} \quad (4.10)$$

上式中，$g(\mu)$ 代表某一個連結函數，其功能是在扮演連結條件平均數 μ 與自變數間的角色。也就是說，條件平均數 μ 與迴歸式右邊的自變數是透過連結函數 $g(\mu)$ 連結起來。在線性迴歸模型中，因為條件平均數 μ 可以直接從自變數計算出來，其連結函數為「對等連結」（identity link）。但是在第三章中已說明，在分析二分類依變數時，對等連結函數並不適用。基於二分類依變數服從柏努力分布，第一章的公式 1.10 及表 1.1 顯示，其標準參數是勝算對數（logit），因此它的自然連結函數就是「勝算對數連結」（logit link）：[1]

$$\log it(p_i) = \ln \Omega_i = \ln\left(\frac{p_i}{1-p_i}\right) \quad (4.11)$$

以勝算對數連結函數將模型中的隨機部分與系統部分相連後，我們即得二分勝算對數模型：

$$\ln \Omega(\mathbf{x}_i) = \ln\left[\frac{\Pr(y_i = 1|\mathbf{x}_i)}{1 - \Pr(y_i = 1|\mathbf{x}_i)}\right]$$

$$= \mathbf{x}_i\boldsymbol{\beta} = \beta_0 + \beta_1 x_{i1} + \beta_2 x_{i2} + ... + \beta_K x_{iK} \quad (4.12)$$

---

[1]　如果我們以「機率單元」（probit）為連接函數，所得的模型即為「二分機率單元模型」。

所以線性迴歸模型以對等連結函數，直接計算依變數 y 的條件平均數，而勝算對數模型則是以勝算對數為連結函數來計算 y 的條件平均數。這種模型也稱為「成長曲線迴歸」（Logistic Regression）。[2]如果我們以 $\exp(x) = e^x$ 來表示，則公式 4.12 也可以寫為：

$$\Pr\left(y_i = 1 \middle| \mathbf{x}_i\right) = \frac{\exp\left(\mathbf{x}_i\boldsymbol{\beta}\right)}{1 + \exp\left(\mathbf{x}_i\boldsymbol{\beta}\right)} \tag{4.13}$$

為了能正確的瞭解勝算對數模型，下文將對公式 4.11 與 4.12 作詳細的解讀。

一、什麼是勝算？[3]

簡單來說，勝算（odds）就是某事件發生與該事件不發生的機率比。這個概念可以下列公式來表示：

$$\Omega_i = \frac{p_i}{1 - p_i} \tag{4.14}$$

上式中，p_i 為某事件發生的機率，而 $\left(1 - p_i\right)$ 為該事件不發生的機率，Ω_i 即為某事件發生的勝算。因為勝算是某事件發生與該事件不發生的機率比，因此是建立在「倍數」的觀念上，當勝算為 4 時就表示某事件發生的機率是不發生機率的 4 倍，這也就等於說，發生的機率為 0.8，而不發生的機率為 0.2。相反的，如果勝算為 1/4 時，就表示某事件發生的機率是不發生機率的 1/4 倍。換言之，發生的機率為 0.2，而不發生的

---

[2]　在文獻中，有學者將Logit Model指涉模型中所有自變數均為類別變數之對數線性分析（log-linear），而以Logistic Regression指自變數中至少有一個為連續變數之迴歸分析。但是也有許多學者將Logit Model與Logistic Regression視為同義詞，彼此混用。關於這方面的討論，參見黃紀（2000）。

[3]　下文關於勝算與勝算對數的討論，作者參考了Pampel（2000: 11-18）。

機率為 0.8。舉例來說，從一副撲克牌中取得一張梅花的機率為
13/52＝1/4＝0.25，而不是梅花的機率為39/52＝3/4＝0.75，所以取得
一張是梅花牌的勝算為0.25/0.75＝1/3。相反的來說，取得不是梅花牌的
勝算為0.75/0.25＝3。總的來說，只要發生的機率大於不發生的機率時，
勝算即大於 1。如果發生的機率小於不發生的機率時，勝算即小於 1 但大
於 0。當勝算為 1，則表示某事件發生的機率與該事件不發生的機率相等。
勝算在中文的用法並不多見，但也不是全然沒有。一般人常說的「五五
波」（勝算為 1）或「六四開」（勝算為 1.5）就是很好的例子。

　　通常勝算是以單一個實數來表示，例如「勝算是 4」或「勝算是 3」，
這種說法隱含了勝算通常是以 1 為底的。其實這是「勝算是 4 比 1」或「勝
算是 3 比 1」的簡稱。以上述撲克牌為例，「取得非梅花牌的勝算為 3」
的意思就是，每取得三張非梅花牌，就會取得一張梅花牌，也就是每三
張非梅花牌對一張梅花牌，因此勝算是 3 比 1。不過勝算也可能出現小
數，例如取得一張是梅花牌的勝算為1/3或 0.333。或是說，每出現 100
張非梅花牌，就會出現 33.3 張草花牌。

　　勝算與機率有兩個相似之處：第一，兩者都以 0 為最低值，也就是
兩者都沒有負值；第二，當勝算與機率的值增大時，都表示某事件愈可
能發生。但是勝算與機率也有不同之處。首先，機率的計算將發生的事
件除以所有發生與不發生事件的總和，因此機率的最大值為 1。勝算則是
發生事件與不發生事件的對比。例如，從一副撲克牌中取得一張梅花的
勝 算 是 13/39＝1/3＝0.333 ，但 是 取 得 一 張 梅 花 的 機 率 為
13/52＝1/4＝0.25。其次，從公式 4.14 可知，當機率愈大，勝算也愈大，
但是機率的最大值為 1，而勝算可達無窮大。

表 4.1　勝算與機率的關係

p	0.01	0.1	0.2	0.3	0.4	0.5	0.6	0.7	0.8	0.9	0.99
$(1-p)$	0.99	0.9	0.8	0.7	0.6	0.5	0.4	0.3	0.2	0.1	0.01
勝算	0.01	0.11	0.25	0.43	0.67	1.00	1.50	2.33	4.00	9.00	99.00

　　表 4.1 顯示勝算與機率的關係。從表列的數位可以看出，當機率值
（ p_i ）為 0.5 時，勝算為 1（ $\Omega_i = {p_i}\Big/{1-p_i} = {0.5}\Big/{1-0.5} = 1$ ）。當機率值趨
近於 0 時，勝算也趨近於 0，但是勝算不會小於 0，也就是不會有負值。
當機率值越大時，勝算值就會趨大。此時，機率值少許的變動就會造成
勝算很大的改變。例如，當機率值為 0.9，0.99，0.999，0.999 時，勝算
則為 9.0，99.0，999.0。如果機率值趨近於 1 時，勝算值就會趨近於無窮
大。所以機率與勝算的關係是非線性的。勝算與機率的關係也可以從圖
4.2 看出。當代表機率的細實線（也就是標示為 prob 的水準線）向左趨
近於 0 時，代表勝算的虛線（標示為 odds）則也趨近於 0。當代表機率
的細實線向右趨近於 1 時，代表勝算的虛線則也向右但快速的上升，顯
示趨近於無窮大。圖 4.2 中的粗線（標示為 logit）將於下一段仔細說明。

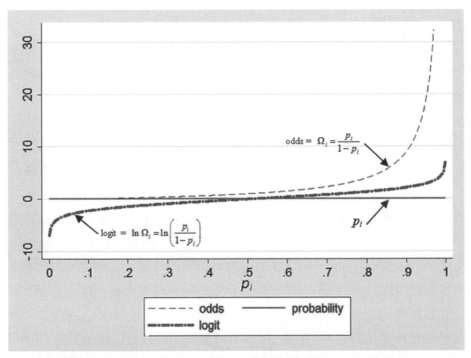

圖 4.2　機率、勝算（odds）與勝算對數（logit）的關係

勝算與機率的關係可以進一步從公式 4.15 看出。

$$\Omega_i = \frac{p_i}{1-p_i}$$
$$p_i = \Omega_i \times (1-p_i)$$
$$p_i = \Omega_i - \Omega_i p_i$$
$$\Omega_i = p_i + \Omega_i p_i \qquad\qquad (4.15)$$
$$\Omega_i = p_i(1+\Omega_i)$$
$$p_i = \frac{\Omega_i}{1+\Omega_i}$$

根據上述公式，機率等於勝算除以勝算加 1。依照公式 4.15 所計算出的機率，則絕不可能大於 1。當勝算愈大時，機率就愈趨近於 1。當勝算愈小時，機率就愈趨近於 0，但是也絕不可能小於 0。

因為勝算可以一個實數來表示，所以一個勝算可以與另一個勝算來比較。勝算為 9 的事件組是勝算為 3 的事件組之三倍。這種勝算間的比較，稱為勝算比（odds ratio）：

$$\theta = \frac{\Omega_1}{\Omega_2} = \frac{p_1/1-p_1}{p_2/1-p_2} \qquad\qquad (4.16)$$

大體來說，如果勝算比大於 1，這表示第一個事件組的勝算大於第二個事件組的勝算。勝算比愈大，則第一個事件組發生的勝算也愈大。如果勝算比小於 1，則表示第一個事件組發生的勝算小於第二個事件組的勝算。勝算比愈趨近於 0，則第一個事件組發生的勝算也就愈小。勝算比是瞭解勝算對數模型的一個重要概念，我們在後文將會再度使用這個概念，讀者應熟悉其運算與意義。不過，將機率轉化為勝算只是以勝算對數（logit）為連結函數的第一步。下文將討論自然對數在分析二分類依變數中所扮

演的角色。

二、什麼是勝算對數？

在瞭解勝算的意義後，我們再來談勝算對數。如公式 4.11 所顯示的，勝算對數（log of the odds，簡稱 logit）就是將勝算（$\Omega_i = p_i/1 - p_i$）取自然對數（natural logarithm，數學符號為 $\log_e$ 或 $\ln$），即 $\ln\Omega_i = \ln(p_i/1 - p_i)$勝算對數有下面三個特質：第一，勝算對數的值可介於正無窮大到負無窮大之間。這是因為當 p_i 趨近於 1（但不等於 1）時，勝算公式的分母趨小，分子則趨大。因為勝算可到無窮大已如上述，如依公式 4.11 對勝算取自然對數，其值將可趨近於正無窮大。相反的，當 p_i 趨近於 0 時，公式 4.11 的分母趨大，勝算則趨小，相對的自然對數則趨近於負無窮大。換言之，勝算對數的值域是從負無窮大到正無窮大。因此，條件機率換算成勝算後，不再以 1 為上限；而條件機率經自然勝算對數轉換後，則不但可以是任何正負值的實數，不再以 1 和 0 為上下限，而且以 0 代表「五五波」的分界點，左右呈絕對值對稱。

機率，勝算與勝算對數的關係很明顯的表現在圖 4.2 與表 4.2。值得注意的是，表 4.2 沒有列 p_i 為 1 或 p_i 為 0 的勝算對數。這是因為當 p_i 為 1 或 p_i 為 0 時，勝算對數都不存在。詳言之，當 p_i 為 1 時，則$1 - p_i$ 為 0。因為分母為 0，勝算無法計算（$\Omega_i = p_i/1 - p_i = 1/0$），所以其勝算對數不存在。如果 p_i 為 0 時，勝算為 0（$\Omega_i = p_i/1 - p_i = 0/1$）。但是因為 0 的自然對數不存在，所以勝算為 0 的勝算對數也不存在。

表 4.2　機率與勝算對數的關係

p	0.01	0.1	0.2	0.3	0.4	0.5	0.6	0.7	0.8	0.9	0.99
$(1-p)$	0.99	0.9	0.8	0.7	0.6	0.5	0.4	0.3	0.2	0.1	0.01
勝算	0.01	0.11	0.25	0.43	0.67	1.00	1.50	2.33	4.00	9.00	99.00
勝算對數	-4.60	-2.20	-1.39	-0.85	-0.41	0.00	0.41	0.85	1.39	2.20	4.60

　　第二，從表 4.2 可以看出，勝算對數的值是以 $p_i = 0.5$ 爲界，而成對稱的形態。當 $p_i = 0.5$ 時，勝算的值爲 1，相對的勝算對數爲 0（即 $\ln(1) = 0$）。當 $p_i < 0.5$，p_i 值會小於 $1 - p_i$，所以勝算的值會在 0 與 1 之間。當勝算值爲小數時，勝算對數即爲負值。相反的，當 $p_i > 0.5$，p_i 值會大於 $1 - p_i$，勝算的值因而會大於 1，勝算對數即爲正值。尤其值得注意的是，與 $p_i = 0.5$ 等距的機率，其相對應的勝算對數，數值大小相同但正負號相反，例如，與機率 0.6 與 0.4 相對應的勝算對數爲 0.41 與 -0.41，與機率 0.7 與 0.3 相對應的勝算對數爲 0.85 與 -0.85，與機率 0.8 與 0.2 相對應的勝算對數爲 1.39 與 -1.39。

　　第三，等量的機率變化會造成勝算對數的不等量改變。從表 4.2 可以看出，當機率從 0.5 增加到 0.6 時，勝算對數的值從 0 增加到 0.41。但是當機率從 0.8 增加到 0.9 時，勝算對數的值從 1.39 增加到 2.20。雖然機率同樣改變了 0.1，前者的勝算對數增加了 0.41，但是後者則增加了 0.81。這顯示當機率趨近於 0 與 1 時，機率改變少許就會造成勝算對數較大的變化。

　　總之，

1. 當勝算大於 1 時，勝算對數爲正值；
2. 當勝算等於 1 時，勝算對數爲 0；
3. 當勝算大於 0 但小於 1 時，勝算對數爲負值；
4. 勝算對數的值是以 $p_i = 0.5$ 爲界，而成絕對值對稱的形態；
5. 當機率爲 1 或爲 0 時，勝算對數都不存在。

參、二分勝算對數模型

　　在瞭解勝算與勝算對數等概念後，我們便可以知道二分勝算對數模型是將機率與自變數間的非線性關係，以勝算對數連結函數（logit link）將之線性化。再以公式 4.12 來看：

$$\text{logit}(\mathbf{x}) \equiv \ln \Omega(\mathbf{x}) = \ln \left[\frac{\Pr(y=1|\mathbf{x})}{1-\Pr(y=1|\mathbf{x})} \right]$$

$$= \mathbf{x}\boldsymbol{\beta} = \beta_0 + \beta_1 x_1 + \beta_2 x_2 + ... + \beta_k x_k$$

等式左邊為勝算對數，代表在一組自變數所產生的條件下，某事件發生與該事件不發生的勝算對數。等式右邊為自變數與相關的係數。因為依變數是以勝算對數測量的，所以從勝算對數的觀點來看，公式 4.12 顯示依變數與自變數間呈現了線性關係（linear in logit）。如果從機率或勝算的觀點來看，公式 4.12 則顯示依變數與自變數間呈現了非線性關係。如果我們在公式 4.12 的兩邊同時取指數函數（exponent），這個關係便很容易看出（參見 Huang and Shields, 1994: 177）：[4]

$$\Omega(\mathbf{x}) = \frac{\Pr(y=1|\mathbf{x})}{1-\Pr(y=1|\mathbf{x})} = \exp(\mathbf{x}\boldsymbol{\beta}) = e^{\beta_0 + \beta_1 x_1 + \beta_2 x_2 + ... + \beta_k x_k}$$

$$= e^{\beta_0} e^{\beta_1 x_1} e^{\beta_2 x_2} ... e^{\beta_k x_k}$$

(4.17)

上式的左側以勝算表示依變數，右側為系統部分的指數。因為等式右側呈現相乘的關係，公式 4.17 很明顯的表示依變數與自變數間是非線性關係。公式 4.17 還可以改寫成第一章第二節討論的反應函數[5]：

---

[4]　等式右側的轉換是因為指數函數可在加法與乘法間轉換，也就是 $x^{a+b} = x^a x^b$。

[5]　為了簡化公式的推演，我們以 $\exp(\mathbf{x}\boldsymbol{\beta})$ 取代 $e^{\beta_0} e^{\beta_1 x_1} e^{\beta_2 x_2} ... e^{\beta_k x_k}$，則

$$\Pr(y = 1|\mathbf{x}) = \frac{\exp(\mathbf{x\beta})}{1 + \exp(\mathbf{x\beta})} \tag{4.18}$$

所以公式 4.17 與公式 4.18 是相等的,兩者都可以用來表示二分勝算對數模型(參考表 1.3)。

上面的說明顯示了自變數與勝算對數間的關係是線性的,但是與機率的關係則是非線性關係。我們以下面的例子來說明,設

$$\ln\Omega(x) = \ln\left(\frac{\Pr(y = 1|x)}{1 - \Pr(y = 1|x)}\right) = 3 + 0.5x \tag{4.19}$$

這表示,當自變數 x 每增加一個單位,勝算對數就會增加 0.5 個單位。從表 4.3 可知,[6]自變數 x 對勝算對數的影響力是持續不變的。所以不論自變數是從 3 增到 4,或從 7 增到 8,勝算對數的增加量都是 0.5 個單位(參見表列第一與第二橫行)。這顯示在勝算對數模型中,依變數與自變數間呈現的是線性關係。但是自變數 x 對機率的影響就是非線性的。當自變數從 3 增到 4 時,機率增加了 0.004。當自變數從 7 增到 8,機率則增加了 0.001(參見表列最後一橫行)。由於這個非線性關係,我們在解讀相關的迴歸係數時就比較複雜。

$$\frac{p}{1-p} = \exp(\mathbf{x\beta})$$

$$p = (1-p)\exp(\mathbf{x\beta})$$

$$p = \exp(\mathbf{x\beta}) - p \times \exp(\mathbf{x\beta})$$

$$p(1 + \exp(\mathbf{x\beta})) = \exp(\mathbf{x\beta})$$

$$p = \frac{\exp(\mathbf{x\beta})}{1 + \exp(\mathbf{x\beta})}$$

[6] 表4.3將勝算對數,勝算與機率的關係明白地顯示出來。讀者可仿照表4.3,自行列表運算。對瞭解勝算對數,勝算與機率的關係極有幫助。

表 4.3　勝算對數，勝算，機率與自變數 x 的關係

公式	$\ln \Omega(x) = \ln\left(\dfrac{\Pr(y=1\|x)}{1-\Pr(y=1\|x)}\right) = 3 + 0.5x$			
自變數 x	3	4	7	8
勝算對數（logit）	4.5	5	6.5	7
勝算：$\dfrac{\Pr(y=1\|x)}{1-\Pr(y=1\|x)} = \exp(x\beta)$	90.02	148.41	665.14	1096.63
$1 + \exp(x\beta)$	91.02	149.41	666.14	1097.63
機率：$\Pr(y=1\|x) = \dfrac{\exp(x\beta)}{1+\exp(x\beta)}$	0.989	0.993	0.998	0.999
變化		0.004		0.001

　　總之，在二分勝算對數模型中，勝算對數與自變數間呈現的是線性關係。但是機率與自變數間的關係則為非線性的，也就是說，某一自變數 x 對機率的影響將視自變數 x 的值而有不同。

第二節　Stata指令

　　在討論二分勝算對數模型的統計公式後，下文將介紹如何以 Stata 的 logit 指令執行相關的分析。logit 指令的句法結構為：

logit　*depvar*　[*indepvars*]　[*if*]　[*in*]　[*weight*]　[, *options*]

上述指令中，

- *depvar*：為二分類依變數。
- *indepvars*：為自變數。

- *if* 與 *in*：為限制條件。例如，如果我們的二分勝算對數分析僅限女性受訪者，而不包括男性受訪者，則 logit 指令可寫為：

  logit jvote citideol change w_colleg demo if female= =1。

- *weight*：為加權值。logit 指令可以 fweights，pweights，以及 iweights 來加權。例如，

  logit jvote citideol change w_colleg demo [fweight=female]。

  我們可以 fw，pw 以及 iw 等縮寫的方式來表示不同的加權。不過，加權是一個比較複雜的議題，有興趣的讀者可參考 Stata 的使用者手冊（*User's Guide*）[U]11.1.6 weight 20.17 以及 [U]weighted estimation。

- *options*：為若干控制分析結果的選項，其中包括：

  - level (#)：控制假設檢定的統計顯著水準。Stata 預設的統計顯著水準為 0.05，因此會提供 95%信賴區間。但是我們可以用這個選項改設統計顯著水準。例如：

    logit jvote citideol change w_colleg demo female, level (99)。

  - noconstant：這個選項要求 Stata 不要列出常數。不過在實務上，我們很少用到這個選項。

  - or：在執行過分析後，Stata 會顯示以勝算對數為測量單元的迴歸係數。但是我們可以用 or 附屬指令要求 Stata 顯示勝算比（odds ratio），也就是 $\exp(\hat{\beta})$。

  - robust：要求 Stata 顯示穩健標準誤。

  - nolog：要求 Stata 不要顯示遞迴運算的結果。

壹、二分勝算對數模型的例子

　　我們以 Songer 與 Crews-Meyer（2000）對美國各州法官是否支持死刑的研究為例，示範說明二分勝算對數模型（Stata 資料檔為 judge.dta）。

在美國的司法體系中，死刑是極受爭議的刑罰。各州牽涉到死刑的案子往往會上訴到州的最高法院，由最高法院的法官來決定死刑是否適用。由於美國各州的最高法院是合議制，由數位法官組成，所以各個法官是否支持死刑作為一種刑罰，就受到關注。美國學者 Songer 與 Crews-Meyer 假設美國各州法官支持死刑與否，是受到下列五個因素的影響：

1. 法官的政黨認同：認同民主黨的法官比較傾向自由主義，所以比較會反對死刑。
2. 美國聯邦最高法院保守派法官增加的數目：聯邦最高法院保守派法官增加的愈多，州法官就愈會受到影響而支持死刑。
3. 是否有女性同僚：因為女性法官比較會反對死刑，所以有女性同僚的法官，會受到同僚的影響，也比較可能反對死刑。
4. 法官本人的性別：女性法官比較會反對死刑。
5. 各州居民傾向自由主義的程度：愈有自由主義傾向的州，該州法官就愈可能反對死刑。

該資料檔蒐集了 2,036 個美國法官判案的案例。我們以前章中所使用的程式，來取得與資料檔相關的資訊。我們先用 describe 取得變數名與變數標籤，再以 summarize 取得各變數的描述統計資料，所得結果如下：

```
. describe

Contains data from C:\Documents and Settings\HP_Administrator\Desktop\Data\judge.dta
  obs:           2,036
  vars:              6                          15 Aug 2011 08:02
  size:         26,468 (99.9% of memory free)
--------------------------------------------------------------------------------
              storage   display     value
variable name   type    format      label      variable label
--------------------------------------------------------------------------------
jvote           byte    %21.0g      jvote      judge vote
demo            byte    %8.0g                  party id democrat
change          byte    %8.0g                  change of Supreme Court
w_colleg        byte    %8.0g                  women colleagues
female          byte    %8.0g                  female judge
citideol        float   %9.0g                  dominant value of each state
--------------------------------------------------------------------------------
Sorted by:
```

```
. summarize
```

Variable	Obs	Mean	Std. Dev.	Min	Max
jvote	2036	.2912574	.4544535	0	1
demo	1688	.7422986	.4374983	0	1
change	2036	6.520629	.499697	6	7
w_colleg	2036	.1493124	.3564837	0	1
female	2036	.0456778	.2088367	0	1
citideol	2036	44.66954	11.04822	16.4	77.67

上面的結果顯示 judge.dta 資料檔中共有 6 個變數。除了 demo 變數有 1,688 個有效案例外，其餘每一個變數都有 2,036 個有效案例：

1. 法官對死刑的態度（jvote）：為二分類變數，反對死刑者編碼為 1，支持對死刑者編碼為 0；這也是 Songer 與 Crews-Meyer 研究中的依變數。

2. 認同民主黨（demo）：是測量法官政黨認同的二分類變數，認同民主黨的法官編碼為 1，認同共和黨的法官編碼為 0。

3. 美國聯邦最高法院保守派法官增加的數目（change）：為計次變數。

4. 有女性同僚（w_colleg）：是測量是否有女性同僚的二分類變數，有女性同僚的法官編碼為 1，沒有女性同僚的法官編碼為 0。

5. 女性法官（female）：是測量法官性別的二分類變數，女性法官編碼為 1，男性法官編碼為 0。

6. 州居民傾向自由主義的程度（citideol）：為連續變數。

由於依變數「法官對死刑的態度」（jvote）為一個二分類變數，線性迴歸並不適用，我們應以二分勝算對數模型來分析。根據上述假設，我們可以 Stata 的 logit 指令來檢測下列二分勝算對數模型：

$$
\ln\left[\frac{\Pr(y=1|\mathbf{x})}{1-\Pr(y=1|\mathbf{x})}\right] = \beta_0 + \beta_1\text{demo} + \beta_2\text{change} + \beta_3\text{w\_colleg} \\
+ \beta_4\text{female} + \beta_5\text{citideol}
\tag{4.20}
$$

所得出的分析結果將以 estimate store 指令儲存在電腦的記憶體中，然後再以 estimate table 指令將分析結果列於表內。

1. 自主選單 Statistics→Binary outcomes→Logistic regression，打開對話窗 logit - Logistic regression, reporting coefficients。然後自 Model 介面中依序選取變數，以 jvote 為依變數，其餘為自變數。
2. 按下 OK 鍵，即可得二分勝算對數分析結果：

```
. logit jvote demo change w_colleg female citideol

Iteration 0:    log likelihood = -1027.3835
Iteration 1:    log likelihood =  -988.8765
Iteration 2:    log likelihood =  -988.1615
Iteration 3:    log likelihood = -988.16041
Iteration 4:    log likelihood = -988.16041

Logistic regression                             Number of obs   =       1688
                                                LR chi2(5)      =      78.45
                                                Prob > chi2     =     0.0000
Log likelihood = -988.16041                     Pseudo R2       =     0.0382
```

jvote	Coef.	Std. Err.	z	P>|z|	[95% Conf. Interval]	
demo	.8571117	.1546667	5.54	0.000	.5539705	1.160253
change	-.2941055	.1173953	-2.51	0.012	-.524196	-.0640149
w_colleg	.5088795	.1400787	3.63	0.000	.2343303	.7834288
female	.5810375	.2283879	2.54	0.011	.1334055	1.028669
citideol	.0122733	.005218	2.35	0.019	.0020462	.0225004
_cons	-.3079658	.7702506	-0.40	0.689	-1.817629	1.201698

上面的結果顯示，迴歸係數的估計值是以最大或然估計法計算的，經過四次遞迴的過程便達到收斂，取得分析的結果。雖然資料檔中共有 2,036 個案例，但是 demo 變數有 348 個缺漏值，因此 Stata 將這些具有缺漏值的案例排除，所以此項分析共有 1,688 個有效案例。

Stata 的 estimate table 指令可將分析結果列於表內。不過我們必須先將分析結果以 estimate store 指令儲存在電腦的記憶體中。儲存分析結果的步驟為：

1. 自主選單 Statistics→Postestimation→Manage estimation results→Store in memory，打開對話窗 estimates store – Store active estimation results，然後自 name 框中輸入一文件名，如 logit1。
2. 按下 OK 鍵，分析結果即儲存在 logit1 中。

將分析結果列表的步驟為：

1. 自主選單 Statistics→Postestimation→Manage estimation results→
   Table of estimation results，打開對話窗 estimates table – Compare
   estimation results，然後自 Main 介面選取 logit1。讀者也可以依自
   己的偏好，在其他介面改變列表的預設格式。例如，讀者如果要
   列表顯示標準誤，則可在 Numerical Formats 介面選取 Report
   standard errors；如果要表列變數標籤，則可在 General format 介
   面選取 Display variables label instead of variable names。

2. 按下 OK 鍵，即可獲得下列的結果：

```
. estimates store logit1
. estimates table logit1, stats(N) b(%6.3g) se(%6.3g) varwidth(30) label style(o
> neline)
```

Variable	logit1
party id democrat	.857
	.155
policy change of Supreme Court	-.294
	.117
women colleagues	.509
	.14
female judge	.581
	.228
dominant value of each state	.0123
	.0052
Constant	-.308
	.77
N	1688

```
                              legend: b/se
```

　　上面的結果中，左欄顯示變數標籤。相對於每一個變數，在右欄中
則有兩個數值，上面的數值為迴歸係數，下面的數值為相對應的標準誤。
這在表的底端以注釋標示出（legend: b/se），其中 b 表示為迴歸係數，se
表示為相對應的標準誤。以第一個變數「認同民主黨」為例，其迴歸係
數的值為 0.857，標準誤的值為 0.155。

　　Stata 的 estimate table 指令對製表很方便。讀者在獲得上表之後，將
變數標籤稍加修飾為所要的內容，即可轉貼在論文的文件中。此外，

estimate table 指令也可同時將數個分析結果排列在同一表中。假定我們執行了三個不同的二分勝算對數模型，並分別儲存於 logit1、logit2，以及 logit3。下面的指令將三個不同的分析結果排列在同一表中：

```
. estimates table logit1 logit2 logit3, stats(N) b(%6.3g) se(%6.3g) style(onelin
> e)
```

Variable	logit1	logit2	logit3
demo	.857	.778	.798
	.155	.151	.151
change	-.294	-.226	-.188
	.117	.114	.112
w_colleg	.509	.536	.481
	.14	.139	.138
female	.581	.606	
	.228	.228	
citideol	.0123		
	.0052		
_cons	-.308	-.145	-.361
	.77	.767	.76
N	1688	1688	1688

legend: b/se

貳、二分勝算對數與二分機率單元模型的比較

　　我們在第一節中提到，雖然二分勝算對數模型與二分機率單元模型公式不同，但是分析的結果卻相似。唯一的差別是二分勝算對數模型的係數較大，大約是二分機率單元模型係數的 1.8 倍。我們可以驗證一下這個說法。上文中我們已經以下列指令將二分勝算對數分析的結果，以 logit1 儲存在電腦的記憶體中：

```
. logit jvote demo change w_colleg female citideol
```

```
. estimates store logit1
```

　　我們再以下面的步驟計算二分機率單元模型：
1. 自主選單 Statistics→Binary outcomes→Probit regression，打開對話窗 probit - Probit regression。然後自 Model 介面中依序選取變數，以 jvote 為依變數，其餘為自變數。

2. 按下 OK 鍵，即可得二分機率單元分析結果：

```
. probit jvote demo change w_colleg female citideol

Iteration 0:    log likelihood = -1027.3835
Iteration 1:    log likelihood = -988.91218
Iteration 2:    log likelihood = -988.74133
Iteration 3:    log likelihood = -988.74131

Probit regression                          Number of obs   =        1688
                                           LR chi2(5)      =       77.28
                                           Prob > chi2     =      0.0000
Log likelihood = -988.74131                Pseudo R2       =      0.0376
```

jvote	Coef.	Std. Err.	z	P>|z|	[95% Conf. Interval]	
demo	.4991205	.08872	5.63	0.000	.3252326	.6730085
change	-.1648644	.0704189	-2.34	0.019	-.3028828	-.0268459
w_colleg	.3069811	.086641	3.54	0.000	.1371679	.4767944
female	.339693	.1415432	2.40	0.016	.0622735	.6171125
citideol	.0070732	.0031097	2.27	0.023	.0009783	.0131681
_cons	-.2436267	.4639777	-0.53	0.600	-1.153006	.6657529

然後將二分機率單元分析的結果，以 probit1 儲存在電腦的記憶體中，再以 estimate table 指令將 logit1 與 probit1 的分析結果排列在同一表中。應注意的是，表中每一個變數上面的數值仍為迴歸係數，但是下面的數值我們改列相對應的 z 值。

```
. estimates store probit1

. estimates table logit1 probit1, stat(N) equations(1) b(%6.3g) t varwidth(30) label
> style(oneline)
```

Variable	logit1	probit1
party id democrat	.857	.499
	5.54	5.63
policy change of Supreme Court	-.294	-.165
	-2.51	-2.34
women colleagues	.509	.307
	3.63	3.54
female judge	.581	.34
	2.54	2.40
dominant value of each state	.0123	.0071
	2.35	2.27
Constant	-.308	-.244
	-0.40	-0.53
N	1688	1688

legend: b/t

結果顯示，二分勝算對數模型的係數較大，大約是二分機率單元模型係數的 1.7 至 1.8 倍。以第一個變數「認同民主黨」為例，兩個迴歸係數的比率是 1.72。其他迴歸係數的比率依序分別是 1.78，1.66，1.71 與 1.73。兩個模型係數的 z 值大小也很相似，表示其顯著水準相當。因此，所得的分析結果是一樣的。

第三節　假設檢定

假設檢定是統計分析中的一項重要步驟。我們在社會科學研究中多使用樣本資料，因此必須以假設檢定來確定樣本中的變數關係，是否正確地反應母群中的變數關係。以迴歸分析而言，如果以樣本資料計算出的迴歸係數不等於 0，這表示在樣本中自變數對依變數有影響，但這是否足以推論母群中的迴歸係數參數真值不等於 0（也就是檢定樣本估計值在統計上是否顯著）？社會科學家之所以執著於迴歸係數是否等於 0，乃是因為當樣本迴歸係數統計顯著時（也就是迴歸係數估計值顯著地不等於 0），就可以拒斥 $H_0 : \beta_k = 0$，據以推論母群中的自變數對依變數有影響。如果檢證的結果顯示樣本迴歸係數統計不顯著時（也就是迴歸係數估計值與 0 沒有統計上顯著的差別），就沒有足夠的經驗證據拒斥 $H_0 : \beta_k = 0$，因而推論母群中自變數對依變數沒有影響。[7] Stata 提供了三種方式來檢定迴歸係數：（1）以迴歸分析表中的統計數字檢定假設；（2）以 testparm 指令檢定假設；（3）以 lrtest 指令檢定假設。下文將依序介紹。為了方便討論，我們將公式 4.20 的二分勝算對數結果再列一次。附屬指令 nolog 要求 Stata 不要顯示遞迴運算的結果：

---

[7]　關於假設檢定的邏輯，請參閱王德育（2007），第六章。

```
. logit jvote demo change w_colleg female citideol, nolog

Logistic regression                              Number of obs   =       1688
                                                 LR chi2(5)      =      78.45
                                                 Prob > chi2     =     0.0000
Log likelihood = -988.16041                      Pseudo R2       =     0.0382
```

jvote	Coef.	Std. Err.	z	P>|z|	[95% Conf. Interval]	
demo	.8571117	.1546667	5.54	0.000	.5539705	1.160253
change	-.2941055	.1173953	-2.51	0.012	-.524196	-.0640149
w_colleg	.5088795	.1400787	3.63	0.000	.2343303	.7834288
female	.5810375	.2283879	2.54	0.011	.1334055	1.028669
citideol	.0122733	.005218	2.35	0.019	.0020462	.0225004
_cons	-.3079658	.7702506	-0.40	0.689	-1.817629	1.201698

壹、以迴歸分析表中的統計數字檢定假設

　　根據中央極限定理，當樣本數趨大時，最大或然估計值會近似常態分布（asymptotically normal）。因此虛無假設：$H_0: \beta = 0$ 便可以下列三種方法來檢定：

一、臨界值檢定法

　　也就是以迴歸分析結果中的 z 分數與所選定的臨界值（critical value）來比較。如果虛無假設爲真時，則：

$$z = \frac{\hat{\beta} - 0}{\hat{\sigma}_\beta} \tag{4.21}$$

上式中，$\hat{\beta}$ 爲樣本迴歸係數，$\hat{\sigma}_\beta$ 爲相對應的樣本標準誤。計算出的 z 分數就可與所選定的臨界值來比較。假定顯著水準（α）設爲 0.05，臨界值（$z_{\alpha/2}$）則爲1.96。如果顯著水準（α）設爲0.01，臨界值（$z_{\alpha/2}$）則爲 2.575。如圖 4.3 所示，樣本迴歸係數的抽樣分布可被分爲接受域（acceptance region）與拒絕域（rejection region）。在臨界值 $\pm z_{\alpha/2}$ 之間爲接受域，在 $\pm z_{\alpha/2}$ 區間之外爲拒絕域。如果 $|z|$ 大於臨界值 $z_{\alpha/2}$，表示樣本值是在拒絕域間內，我們就必須拒斥虛無假設（$H_0: \beta = 0$），結

論是母群迴歸係數的參數真值不等於 0，表示該自變數對依變數有影響。反之，如果 $|z|$ 小於臨界值 $z_{\alpha/2}$，表示樣本值是在接受域間內，我們就無法拒斥虛無假設，結論是母群迴歸係數的參數真值等於 0，也就是該自變數對依變數沒有影響。簡言之，

- 如果 $|z| \leq z_{\alpha/2}$，我們就無法拒斥虛無假設
- 如果 $|z| > z_{\alpha/2}$，我們就拒斥虛無假設

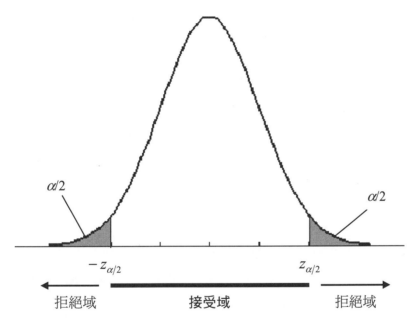

圖 4.3　雙尾假設檢定的「拒絕域」與「接受域」：臨界值檢定法

我們以 demo 這個變數爲例，公式 4.21 所計算出的 z 分數列於第四欄(z)，

jvote	Coef.	Std. Err.	z	P>|z|	[95% Conf. Interval]	
demo	.8571117	.1546667	5.54	0.000	.5539705	1.160253

因為 $|z| > z_{\alpha/2}$（5.54 > 1.96），我們的結論是，

　　　「在顯著水準為 0.05 的雙尾檢定中，認同民主黨的樣本迴歸係數在統計上是顯著地不等於 0，表示法官的政黨認同對其是否支持死刑的立場有顯著地影響」。

　　準此，上面二分勝算對數分析結果顯示，在顯著水準為 0.05 的雙尾檢定中，所有的樣本迴歸係數在統計上都是顯著地不等於 0，所以我們推論所有的自變數都對依變數有影響。

二、p 值檢定法

　　這項檢定法與臨界值檢定法的邏輯相同，不同的是我們以 p 值為檢定值。其決定規則為：
- 如果 $p \geq \alpha$，我們就無法拒斥虛無假設
- 如果 $p < \alpha$，我們就拒斥虛無假設

再以 demo 這個變數為例，p 值列於第五欄（$p > |z|$）。我們已知 $|z| = 5.54$。此處的 p 值指的是 $|z| \geq 5.54$ 的機率，也就是 $z \geq 5.54$ 與 $z \leq -5.54$ 的機率和。因為表列的 p 值（0.000）[8]小於 α（即 $p < 0.05$），我們拒斥虛無假設，結論與上述相同：

　　　「在顯著水準為 0.05 的雙尾檢定中，認同民主黨的樣本迴歸係數在統計上是顯著地不等於 0，表示法官的政黨認同對其是否支持死刑的立場有顯著地影響」。

---

[8]　Stata 及多數統計軟體，p 值往往只列印小數點後三位數，因此解讀時必須格外注意：列印 0.000 並非 $p = 0.000$，而是表示 p 值為一個很小但大於 0 的值，例如 $z = 5.54$ 的 $p = 0.00000003$。實際上，表列的數值只需寫成 $p < 0.001$ 即可，但不應寫成 $p = 0.000$。

　　因為上面所有的 p 值都小於 0.05，結論是在顯著水準為 0.05 的雙尾檢定中，所有的樣本迴歸係數在統計上都是顯著地不等於 0，所以我們推論所有的自變數都對依變數有影響。

三、信賴區間檢定法

　　因為我們所要檢測的是母群迴歸係數 β 是否等於 0，所以信賴區間檢定法決定規則是：
- 如果信賴區間包含 0，表示樣本迴歸係數在統計上與 0 無法顯著地區分，我們無法拒斥虛無假設
- 如果信賴區間不包含 0，表示樣本迴歸係數在統計上與 0 可以顯著地區分，我們拒斥虛無假設

在 demo 這個變數的分析結果中，95%信賴區間列於最後一欄（95% Conf. Interval）。[9]因為與 demo 這個變數相對應的信賴區間，其下限為 0.5539705，且上限為 1.160253，並不包含 0，我們拒斥虛無假設。結論與上述相同，

　　　　「在顯著水準為 0.05 的雙尾檢定中，認同民主黨的樣本迴歸係數在統計上是顯著地不等於 0，表示法官的政黨認同對其是否支持死刑的立場有顯著地影響」。

　　因為上面所有的 95%信賴區間都不包含 0，結論是：在顯著水準為 0.05 的雙尾檢定中，所有的樣本迴歸係數在統計上都是顯著地不等於 0，所以我們推論所有的自變數都對依變數有影響。

　　值得注意的是，Stata 提供的 p 值為雙尾檢定的資料，也就是拒絕域是在圖 4.3 的兩尾端。這類的檢定只能檢驗母群參數與假設值間有沒有統

---

[9]　95%信賴區間是Stata的預設選項，讀者可在Logistic regression的指令中變更選項。

計上顯著的差別。如果所列的假設明白假定自變數對依變數影響的方向，我們就必須要用單尾檢定。例如，上述關於 change 這一變數的假設為，美國聯邦最高法院保守派法官增加的愈多，州法官就愈會受到影響而支持死刑。因為法官對死刑的態度為二分類變數，反對死刑者編碼為 1，支持對死刑者編碼為 0，所以 change 變數的迴歸係數應持負號。由於假設明白地設定影響的方向，我們應以單尾檢定來檢驗假設。不過 Stata 表列的 p 值是兩個尾端的機率和（$z = -2.51, p > |z|$ 為 0.012），所列的 p 值乃是所需值的兩倍。在作單尾檢定時，我們須將這 p 值除以 2，即 $p/2 = 0.006$。設 $\alpha = 0.05$，因為 $0.006 < \alpha$，同時表列 change 的迴歸係數為負值，顯示母群迴歸係數在 $\alpha = 0.05$ 的單尾檢定中，統計上是顯著地小於 0。我們拒斥虛無假設，結論為：

> 「在顯著水準為 0.05 的單尾檢定中，美國聯邦最高法院保守派法官增加的愈多，州法官就愈會受到影響而支持死刑」。

貳、以testparm指令檢定假設

上述以 z 分數來檢驗假設的方法一般也稱為 Wald 檢定，其檢定資料也可以用 testparm 指令來計算卡方值。再以 demo 這一變數為例，檢定虛無假設 $H_0: \beta_{demo} = 0$，

1. 自主選單 Statistics→Postestimation→Tests→Test parameters，打開對話窗 testparm – Test linear hypotheses after estimation，然後自變數框中選取 demo。
2. 按下 OK 鍵。

```
. testparm demo

 ( 1)  [jvote]demo = 0

        chi2( 1) =     30.71
      Prob > chi2 =    0.0000
```

因為卡方值為 30.71，p 值為 0.000，統計上顯著地小於 $\alpha = 0.05$。我們的結論是，「在顯著水準為 0.05 的雙尾檢定中，認同民主黨的樣本迴歸係數在統計上是顯著地不等於 0，表示法官的政黨認同對其是否支持死刑的立場有顯著地影響」。值得注意的是，當自由度為 1 時（$df = 1$），卡方值等於前述 z 值的平方。例如，與 demo 相對應的 z 分數為 5.54，其平方為 30.71，讀者可以驗證一下。

參、以lrtest指令檢定

lrtest 指令執行的是「或然比檢定法」（likelihood ratio test）。運用 lrtest 指令的程式是先設定兩個統計模型。模型 1 包含所有的變數，模型 2 則除去某一自變數 x_k（即假設自變數 x_k 的迴歸係數為 0），然後分別計算這兩個統計模型的對數或然率（log likelihood）並加以比較。其邏輯是如果除去自變數 x_k 會造成對數或然率顯著的改變，則表示自變數 x_k 對依變數具有統計上顯著的影響。再以 demo 這一變數為例，以 lrtest 指令檢定虛無假設 $H_0 : \beta_{demo} = 0$。

我們先以 logit 指令計算兩個統計模型。模型 1 包含所有的變數，nolog 附屬指令要求 Stata 不要顯示遞迴運算的結果。隨後以 estimate store 指令將結果儲存在 model1。

```
. logit jvote demo change w_colleg female citideol, nolog
Logistic regression                          Number of obs   =        1688
                                             LR chi2(5)      =       78.45
                                             Prob > chi2     =      0.0000
Log likelihood = -988.16041                  Pseudo R2       =      0.0382
```

（結果未完全列出）

```
. estimates store model1
```

然後除去自變數 demo 以估計模型 2，並將結果儲存在 model2。不過

因爲 demo 變數有 1,688 個案例，而其他變數則有 2,036 個案例，所以包含 demo 變數與否會影響模型中的案例數目。也就是說，這兩個模型會有不同的案例數目，模型 1 有 1,688 個案例，但是模型 2 則會有 2,036 個案例。因爲 lrtest 指令要求兩個模型需要有相同的案例數目，我們可以用 mark 與 markout 指令來確保兩個模型有相同的案例數目。下面的 mark 指令建立一個新的變數 nomiss，其值均爲 1。如果在 markout 指令後的任何一個變數有缺漏值，markout 指令則將 nomiss 的值從 1 改爲 0。

```
. mark nomiss
. markout nomiss jvote demo change w_colleg female citideol
```

然後以 logit 指令估計模型 2。讀者應可注意到模型 2 的案例總數也是爲 1,688。這是因爲我們加上 if nomiss==1 附屬指令，排除了有缺漏值的案例。

```
. logit jvote change w_colleg female citideol if nomiss==1

Iteration 0:   log likelihood = -1027.3835
Iteration 1:   log likelihood = -1004.8682
Iteration 2:   log likelihood =  -1004.719
Iteration 3:   log likelihood =  -1004.719

Logistic regression                             Number of obs   =       1688
                                                LR chi2(4)      =      45.33
                                                Prob > chi2     =     0.0000
Log likelihood =  -1004.719                     Pseudo R2       =     0.0221
```

jvote	Coef.	Std. Err.	z	P>|z|	[95% Conf. Interval]	
change	-.4130546	.114894	-3.60	0.000	-.6382427	-.1878665
w_colleg	.7658904	.1338813	5.72	0.000	.5034879	1.028293
female	.6665556	.2251565	2.96	0.003	.2252571	1.107854
citideol	.0053193	.0051035	1.04	0.297	-.0046835	.015322
_cons	1.389024	.7074239	1.96	0.050	.0024984	2.775549

再以 estimate store 指令將結果儲存在 model2。

```
. estimates store model2
```

我們以下列步驟執行 lrtest 指令：

1. 自主選單 Statistics→Postestimation→Tests→Likelihood-ratio test，
   打開對話窗 lrtest – Likelihood-ratio test after estimation，然後從
   兩個 model 框中分別選取 model1 與 model2。
2. 按下 OK 鍵。

```
. lrtest ( model1) ( model2)

Likelihood-ratio test                              LR chi2(1)  =      33.12
(Assumption: model2 nested in model1)              Prob > chi2 =     0.0000
```

因為卡方值為 33.12，p 值為 0.0000，統計上顯著地小於 $\alpha = 0.05$。我們
的結論是：

　　「在顯著水準為 0.05 的雙尾檢定中，認同民主黨的樣本迴
歸係數在統計上是顯著地不等於 0，表示法官的政黨認同對其是
否支持死刑的立場有顯著地影響」。

最後，上述範例顯示在使用 lrtest 指令時，須注意兩點事項（Long and
Freese, 2006: 101-103）：

一、兩個統計模型必須是套疊的（nested）：當兩個模型是套疊的關
係，就表示一個是另一個的子模型。例如，下面三個模型中，除了自變
數 demo 從模型 2 中排除外，模型 2 與模型 1 完全相同，所以這兩個模型
具有套疊的關係。相反的，因為模型 3 有一個變數（change2）不在模型
1 中，所以模型 3 與模型 1 不具有套疊的關係：

模型 1：

$$\ln\left[\frac{\Pr(y=1\mathbf{x}_i)}{1-\Pr(y=1\mathbf{x}_i)}\right] = \beta_0 + \beta_1\text{demo} + \beta_2\text{change} + \beta_3\text{w\_colleg} + \beta_4\text{female} + \beta_5\text{citideol}$$

模型 2：

$$\ln\left[\frac{\Pr(y=1|\mathbf{x}_i)}{1-\Pr(y=1|\mathbf{x}_i)}\right] = \beta_0 + \beta_2\text{change} + \beta_3\text{w\_colleg} + \beta_4\text{female} + \beta_5\text{citideol}$$

模型 3：

$$\ln\left[\frac{\Pr(y=1|\mathbf{x}_i)}{1-\Pr(y=1|\mathbf{x}_i)}\right] = \beta_0 + \beta_2\text{change} + \beta_3\text{w\_colleg} + \beta_4\text{female} + \beta_5\text{citideol} + \beta_6\text{change2}$$

　　因為模型 1 與模型 2 具有套疊的關係，因此上面 lrtest 結果的底端標示了一項訊息：

```
(Assumption: model2 nested in model1)                Prob > chi2 =    0.0000
```

　　這項訊息標示 Stata 在計算 lrtest 的結果時，假定這兩個統計模型具有套疊的關係。其用意是在提醒使用者，Stata 不會主動檢定兩個統計模型是否是套疊的。使用者必須確定沒有違反這項假定，否則 lrtest 的結果不具任何意義。
　　二、兩個統計模型必須使用完全相同的一組樣本：如果兩個統計模型所使用的樣本不同，lrtest 的結果也不具任何意義。即使執行了 lrtest 指令後，其結果會標示一項訊息，顯示兩個統計模型所使用的樣本是不同的。例如，下列結果顯示模型 3 所儲存的結果與模型 1 不同：

```
. estimates store model3

. lrtest ( model1) ( model3)
observations differ: 1688 vs. 2036
```

　　正如前面的範例所示，我們可以用 mark 與 markout 指令來確保兩個模型有相同的案例數目。

第四節　迴歸係數的解讀

在瞭解了如何執行假設檢定後，下一步是如何解讀迴歸係數。我們在前文已經證明，最高法院保守派法官增加數目（change）的迴歸係數，統計上是顯著的，也就是說保守派法官增加的數目對州法官是否支持死刑有顯著地影響。但是這樣的結論還不夠明確。如果可以更進一步說明保守派法官增加的數目對州法官立場有多大的影響力，這樣的解讀將會更有用。不過二分勝算對數模型中的依變數，其測量單元是勝算對數（logged odds），在直觀上並沒有意義。例如，保守派法官增加數目的迴歸係數為 -0.29，這表示美國聯邦最高法院中，每增加一個保守派法官，各州法官反對死刑的立場就要降低 0.29 個單位的勝算對數。這樣的解讀實在很難讓人瞭解。為了能做出具有實質意義的解讀，我們一般仰賴機率或者由機率導出的資料。下文將介紹四種不同的解讀方法（Long and Freese, 2006: 116-125）：

1. 以 predict 指令計算預測機率（predicted probabilities）的解讀方法
2. 以 prvalue 或 prtab 指令計算「典型」（profile）的解讀方法
3. 以 prchange，margins，與 mfx compute 指令計算依變數邊際改變（marginal change）與間距改變（discrete change）的解讀方法
4. 以 listcoef 指令計算勝算比（odds ratio）的解讀方法

應注意的是，prvalue，prtab 與 prchange 不是 Stata 內建的指令，而必須從網站上下載一套 SPost 指令。關於下載的程式，讀者請參閱第二章關於 SPost 指令的討論。此外，這些指令不能單獨使用，他們都必須在執行二分勝算對數模型後才能使用。最後，SPost 指令除了可運用在二分勝算對數模型的解讀外，也可用於其他模型的解讀，如多項勝算對數模型（multinomial logit model），與有序勝算對數模型（ordered logit model）等。

壹、預測機率的解讀方法：predict指令

這一解讀方法是以 predict 指令，依照公式將每一個案例的預測機率計算出來。二分勝算對數模型的預測機率公式為：

$$\hat{Pr}\left(y_i = 1 \middle| \mathbf{x}_i\right) = \Lambda\left(\mathbf{x}_i\hat{\boldsymbol{\beta}}\right) = \frac{\exp\left(\mathbf{x}_i\hat{\boldsymbol{\beta}}\right)}{1 + \exp\left(\mathbf{x}_i\hat{\boldsymbol{\beta}}\right)} \tag{4.22}$$

以美國各州法官是否支持死刑的研究為例，我們先使用 logit 指令運算公式 4.20 所列的二分勝算對數模型，然後用 predict 指令計算每一個案例的預測機率：

1. 自主選單 Statistics→Postestimation→Predictions, residuals, etc，打開對話窗 predict－Prediction after estimation，然後在 Main 介面中的 New variable name 框中輸入一個變數名。此變數名可由使用者自選，如 prlogit，以儲存所得的預測機率。

2. 按下 OK 鍵後即可得下列結果：

```
. quietly logit jvote demo change w_colleg female citideol
. predict prlogit, p
(348 missing values generated)
```

指令 quietly 將 logit 計算的結果隱藏不使顯現出來。讀者應注意到 predict 指令可以計算許多統計值，例如殘差值（residuals）與預測值的標準誤（standard errors），附屬指令 p 表示預測機率。因為預測機率是 predict 指令的預設項，在沒有特別要求計算其他統計值時，predict 指令會計算每一個案例的預測機率。

在計算預測機率後，我們可以用 summarize 指令取得預測機率 prlogit 的描述統計資料：

```
. summarize prlogit
```

Variable	Obs	Mean	Std. Dev.	Min	Max
prlogit	1688	.2973934	.0969293	.1093231	.538146

上面顯示所計算出的預測機率，其最小值為 0.1093231，最大值為 0.538146，平均值為 0.2973934。我們也可以用 dotplot 指令將預測機率以圖形呈現出來：

1. 自主選單 Graphics→Distributional graphs→Distribution dotplot，打開對話窗 dotplot – Comparative scatterplots。然後自 Main 介面中的 Variable 框中選取變數 prlogit。

2. 按下 OK 鍵，即可得下列圖形：

```
. dotplot prlogit
```

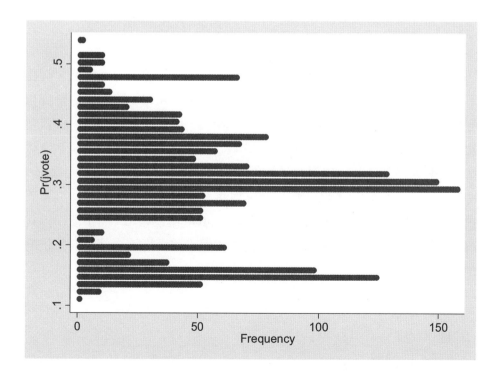

此圖形顯示法官反對死刑的預測機率呈雙峰型。一部分大約在 0.1 到 0.2 之間，而另一部分在 0.25 到 0.5 之間。

貳、「典型」的解讀方法：prvalue或 prtab指令

　　第二種解讀方法是對具有某種特質的法官（或選民，或學生），來檢測相關的預測機率。這也就是「典型」的解讀方法。例如，如果州法官是女性而且認同民主黨，她反對死刑的機率為何？相反的，如果州法官同樣是女性但認同共和黨，她反對死刑的機率為何？我們可以用 prvalue 或 prtab 這兩個指令來計算相關的預測機率。因為 prvalue 及 prtab 指令不是 Stata 的內建指令，使用時須將指令直接輸入指令視窗中。這兩個指令的句法結構很相近：

prvalue, [x (*mean, media, min, max*) rest (*mean, media, min, max*)]

prtab, [x (*mean, media, min, max*) rest (*mean, media, min, max*)]

　　其中[x ( ) rest ( )]附屬指令可用來設定自變數的值。前面提及，從勝算對數的觀點來看，二分勝算對數模型（見公式 4.12）將勝算對數與自變數的關係以線性關係呈現（linear in logit），但是在本質上機率與自變數間的關係是非線性的（見公式 4.13），所以某一自變數對依變數之機率的影響力會受到其他自變數值的左右。因此，在計算相關的預測機率，我們必須設定所有自變數的值。Stata 以每一個自變數的平均值作為預設項。也就是說，如果我們僅使用 prvalue 或 prtab 兩個指令，而不使用[x ( ) rest ( )]附屬指令，Stata 將每一個自變數的值設為平均值，然後計算依變數的預測機率。例如，

prvalue

或

prtab female demo

當然，我們也可以用[x ( ) rest ( )]的附屬指令來設定自變數的值。通常我們以 x ( )設定某些自變數的值，然後以 rest ( )設定其餘自變數的值。括弧中除了可使用自變數本身既有的值外，我們還可以用 *mean, median, min, max*（分別代表平均數，中位數，最小值，與最大值）。例如，

　　prvalue, x (female=1 demo=1) rest (mean)

上面的附屬指令 x(female=1 demo=1)設定 female（法官本人的性別）與 demo（法官的政黨認同）的值爲 1。也就是將法官的性別設爲女性，法官的政黨認同設爲民主黨。然後我們以 rest(mean)將其他變數的值設定爲平均數。所得的結果爲：

```
. prvalue, x(female=1 demo=1) rest (mean)
logit: Predictions for jvote
Confidence intervals by delta method

                              95% Conf. Interval
  Pr(y=1|x):        0.4648   [ 0.3575,   0.5722]
  Pr(y=0|x):        0.5352   [ 0.4278,   0.6425]
         demo    change    w_colleg    female   citideol
x=          1 6.4988152  .18009479         1  44.698679
```

　　首先注意到的是，在結果的最下端，附屬指令 x( )與 rest( )列出所有變數的值，其中法官本人的性別（female）與法官的政黨認同（demo）都設爲 1，其餘變數設在平均值。在這些條件下，認同民主黨的女性法官，其反對死刑的機率爲 0.4648。

　　對於認同共和黨的女性法官，我們可以用相同的步驟來計算其反對死刑的機率：

```
. prvalue, x(female=1 demo=0) rest (mean)

logit: Predictions for jvote

Confidence intervals by delta method

                                95% Conf. Interval
  Pr(y=1|x):           0.2693    [ 0.1698,    0.3689]
  Pr(y=0|x):           0.7307    [ 0.6311,    0.8302]

           demo      change    w_colleg      female   citideol
x=            0   6.4988152   .18009479           1  44.698679
```

依照分析的結果，在其他變數值設在平均值的情況下，認同共和黨的女
性法官，其反對死刑的機率為 0.2693。

　　同理，我們可以用同樣的程式檢驗其他典型的法官，例如認同共和
黨的男法官與認同民主黨的男法官。不過以 prvalue 指令分別依序作分
析，可能稍嫌繁複。一個較簡單的方法是用 prtab 指令來計算相關的預測
機率。下表顯示，prtab 指令將 female 與 demo 兩變數的值交叉後，分別
計算相關的預測機率。

```
. prtab female demo

logit: Predicted probabilities of positive outcome for jvote
```

female judge	party id democrat 0	1
0	0.1709	0.3270
1	0.2693	0.4648

```
           demo      change    w_colleg      female   citideol
x=  .74229858   6.4988152   .18009479   .05509479  44.698679
```

在獲得這些資料後，我們可以製表對照這兩種「典型」的法官對死刑的
立場：

表 4.4 反對死刑的機率

	認同共和黨	認同民主黨
男性法官	0.17	0.33
女性法官	0.27	0.46

從表 4.4 中的機率可以看出，不僅法官的性別對他們在死刑的立場上有影響，法官的政黨認同也影響他們對死刑的態度。在其他條件都一樣的情況下，女性法官比男性法官較反對死刑。因為共和黨是比較保守的政黨，認同共和黨的法官比較支持以死刑作為一種刑罰。

參、邊際改變與間距改變的解讀方法：prchange，margins，mfx compute指令

第三種解讀方法類似傳統的線性迴歸，在設定其他變數於某一數值後（通常是變數的平均值），再檢視某自變數的改變對依變數的影響。這種解讀方法又可分為邊際改變（marginal change）的解讀方法與間距改變（discrete change）的解讀方法。

一、邊際改變的解讀方法

這就是將依變數的機率 $\Pr(y=1|\mathbf{x})$ 針對第 k 個連續自變數 x_k 進行偏微分，以計算機率曲線在 x_k 的斜率（slope），一般解讀為：x_k 產生極微量變化時（infinitesimal change），對依變數發生的預測機率之影響[10]：

---

[10] 公式4.23適用於二分勝算對數模型。計算預測機率在 x_k 的邊際效應的通式為（Huang and Shields, 2000: 91）：

$$\frac{\partial \Pr\left(y_i = 1 \big| \mathbf{x}_i\right)}{\partial x_k} = \Pr\left(y_i = 1 \big| \mathbf{x}_i\right) \left[1 - \Pr\left(y_i = 1 \big| \mathbf{x}_i\right)\right] \beta_k \qquad (4.23)$$

因爲邊際改變的值也會受到其他變數的影響，所以我們需要控制其他變數，通常是將這些變數的值設在平均數。計算邊際改變的指令有三個：prchange，margins，與 mfx compute。

prchange指令

prchange 指令可用來計算預測機率的邊際改變。因爲 prchange 指令不是 Stata 的內建指令，使用時須將指令直接輸入指令視窗中。指令的句法結構爲：

prchange [*varlist*] [*if* exp] [*in* range] [, x(*variables_and_values*) rest(*stat*) outcome(#) fromto brief nobase nolabel help all uncentered delta(#) conditional]

在執行 prchange 指令時，如果我們沒有使用相關的附屬指令，prchange 指令會將所有自變數都設定在平均值，然後計算依變數預測機率的邊際改變。下面的例子沒有使用任何附屬指令，所以 prchange 計算所有自變

$$\frac{\partial \Pr\left(y_i = 1 \big| \mathbf{x}_i\right)}{\partial x_{ik}} = f\left(\mathbf{x}_i \boldsymbol{\beta}\right) \frac{\partial \mathbf{x}_i \boldsymbol{\beta}}{\partial x_{ik}}$$

$$= \begin{cases} \phi\left(\mathbf{x}_i \boldsymbol{\beta}\right) \cdot \dfrac{\partial \mathbf{x}_i \boldsymbol{\beta}}{\partial x_{ik}} & \text{二分機率單元模型} \\[4mm] \lambda\left(\mathbf{x}_i \boldsymbol{\beta}\right) \cdot \dfrac{\partial \mathbf{x}_i \boldsymbol{\beta}}{\partial x_{ik}} = \Pr\left(y_i = 1 \big| \mathbf{x}_i\right)\left[1 - \Pr\left(y_i = 1 \big| \mathbf{x}_i\right)\right] \dfrac{\partial \mathbf{x}_i \boldsymbol{\beta}}{\partial x_{ik}} & \text{二分勝算對數模型} \end{cases}$$

上式中，$f(\bullet)$ 代表與某「累積分布函數」cumulative distribution function，或cdf）相對應的「機率密度函數」（probability density function，或pdf）。$\phi(\bullet)$ 為常態分布的機率密度函數，而 $\lambda(\bullet)$ 為S狀成長曲線分布的機率密度函數。

數對依變數預測機率的邊際效應。

```
. quietly logit jvote demo change w_colleg female citideol
. prchange
logit: Changes in Probabilities for jvote

                min->max         0->1        -+1/2       -+sd/2     MargEfct
      demo      0.1585        0.1585       0.1741       0.0766       0.1753
    change     -0.0601       -0.0616      -0.0601      -0.0301      -0.0602
  w_colleg      0.1106        0.1106       0.1038       0.0400       0.1041
    female      0.1302        0.1302       0.1185       0.0271       0.1189
  citideol      0.1548        0.0019       0.0025       0.0279       0.0025

            support       oppose
Pr(y|x)      0.7132       0.2868

              demo       change     w_colleg       female     citideol
    x=     .742299      6.49882      .180095      .055095      44.6987
 sd_x=     .437498      .500147       .38438      .228233      11.1001
```

在最後一欄位（MargEfct）所顯示的爲預測機率的邊際改變。例如
change 的係數可解讀爲：

　　　　「當其他自變數都設定在平均值的情況下，最高法院保守
派法官的微增，平均而言會使法官反對死刑的機率降低
0.0602。」

因爲邊際改變指的是預測機率在自變數的某一個值（x_k）的極微量
變遷，其改變的單位與一般的測量單位不同，在解讀上比較困難，也不
容易懂。所以在後文，我們會介紹以間距改變來解讀自變數的影響力。
間距改變的解讀方法比較簡單易懂。

margins指令

除了 prchange 指令外，Stata 的 margins 指令也可以計算依變數預測

機率的邊際改變。下面的例子是將所有的自變數值都設定在平均值
（marginal effect at mean, MEM）[11]：

1. 自主選單 Statistics→Postestimation→Marginal effects，打開對話窗
   margins – Marginal means, predictive margins, and marginal
   effects。在 Main 介面的 Marginal effects of response 欄內圈點
   Marginal effects d(y)/d(x)，然後再到下面的 Variables 欄中分別將
   所要的變數名列出。

2. 在 At 介面點選 All covariates at their means in the sample。

3. 按下 OK 鍵後，margins 指令就會依照公式 4.23 計算自變數預測
   機率的邊際改變：

```
. margins, dydx( demo change w_colleg female citideol) atmeans

Conditional marginal effects                    Number of obs   =      1688
Model VCE    : OIM

Expression   : Pr(jvote), predict()
dy/dx w.r.t. : demo change w_colleg female citideol
at           : demo            =    .7422986 (mean)
               change          =    6.498815 (mean)
               w_colleg        =    .1800948 (mean)
               female          =    .0550948 (mean)
               citideol        =    44.69868 (mean)
```

	dy/dx	Delta-method Std. Err.	z	P>|z|	[95% Conf. Interval]	
demo	.1753309	.0311598	5.63	0.000	.1142588	.2364029
change	-.0601622	.0239855	-2.51	0.012	-.107173	-.0131515
w_colleg	.1040965	.0286396	3.63	0.000	.0479638	.1602291
female	.1188571	.0466732	2.55	0.011	.0273793	.2103349
citideol	.0025106	.0010665	2.35	0.019	.0004203	.0046009

上面的結果中，附屬指令 dydx 計算所有自變數的邊際效應，而 atmeans
附屬指令將所有自變數都設定在平均值（也就是計算 MEM）。citideol
的係數為 0.0025，與用 prchange 指令計算所得相同。雖然 margins 與

---

[11] 倘若使用margins指令但沒有設定自變數的值，Stata 11的預設功能是計算「總平
均邊際效應」（average marginal effect, AME），也就是把自變數的樣本觀察值通
通代入模型中，計算出每個案例的預測機率後，再求其總平均數。在線性模型中，
AME=MEM；但在非線性模型中，兩者不同。

prchange 指令可得相同的結果，但是 margins 指令的優點是同時提供 z 值，p 值與 95%信賴區間，所以讀者可以任選一種進行假設檢定。

mfx compute指令

除了 prchange 與 margins 外，Long 與 Freese（2006）另外介紹了 mfx compute 指令來計算依變數預測機率的邊際效應。不過，mfx compute 指令在 Stata/SE 11.1 版本的主選單中已爲 margins 指令取代。因爲 mfx compute 指令簡單好用，所以我們在此仍簡單的介紹。讀者如果使用的是 Stata/SE 10.0 版本，則可以從主選單選取 mfx compute 指令。下面的例子是使用 Stata/SE 10.0 版本，將所有的自變數值都設定在平均值，然後計算所有自變數的邊際效應：

1. 自主選單 Statistics→Postestimation→Marginal effects or elasticities，打開對話窗 mfx – Marginal effects or elasticities。
2. 不需要輸入任何數值或變數名，按下 OK 鍵後，其預設選項就會依照公式 4.23 計算自變數預測機率的邊際改變：

```
. mfx compute, dydx at(mean)

Marginal effects after logit
      y  = Pr(jvote) (predict)
         = .28683367
```

variable	dy/dx	Std. Err.	z	P>|z|	[95% C.I.]	X
demo*	.1585344	.02507	6.32	0.000	.109405 .207664	.742299
change	-.0601622	.02399	-2.51	0.012	-.107173 -.013152	6.49882
w_colleg*	.1105925	.03195	3.46	0.001	.047964 .173221	.180095
female*	.1301969	.0547	2.38	0.017	.022979 .237414	.055095
citideol	.0025106	.00107	2.35	0.019	.00042 .004601	44.6987

```
(*) dy/dx is for discrete change of dummy variable from 0 to 1
```

因爲 mfx compute 指令可簡化爲 mfx，而且附屬指令 dxdy 與 at(mean)爲預設項，所以上面的指令可以 mfx 替代。在 Stata/SE 11.1 版本中，讀者也可以在指令視窗中直接輸入 mfx 而取得同樣的結果。上面的結果中，citideol 的係數爲 0.0025，這與用 prchange 或是用 margins 指令計算所得

相同。不過，讀者應可看出 mfx compute 和 margins 對二分類自變數（如 female，w_colleg 與 demo）有不同的處理方法。Margins 指令的預設項計算二分類自變數的邊際改變[12]，但是 mfx compute 則計算二分類自變數的間距改變。

二、間距改變的解讀方法

因為邊際改變指的是預測機率對 x_k 的瞬間變遷，所以 x_k 改變的單位不必然與 x_k 實際的測量單位相同。這使得邊際改變的解讀比較難懂。從前面 change 的例子便可看出，分類變數的邊際改變，解讀比較不具實質上的意義。另一個方法則是以間距改變（discrete change）來解讀。間距改變與邊際改變在概念上很相近。設

$\Pr(y = 1|\mathbf{x}_i, x_k)$ 是當自變數為 x_k 值時，某事件發生的預測機率，

$\Pr(y = 1|\mathbf{x}_i, x_k + \delta)$ 是自變數 x_k 的值增加了 δ 單位時（即等於 $x_k + \delta$），某事件發生的預測機率，

因此，在其他變數設於某個值（如平均數）的情形下，當某自變數的值從 x_k 增加了 δ 單位（即從某一點 x_k 增加一個間距 δ，而改變到 $x_k + \delta$），某事件預測機率的間距改變為

$$\frac{\Delta \Pr(y = 1|\mathbf{x}_i)}{\Delta x_k} = \Pr(y = 1|\mathbf{x}_i, x_k + \delta) - \Pr(y = 1|\mathbf{x}_i, x_k)$$

由此來看，間距改變與邊際改變通常是不相等的，即

$$\frac{\Delta \Pr(y = 1|\mathbf{x}_i)}{\Delta x_k} \neq \frac{\partial \Pr(y = 1|\mathbf{x}_i)}{\partial x_k}$$

---

[12] 但如果將類別自變數用 Stata 11 開始內建的 "i." 標示法（如 i.demo），則 margins 指令會自動計算其間距改變。

　　一般而言，間距 δ 通常設爲一般所使用的測量單位。例如我們在檢定每增加一位保守派法官對依變數預測機率的影響時，這裡的間距就是 1（$\delta=1$）。或者我們要檢定女性法官反對死刑的預測機率時，這裡的間距也是 1（female 變數爲二分類變數，以 1 爲女性，0 爲男性）。或者我們要檢定自由主義最強的州與最保守的州（即某自變數的值由最小變到最大時）對依變數預測機率的影響。因爲間距 δ 與一般使用的測量單位相同，這使得間距改變的解讀比較清楚易懂。

　　總的來說，因爲二分類變數的分析是非線性的，在計算間距改變時我們應注意下列三個因素（Long, 1997: 76）：

- 變數的起始值：例如，在檢視州居民的自由主義傾向的影響力時，我們是要將自由主義傾向的值設在最小值，還是在最大值？
- 變數改變的間距：例如我們要檢定每增加一個保守派法官的機率改變，還是要檢定每增加三個保守派法官的機率改變？
- 其他變數的值：其他變數的值是否設在平均值？是否僅檢定女性法官反對死刑的機率？

　　前述的 prchange 指令也可以用來計算預測機率的間距改變。下面的例子將所有的變數值都設在平均值，並以 help 附屬指令列出表底端的各種說明：

```
. quietly logit jvote demo change w_colleg female citideol

. prchange, help

logit: Changes in Probabilities for jvote

             min->max       0->1      -+1/2     -+sd/2  MargEfct
     demo      0.1585     0.1585     0.1741     0.0766    0.1753
   change     -0.0601    -0.0616    -0.0601    -0.0301   -0.0602
 w_colleg      0.1106     0.1106     0.1038     0.0400    0.1041
   female      0.1302     0.1302     0.1185     0.0271    0.1189
 citideol      0.1548     0.0019     0.0025     0.0279    0.0025

           support     oppose
Pr(y|x)     0.7132     0.2868

             demo      change   w_colleg     female   citideol
    x=     .742299    6.49882    .180095    .055095    44.6987
  sd_x=    .437498    .500147     .38438    .228233    11.1001

 Pr(y|x): probability of observing each y for specified x values
Avg|Chg|: average of absolute value of the change across categories
Min->Max: change in predicted probability as x changes from its minimum to
          its maximum
   0->1: change in predicted probability as x changes from 0 to 1
  -+1/2: change in predicted probability as x changes from 1/2 unit below
          base value to 1/2 unit above
 -+sd/2: change in predicted probability as x changes from 1/2 standard
          dev below base to 1/2 standard dev above
MargEfct: the partial derivative of the predicted probability/rate with
          respect to a given independent variable
```

上面的結果共有五欄預測機率。依照表底端的說明，最後一欄（MargEfct）
為預測機率的邊際改變，上文已經說明過了，所以不再贅述。第一欄（min
－>max）所列的機率是在某自變數的值由最小變到最大時，對依變數預
測機率所產生的影響，所以應用於連續變數的解讀。例如，citideol 為一
連續變數，其最小值為 16.4，最大值為 77.67，[13]我們的解讀為：

> 「當其他自變數都設定在平均值的情況下，在自由主義最
> 強州的法官，其反對死刑的機率，要比在最保守州的法官，大
> 約高出 0.1548。」

---

[13] 讀者可以sum指令自行驗證一下citideol的最小值與最大值。因為在原有的2,036個
案例中，有348個案例被排除，所以我們必須先以markout指令使所有分析的案例
數相同。相關的指令為：
mark nomiss
markout nomiss jvote female w_colleg demo change citideol
sum if nomiss==1

　　我們可以用 prchange 的 fromto 附屬指令來驗證一下。從下面的結果可知，當 citideol 的值由 16.4 改變爲 77.67 時，依變數的預測機率也由 0.2213 增加到 0.3761，兩者相差 0.1548。換言之，州法官反對死刑的機率增加了 0.1548。

```
. prchange  citideol, fromto

logit: Changes in Probabilities for jvote

               from:       to:       dif:      from:        to:       dif:      from:
               x=min     x=max   min->max       x=0        x=1       0->1     x-1/2
citideol      0.2213    0.3761     0.1548    0.1886     0.1904     0.0019    0.2856

                 to:       dif:      from:        to:       dif:
               x+1/2      -+1/2    x-1/2sd    x+1/2sd     -+sd/2   MargEfct
citideol      0.2881    0.0025     0.2731     0.3010     0.0279     0.0025

             support    oppose
Pr(y|x)       0.7132    0.2868

                demo     change    w_colleg     female   citideol
    x=      .742299    6.49882    .180095    .055095    44.6987
 sd_x=      .437498    .500147     .38438    .228233    11.1001
```

　　第二欄（0−>1）所列爲某自變數的值由 0 轉爲 1 時，對依變數預測機率的影響。當自變數爲二分類變數時，我們應以第二欄所列的資料爲解讀的依據。以 female 爲例，因爲女性法官編碼爲 1，男性法官編碼爲 0，我們的解讀爲：

　　　　「在其他自變數的值都設定在平均值的情況下，女性法官
　　反對死刑的機率要比男性法官高 0.1302。」

　　第三欄（−+1/2）所列的預測機率，乃是自變數每一個單位的變化所產生的影響，這也是間距改變。以 change 爲例，我們的解讀爲：

　　　　「在其他自變數的值都設定在平均值的情況下，美國聯邦
　　最高法院每增加一位保守派法官，州法官反對死刑的機率就會
　　降低 0.0601。」

　　第四欄（−+1/2sd）所列的預測機率，是自變數每一個標準差的變化所產生的影響。這是以標準差計算的間距改變。以 citideol 為例，我們的解讀為：

> 「在其他自變數的值都設定在平均值的情況下，州居民傾向自由主義的程度每增加一個標準差，州法官反對死刑的機率就會增加 0.0279。」

　　上面的例子將所有自變數設定在平均值。此外，我們也可以將一些自變數設在特定的值以計算某自變數的影響力。例如，我們可將 female 的值設為 1（也就是女法官），然後計算 citideol 對依變數預測機率的影響。因為我們沒有使用附屬指令 rest(*stat*)，prchange 指令則主動以預設項將其他自變數都設定在平均值。

```
. prchange  citideol, x(female=1)
logit: Changes in Probabilities for jvote

            min->max      0->1      -+1/2     -+sd/2  MargEfct
citideol     0.1809     0.0025     0.0030     0.0330    0.0030

            support    oppose
Pr(y|x)      0.5895    0.4105

            demo      change    w_colleg    female   citideol
   x=     .742299   6.49882     .180095          1   44.6987
sd_x=     .437498   .500147      .38438    .228233   11.1001
```

我們的解讀為：

> 「在其他自變數的值都設定在平均值的情況下，州居民傾向自由主義的程度每增加一個單位，女法官反對死刑的機率就會增加 0.003。」

　　從上面的討論可知，預測機率的邊際改變端賴所有自變數的值。這與線性迴歸的解讀有所不同。在線性迴歸中，某自變數對依變數的影響，不會因為其他自變數的值而有所不同。但是因為二分勝算對數模型之中機率與自變數的關係是非線性的，因此我們在解讀某自變數的影響時，必須將其他變數設定在某特定值，或設定為平均值，然後才能評估某自變數對預測機率的影響。

肆、勝算比（odds ratio）的解讀方法：listcoef指令

　　另一個檢視自變數對依變數影響的方法是運用勝算比。不過讀者應注意的是，這個方法只適用於勝算對數模型，並不適用於機率單元模型（probit）。

　　我們在說明公式 4.12 時提到，二分勝算對數模型是將變數間的非線性關係，以勝算對數連結函數將之線性化，也就是：

$$\ln \Omega(\mathbf{x}) = \ln \left[\frac{\Pr(y=1|\mathbf{x})}{1-\Pr(y=1|\mathbf{x})} \right] = \mathbf{x}\boldsymbol{\beta} = \beta_0 + \beta_1 x_1 + \beta_2 x_2 + ... + \beta_k x_k$$

上式是一個線性模型，所以自變數對依變數的影響力不會受到其他變數值的影響。因此迴歸係數 β_k 所代表的意義為：

　　「在其他變數不變的情況下，當變數 x_k 每增加一個單位，
勝算對數將增加 β_k 個單位」。

這樣的解讀雖然簡單，但是卻令人難懂，這是因為勝算對數對大多數人並不具有實質意義。一個解決的方法是以勝算比來檢視自變數對依變數的影響（參見 Huang and Shields, 1994）。

　　如果我們在公式 4.12 的兩邊同時取指數函數，便可以獲得一個以勝

算爲依變數的非線性模型（見公式 4.17）。下式特別以 x_2 爲例來說明勝算比的運用：

$$\Omega(\mathbf{x}_i, x_2) = e^{\beta_0 + \beta_1 x_1 + \beta_2 x_2 + \ldots + \beta_k x}$$
$$= e^{\beta_0} e^{\beta_1 x_1} e^{\beta_2 x_2} \ldots e^{\beta_k x_k}$$

(4.24)

當 x_2 增加一個單位時（也就是 $x_2 + 1$），則

$$\Omega(\mathbf{x}_i, x_2 + 1) = e^{\beta_0} e^{\beta_1 x_1} e^{\beta_2 (x_2+1)} \ldots e^{\beta_k x_k}$$
$$= e^{\beta_0} e^{\beta_1 x_1} e^{\beta_2 x_2} e^{\beta_2} \ldots e^{\beta_k x_k}$$

(4.25)

將 4.24 與 4.25 兩式相除，即可得勝算比：

$$\frac{\Omega(\mathbf{x}_i, x_2 + 1)}{\Omega(\mathbf{x}_i, x_2)} = \frac{e^{\beta_0} e^{\beta_1 x_1} e^{\beta_2 x_2} e^{\beta_2} \ldots e^{\beta_k x_k}}{e^{\beta_0} e^{\beta_1 x_1} e^{\beta_2 x_2} \ldots e^{\beta_k x_k}} = e^{\beta_2}$$

(4.26)

因爲公式 4.26 爲公式 4.25 與 4.24 的比率，所以 e^{β_2} 可以解讀爲：

「在其他變數不變的情況下，當變數 x_2 每增加一個單位，某事件發生的勝算將改變 e^{β_2} 倍」。

一般而言，當 $e^{\beta_k} > 1$ 時，表示某事件發生的勝算將增加。如果 $e^{\beta_k} < 1$ 時，表示某事件發生的勝算將降低。當 $e^{\beta_k} = 1$ 時，表示某事件發生的勝算不變。

二分勝算對數模型中的勝算比可以從下列方法得出：

1. 自主選單 Statistics→Binary outcomes→Logistic regression

(reporting odds ratios)，打開對話窗 logitistic - Logistic regression, reporting odds ratios。然後自 Model 介面中依序選取變數 jvote 為依變數，其餘為自變數。

2. 按下 OK 鍵後，可得下表：

```
. logistic jvote demo change w_colleg female citideol
```

Logistic regression

Log likelihood = -988.16041

	Number of obs	=	1688
	LR chi2(5)	=	78.45
	Prob > chi2	=	0.0000
	Pseudo R2	=	0.0382

jvote	Odds Ratio	Std. Err.	z	P>|z|	[95% Conf. Interval]	
demo	2.356345	.3644481	5.54	0.000	1.740149	3.19074
change	.7451979	.0874827	-2.51	0.012	.5920312	.937991
w_colleg	1.663426	.2330106	3.63	0.000	1.264062	2.188965
female	1.787892	.4083329	2.54	0.011	1.142713	2.797341
citideol	1.012349	.0052824	2.35	0.019	1.002048	1.022755

上面結果的第一欄位為變數名，第二欄位為勝算比（Odds Ratios）。後面幾列分別顯示出標準誤（Std. Err.），z 分數（z），假設檢定所使用的機率（$p > |z|$），與 95%信賴區間的下限與上限。

除了上述的步驟外，我們還可以用 listcoef 指令來計算勝算比。listcoef 指令也不是 Stata 的內建指令，使用時將指令直接輸入指令視窗中。下面的例子並加上 help 附屬指令，以對結果中的不同資料提供說明。

```
. listcoef, help
```

logit (N=1688): Factor Change in Odds

  Odds of: oppose vs support

jvote	b	z	P>|z|	e^b	e^bStdX	SDofX
demo	0.85711	5.542	0.000	2.3563	1.4550	0.4375
change	-0.29411	-2.505	0.012	0.7452	0.8632	0.5001
w_colleg	0.50888	3.633	0.000	1.6634	1.2160	0.3844
female	0.58104	2.544	0.011	1.7879	1.1418	0.2282
citideol	0.01227	2.352	0.019	1.0123	1.1460	11.1001

```
        b = raw coefficient
        z = z-score for test of b=0
    P>|z| = p-value for z-test
      e^b = exp(b) = factor change in odds for unit increase in X
  e^bStdX = exp(b*SD of X) = change in odds for SD increase in X
    SDofX = standard deviation of X
```

上面結果的第一欄位為變數名，第二欄位為迴歸係數（b），而勝算比列在第五欄位（e∧b）。注意 Odds of: oppose vs. support 表示所計算的是反對死刑與支持死刑的勝算。因此對勝算比的解讀為：

- 對 female 勝算比的解讀：

「在其他變數不變的情況下，女性法官反對死刑的勝算是男性法官的 1.788 倍。」

- 對 citideol 勝算比的解讀：

「在其他變數不變的情況下，州的自由主義傾向每增加一個單位，州法官反對死刑的勝算就會是原來未增加時的 1.012 倍。」

除了可以運用勝算比外，我們也可以用勝算比變化的百分比來解讀自變數的影響力（percent change in odds），也就是將勝算比減 1 後，再乘以 100%：

$$\left(e^{\beta_k\delta}-1\right)\times100\% \tag{4.27}$$

勝算比變化的百分比可以 listcoef, percent 指令來計算

```
. listcoef, percent help

logit (N=1688): Percentage Change in Odds

  Odds of: oppose vs support
```

jvote	b	z	P>|z|	%	%StdX	SDofX
demo	0.85711	5.542	0.000	135.6	45.5	0.4375
change	-0.29411	-2.505	0.012	-25.5	-13.7	0.5001
w_colleg	0.50888	3.633	0.000	66.3	21.6	0.3844
female	0.58104	2.544	0.011	78.8	14.2	0.2282
citideol	0.01227	2.352	0.019	1.2	14.6	11.1001

```
     b = raw coefficient
     z = z-score for test of b=0
 P>|z| = p-value for z-test
     % = percent change in odds for unit increase in X
 %StdX = percent change in odds for SD increase in X
 SDofX = standard deviation of X
```

我們的解讀為：

- 對 demo 勝算比的解讀：

「在其他變數不變的情況下，認同民主黨的法官，其反對死刑的勝算要比認同其他政黨的法官高 135.6%」。

- 對 change 勝算比的解讀：

「在其他變數不變的情況下，美國聯邦最高法院每增加一位保守派法官，州法官反對死刑的勝算就會降低 25.5%」。

上述的解讀是以法官「反對」死刑的觀點來解讀。如果我們要以法官「支持」死刑的觀點來解讀時，則可以 listcoef, reverse 指令來計算勝算比，也就是將計算的正負方向反過來。

```
. listcoef, reverse
logit (N=1688): Factor Change in Odds

  Odds of: support vs oppose
```

jvote	b	z	P>|z|	e^b	e^bStdX	SDofX
demo	0.85711	5.542	0.000	0.4244	0.6873	0.4375
change	-0.29411	-2.505	0.012	1.3419	1.1585	0.5001
w_colleg	0.50888	3.633	0.000	0.6012	0.8223	0.3844
female	0.58104	2.544	0.011	0.5593	0.8758	0.2282
citideol	0.01227	2.352	0.019	0.9878	0.8726	11.1001

讀者應注意到，上面的結果顯示的是 Odds of: support vs. oppose，所計算的是支持死刑與反對死刑的勝算比。這與前一個表中的 Odds of: oppose vs. support 相反，前表計算的是州法官反對死刑與支持死刑的勝算比。因此，

- 對 change 勝算比的解讀：

「在其他變數不變的情況下，美國聯邦最高法院每增加一
位保守派法官，州法官支持死刑的勝算就是增加前的 1.342 倍。」

● 對 female 勝算比的解讀：

「在其他變數不變的情況下，女性法官支持死刑的勝算是
男性法官的 0.559 倍。」

此處的 1.34 倍與 0.56 倍分別等於前表中 change 與 female 勝算比（0.7452
與 1.7879）的反比（$\frac{1}{0.7452}$ 與 $\frac{1}{1.7879}$）。

　　這個例子也說明了一件事情，當 $e^{\beta_k} > 1$ 時，變數 x_k 對事件發生的勝
算有正面的影響；當 $e^{\beta_k} < 1$ 時，變數 x_k 對事件發生的勝算有負面的影響。
由於勝算比是以 1.0 為界，左右互以倒數對稱，如果要以勝算比來比較兩
個自變數正負影響力的大小，我們必須對小於 1 的值取反比值，或者對
大於 1 的值取反比值後，再加比較。例如，當 $e^{\beta_k} = 2$ 時，其影響力的大
小與 $e^{\beta_k} = 0.5$ 相等（$0.5 = 1/2$），不同的是，前者對事件發生的勝算有
正面的影響，而後者對事件發生的勝算有負面的影響。

第五節　模型適合度

　　在估計出迴歸模型後，我們須要評估這一模型與經驗資料的模型適
合度（goodness of fit），也就是要檢視迴歸模型對依變數解讀的程度。
在線性迴歸中，我們是以 R^2（讀為 R square）作為模型適合度的測量指
標。在質變數的分析中，學界發展出若干和 R^2 類似的測量指標，一般統
稱為「擬似 R^2」（pseudo-R^2）。雖然這些指標可以測量模型的適合度，
不過讀者應注意的是，這些指標僅提供一個粗略的標準。Long（1997: 102）
特別指出，指標數值大的模型並不必然就比較好。在判定模型的優缺點

時，我們仍必須參考模型的迴歸係數，理論背景，以及已發表的相關研究。所以這些指標只提供了評估模型好壞的部分訊息。此外，學界一般都以 R^2 來測量線性模型的適合度。但是對質變數的分析模型，究竟那一個測量指標是最好的，學界到目前為止，還沒有定論。下文將先介紹 Stata 的 fitstat 指令，然後再簡單的說明相關的測量指標。有興趣的讀者可以參考 Long（1997）以及 Long 與 Freese（2006）以及文中索引的相關文獻。

壹、fitstat指令

Stata 的 fitstat 指令也是 SPost 指令的一部分。指令的句法結構為：

fitstat [, saving (*name*) using (*name*) bic force save dif]

在實際的操作上，我們必須先以 logit 指令來執行公式 4.20 所列的二分勝算對數模型，然後再執行 fitstat 指令。

```
. quietly logit jvote demo change w_colleg female citideol
. fitstat
Measures of Fit for logit of jvote

Log-Lik Intercept Only:        -1027.383   Log-Lik Full Model:              -988.160
D(1682):                        1976.321   LR(5):                             78.446
                                           Prob > LR:                          0.000
McFadden's R2:                     0.038   McFadden's Adj R2:                  0.032
ML (Cox-Snell) R2:                 0.045   Cragg-Uhler(Nagelkerke) R2:         0.065
McKelvey & Zavoina's R2:           0.071   Efron's R2:                         0.048
Variance of y*:                    3.540   Variance of error:                  3.290
Count R2:                          0.704   Adj Count R2:                       0.004
AIC:                               1.178   AIC*n:                           1988.321
BIC:                          -10523.125   BIC':                             -41.290
BIC used by Stata:              2020.909   AIC used by Stata:               1988.321
```

上表中列有許多不同的擬似 R^2，我們在下文中逐項解讀。

貳、測量指標：擬似R^2

一般的線性迴歸是以 R^2 來測量模型的適合度：

$$R^2 = \frac{RSS}{TSS} = \frac{\sum(\hat{y}_i - \bar{y})^2}{\sum(y_i - \bar{y})^2} \tag{4.28}$$

上式中,

$$TSS = \sum(y_i - \bar{y})^2 = 總偏差平方和(\text{Total Sum of Squares}$$
$$或 \text{TSS}) \tag{4.29}$$

$$RSS = \sum(\hat{y}_i - \bar{y})^2 = 迴歸平方和(\text{Regression Sum of Squares}$$
$$或 \text{RSS}) \tag{4.30}$$

公式 4.28 顯示,R^2 是迴歸平方和在總偏差平方和所占的比例,所以 R^2 指的是依變數中被自變數所解讀的變異量之比例。R^2 的值最大爲 1,最小爲 0(也就是 $0 \leq R^2 \leq 1$)。當 $R^2 = 0$ 時,表示迴歸模型不具任何解讀力,當 $R^2 = 1$ 時則表示自變數與依變數間具有完美的線性關係,迴歸模型解讀力爲百分之百。

在質變數的分析中,學界也依照 R^2 的概念發展出若干類似的指標,來測量模型的適合度。但是因爲質變數分析是以或然估計來計算迴歸係數,R^2 也就不是用平方和來估算。所以在質變數分析中,模型適合度的測量指標,一般統稱爲「擬似 R^2」。前面顯示,fitstat 指令可計算下列數種擬似 R^2。

1.McFadden's R^2:fitstat 指令列出 McFadden's R^2 的值爲 0.038。這個擬似 R^2 是以或然估計來計算的,所以也稱爲「或然估計比例指數」(likelihood-ratio index)。計算的方法是將一個包含所有變數的模型與一個僅具有常數的模型相比較:

$$R^2_{McF} = 1 - \frac{\ln \hat{L}(M_{Full})}{\ln \hat{L}(M_{Intercept})} \qquad (4.31)$$

如果 $\ln \hat{L}(M_{Full}) = \ln \hat{L}(M_{Intercept})$，則 R^2_{McF} 等於 0。所以理論上 R^2_{McF} 的值是從 0 到 1，不過實際上 R^2_{McF} 不會等於 1。此外，當模型中的自變數增加時，R^2_{McF} 的值也會變大。所以 Stata 也計算「調整後的 R^2_{McF}」（McFadden's Adjusted R^2）。fitstat 指令列出調整後的 R^2_{McF} 為 0.032。

$$\overline{R}^2_{McF} = 1 - \frac{\ln \hat{L}(M_{Full}) - K}{\ln \hat{L}(M_{Intercept})} \qquad (4.32)$$

上式中，K 為所要估計的參數數目。

2. 最大或然估計 R^2（Maximum Likelihood R^2）：這個擬似 R^2 是由 Maddala（1983: 39-40）所發展出來，

$$R^2_{ML} = 1 - \left\{ \frac{L(M_{Intercept})}{L(M_{Full})} \right\}^{2/N} = 1 - \exp\left(-G^2/N \right) \qquad (4.33)$$

上式中的 G^2 就是前述的或然估計比例值（likelihood ratio），所以 $G^2 = LR = 2\ln L(M_{Full} - M_{Intercept})$。在 fitstat 所計算出的結果中，$G^2$ 的值列在 $LR(5): 78.446$。由此可計算出 R^2_{ML} 的值為 0.045。不過因為 R^2_{ML} 值僅到 $1 - L(M_{Intercept})^{2/N}$ 的極大值，所以 Cragg 與 Uhler（1970）提出另一個擬似 R^2。

3. Cragg & Uhler's R^2：

$$R^2{}_{C\&U} = \frac{R^2_{ML}}{\max R^2_{ML}} = \frac{1 - \left\{ L\left(M_{Intercept}\right) \middle/ L\left(M_{Full}\right)\right\}^{2/N}}{1 - L\left(M_{Intercept}\right)^{2/N}} \qquad (4.34)$$

fitstat 指令列出 $R^2{}_{C\&U}$ 的值爲 0.065。這個擬似 R^2 也被稱爲是 Nagelkerke R^2。

4. McKelvey 與 Zavoina R^2：McKelvey 與 Zavoina（1975: 111-113）使用隱性變數（y^*）的估計變異數（$Var\left(\hat{y}^*\right)$）發展出另一個擬似 R^2，

$$R^2{}_{M\&Z} = \frac{\mathrm{Var}\left(\hat{y}^*\right)}{\mathrm{Var}\left(y^*\right)} = \frac{\mathrm{Var}\left(\hat{y}^*\right)}{\mathrm{Var}\left(\hat{y}^*\right) + \mathrm{Var}(\varepsilon)} \qquad (4.35)$$

這個擬似 R^2 原是設計爲分析有序多分變數，但是後來的學者發現也可使用於分析二分類變數與設限變數。fitstat 指令列出 $R^2{}_{M\&Z}$ 的值爲 0.071。

5. Efron R^2：對二分類變數而言，Efron（1978）發展出另一個擬似 R^2。設 $\hat{y}$ 爲 $\hat{\pi} = \hat{\mathrm{Pr}}\left(y\middle|\mathbf{x}\right)$，則，

$$R^2{}_{Efron} = 1 - \frac{\sum\left(y_i - \hat{\pi}_i\right)^2}{\sum\left(y_i - \bar{y}\right)^2} \qquad (4.36)$$

上表中 $R^2{}_{Efron}$ 的值爲 0.048。

6. 計次 R^2（Count R^2）：這個擬似 R^2 的計算是基於觀察值與預測值一致的比例。例如，在 100 個觀察值中，統計模型所得的預測值正確地猜中了 70 次，則其正確預測的比例爲 70%。其公式爲：

$$R^2_{count} = \frac{1}{N} \sum_j n_{jj} \qquad (4.37)$$

上式中的 n_{jj} 為預測正確的次數。fitstat 指令列出 R^2_{count} 的值為 0.704。

7. 調整後的計次 R^2（adjusted Count R^2）：不過，因為二分類變數只有兩個數值，所以在沒有任何自變數的情形下，預測的正確值也可能達到 50%。因此，計次 R^2 很容易讓人誤以為某一統計模型預測的正確比例很高。為了避免這個錯誤的結論，計次 R^2 可以由下面的公式來修正：

$$R^2_{Adj\ Count} = \frac{\sum_j n_{jj} - max_r(n_{r+})}{N - max_r(n_{r+})} \qquad (4.38)$$

從 fitstat 指令列出的結果可知，雖然 R^2_{count} 的值很高，但是 $R^2_{Adj\ Count}$ 的值僅為 0.004。

　　根據作者的經驗，擬似 R^2 的值一般都很低（除 R^2_{count} 外）。這也可以從上述的各種擬似 R^2 的值看出。所以讀者應注意這些指標僅提供一個粗略的標準。在判定模型的優缺點時，我們仍必須參考模型的迴歸係數，理論背景，以及已發表的相關研究。所以這些指標只提供了評估模型好壞的部分訊息。

參、測量指標：AIC、BIC與BIC'

　　除了上述的擬似 R^2 外，另一類估計模型適合度的方法是以訊息測量單位（information measure）為基礎。這類測量指標用在不同模型的比較，而且常用在比較不同樣本的模型，或是比較非套疊的（non-nested）模型。

一般而言，在比較不同模型時，AIC、BIC 與 BIC'的值愈小愈好。

1. AIC：這是 Akaike's Information Criterion 的縮寫。是由 Akaike（1973）所提出，其公式爲：

$$AIC = \frac{-2\ln \hat{L}(M_k + 2P_k)}{N} \qquad (4.39)$$

上式中的 $\hat{L}(M_k)$ 是模型的或然估計，P_k 是模型中參數的數目。在比較不同模型時，AIC 值小的模型比較好。前面 fitstat 指令列出 AIC 值爲 1.178。此外，fitstat 指令也列出 AIC×n 值爲 1,988.321，其計算方式是 AIC 值乘以樣本數（即 $1,988.321 = 1.178 \times 1,688$）

2. BIC 與 BIC'：這是 Bayesian Information Criterion 的縮寫。因爲有兩種計算方式，所以用 BIC 與 BIC'來區分。BIC 是由 Raftery（1996）所提出，其公式爲：

$$BIC_k = D(M_k) - df_k \ln N \qquad (4.40)$$

上式中的 $D(M_k)$ 是某模型的偏差值（deviance）；df_k 是自由度，其計算方式是樣本數減參數的數量；N 是樣本數。BIC 的負值愈大，表示模型適合度愈高。

另一種計算公式是根據或然估計的卡方值，其自由度 df_k' 是等於模型中自變數的數目：

$$BIC_k' = -G^2(M_k) + df_k' \ln N \qquad (4.41)$$

同理，BIC'的負值愈大，表示模型適合度愈高。

在比較兩個不同模型時，我們可以分別計算出兩個 BIC 與 BIC'，而且

$$BIC_1 - BIC_2 = BIC_1' - BIC_2' \qquad (4.42)$$

上述的等式表示以 BIC 與 BIC'所得的結果相同,兩者的選擇只是個人的偏好而已。不過在比較兩個 BIC 或 BIC'時,究竟兩者的差別要多大,才表示一個模型比另一個模型好呢?Long 與 Freese(2006: 113)引用 Raftery(1996)的研究,提出了一個指導的原則:

兩個 BIC 或 BIC'相差的絕對值	一個模型比另一個模型
0-2	略好
2-6	較好
6-10	很好
>10	非常好

我們再以美國法官是否支持死刑的例子來示範 BIC 與 BIC'的用法。假定我們要測試兩個模型,以決定那一個模型比較好。模型 1 包含上述所有的自變數,模型 2 則去除了 female 與 w_colleg 兩個變數。也就是比較下面的兩個模型,

$$模型 1:\ln\left[\frac{Pr(y=1|\mathbf{x}_i)}{1-Pr(y=1|\mathbf{x}_i)}\right] = \beta_0 + \beta_1 female + \beta_2 w\_colleg + \beta_3 demo + \beta_4 change + \beta_5 citideol$$

$$模型 2:\ln\left[\frac{Pr(y=1|\mathbf{x}_i)}{1-Pr(y=1|\mathbf{x}_i)}\right] = \beta_0 + \beta_3 demo + \beta_4 change + \beta_5 citideol$$

我們先以 logit 指令計算模型 1,然後以 fitstat 的附屬指令 saving

將結果儲存在 m1 中。因為只是要將分析結果儲存起來，我們以指令 quietly 將計算的結果隱藏不使顯現出來。

```
. quietly logit jvote demo change w_colleg female citideol
. quietly fitstat, saving(m1)
```

我們再以 logit 指令執行第模型 2，然後以 fitstat 的附屬指令 using 來比較前後兩個不同的模型。

```
. quietly logit jvote demo change citideol
. fitstat, using(m1)
Measures of Fit for logit of jvote

                                 Current          Saved        Difference
Model:                           logit            logit
N:                                1688             1688              0
Log-Lik Intercept Only        -1027.383        -1027.383          0.000
Log-Lik Full Model             -996.641         -988.160         -8.481
D                           1993.283(1684)   1976.321(1682)     16.962(2)
LR                             61.484(3)        78.446(5)        16.962(2)
Prob > LR                         0.000            0.000          0.000
McFadden's R2                     0.030            0.038         -0.008
McFadden's Adj R2                 0.026            0.032         -0.006
ML (Cox-Snell) R2                 0.036            0.045         -0.010
Cragg-Uhler(Nagelkerke) R2        0.051            0.065         -0.014
McKelvey & Zavoina's R2           0.059            0.071         -0.012
Efron's R2                        0.035            0.048         -0.013
Variance of y*                    3.495            3.540         -0.045
Variance of error                 3.290            3.290          0.000
Count R2                          0.703            0.704         -0.001
Adj Count R2                      0.000            0.004         -0.004
AIC                               1.186            1.178          0.008
AIC*n                          2001.283         1988.321         12.962
BIC                          -10521.026       -10523.125          2.099
BIC'                            -39.190          -41.290          2.099
BIC used by Stata              2023.008         2020.909          2.099
AIC used by Stata              2001.283         1988.321         12.962

Difference of    2.099 in BIC' provides positive support for saved model.
Note: p-value for difference in LR is only valid if models are nested.
```

上面的結果共有三欄位統計資料，與模型 2 相關的各項資料在「Current」列之下，與模型 1 相關的各項資料則在「Saved」列之下。「Difference」則列出兩個模型間的差異。我們從第三列的統計資料可以看出，模型 1 的 BIC 或 BIC'都比與模型 2 的 BIC 或 BIC'小，顯示模型 1 的適合度較高。但是因為 BIC 或 BIC'都只相差 2.099，所以模型 1 的適合度只比模型 2 略好而已。

第六節　殘差值的檢驗

除了可以上述的擬似 R^2、AIC、BIC 與 BIC'檢定模型的適合度外，我們還應該檢驗模型的「殘差值」（residual）。殘差指的是觀察值與模型預測值間的差異。以線性迴歸的概念來說，就是 $y_i - \hat{y}_i$。當某個觀察值 i 與相對應的預測值間的差異很大時，這個觀察值 i 就是「離群值」（outlier）。如果某個或某些離群值對迴歸係數估計值的大小或正負，產生很大的影響時，這些離群值就被稱爲「影響過大值」（influential cases）。要注意的是，離群值並不必然是影響過大值。有些離群值雖然有很大的數值，但不會影響估計值的大小或正負號。例如，圖 4.4a 中的方塊代表一個離群值，可是因爲其自變數的值很接近 x 的平均數，所以即使將這個離群值除去，也不會影響迴歸係數的大小或正負號。但是圖 4.4b 與 4.4c 中的離群值，對迴歸係數就有很大的影響。圖 4.4c 中的離群值甚至可以決定迴歸係數的正負號。除去這個離群值會得到完全相反的結論（Fox, 1991）。

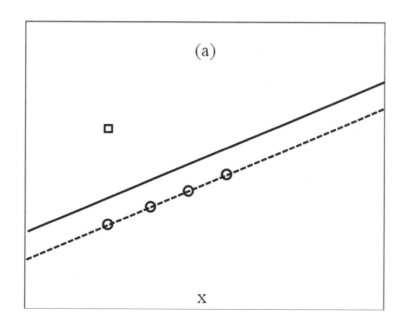

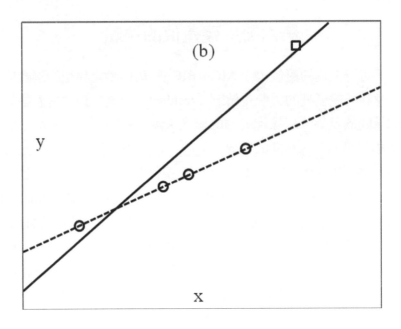

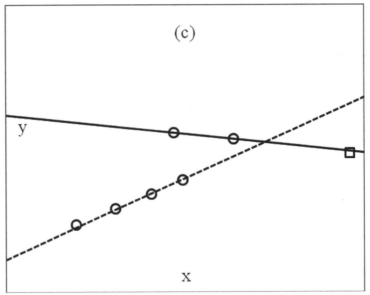

圖 4.4　「離群值」對迴歸模型的影響

說明：本圖取自 Fox（1991: 22）。

壹、殘差値

Stata 可以計算兩種殘差値：皮爾森殘差値（Pearson residual）與標準皮爾森殘差値（standardized residual）。皮爾森殘差値的計算公式爲：

$$皮爾森殘差値： r_i = \frac{y_i - \hat{\pi}_i}{\sqrt{\hat{\pi}_i(1 - \hat{\pi}_i)}} \qquad (4.43)$$

上式中 $\hat{\pi}_i = \Pr(y_i = 1|\mathbf{x}_i)$，是某事件發生的條件預測機率。分母 $\sqrt{\hat{\pi}_i(1 - \hat{\pi}_i)}$ 爲殘差値的標準差。標準皮爾森殘差値的計算公式爲：

$$標準皮爾森殘差値： r_i^{Std} = \frac{r_i}{\sqrt{1 - h_{ii}}} \qquad (4.44)$$

$$上式中， h_{ii} = \hat{\pi}_i(1 - \hat{\pi}_i)\mathbf{x}_i \mathrm{Var}(\hat{\beta})\mathbf{x'}_i \qquad (4.45)$$

Long（1997）引述 Pregibon（1981）研究，認爲雖然標準殘差値具有一些優點，但是標準殘差値與皮爾森殘差値在實際研究中往往非常近似。

我們以美國法官是否支持死刑的例子來示範殘差値的檢驗。在執行了 logit 指令後，我們以 predict 計算殘差値：

1. 自主選單 Statistics→Postestimation→Predictions, residuals, etc，打開對話窗 predict – Prediction after estimation，然後在 Main 介面中的 New variable name 框中輸入變數名，如 rstd。
2. 在 Produce 框中選擇 Standardized Pearson residual。
3. 按下 OK 鍵後即可得下列結果：

```
. quietly logit jvote demo change w_colleg female citideol

. predict rstd, rstandard
(348 missing values generated)
```

皮爾森殘差值也以同樣的程式計算，但是在 Produce 框中選擇 Pearson
residual：

```
. predict rpearson, residuals
(348 missing values generated)
```

在計算出殘差值後，Long（1997）建議應將所有的案例重行排序。其標
準是以可能造成殘差值的變數排序。例如，如果我們認為變數 citideol 可
能是造成殘差值的原因，則可以下列步驟排序：

1. 自主選單 Data→Sort→Ascending sort 打開對話窗 sort – Sort
   data，在 Variable 框中選取變數 citideol。
2. 按下 OK 鍵
3. 自主選單 Data→Create or change Data→Create new variable，打開
   對話窗 generate – Create a new variable。在 Variable 框中輸入變
   數名 index。然後點選 Specify a value or an expression 並在框中輸
   入_n。
4. 按下 OK 鍵

```
. sort citideol, stable
. generate float index = _n
```

上面的 generate 指令並以 Stata 內部的案例序號建立了一個新的指標變數
index。然後我們用散布圖來檢驗殘差值：

1. 自主選單 Graphics→Twoway graphs (scatter, line, etc.)，打開對話
   窗 twoway – Twoway graphs，然後按下 Create 鍵，打開對話窗
   Plot1。在 Plot1 介面中，分別在 Y variable 與 X variable 框選取變
   數 rstd 與 index。按下 Accept 鍵。
2. 在 twoway – Twoway graphs 對話窗中，按下 OK 鍵後即可得散布
   圖：

`. twoway (scatter rstd index)`

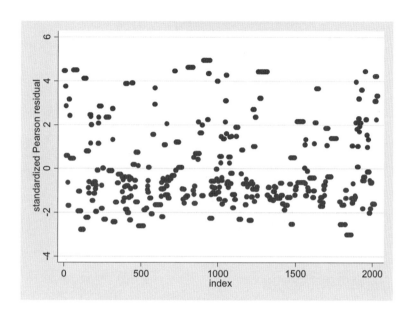

　　上圖顯示 Songer 與 Crews-Meyer（2000）的研究模型中，許多標準殘差值都很大。雖然文獻中對於何謂「很大」的殘差值並沒有明確的定義，但是上圖顯示許多標準殘差值都大於 4.5。讀者可以用 list 指令將這些數值大的殘差值列出：

1. 自主選單 Data→Describe data→List data，打開對話窗 list – List values of variables，然後在 Main 介面中的 Variables 框中選取變數名 index 與 rstd。

2. 然後選取 by/if/in 介面，並在 Restrict observations 欄中輸入 rstd< −4 | rstd >4。這個條件要求 Stata 僅列出數值在 ±4 間的殘差值

3. 按下 OK 鍵後即可得下列結果：

```
. list index rstd if rstd<-4  | rstd >4
```

	index	rstd
1.	1	4.46183
2.	2	4.46183
3.	3	.
4.	4	.
5.	5	4.46183
6.	6	4.46183
1260.	1260	4.435013
1261.	1261	4.435013
1262.	1262	4.435013
1263.	1263	4.435013
1264.	1264	4.435013
1265.	1265	4.435013
1266.	1266	4.435013

（分析結果未完全列出）

貳、影響過大值

我們在前面已指出，有些離群值雖然有很大的數值，並不必然會影響迴歸係數估計值的大小或正負號。相反的，有些數值小的離群值反而會影響迴歸分析的結論。這些可能會影響結論的離群值就是影響過大值。找出影響過大值的方法是，將觀察值逐個刪除，並依序計算迴歸係數估計值的改變。在線性迴歸中，這就是我們一般所用的「庫克距離」（Cook's distance）。同理，Stata 以下列公式檢測影響過大值，但是 Stata 稱這個測量指標為 dbeta：

$$C_i = \frac{r_i^2 h_{ii}}{(1 - h_{ii})^2} \tag{4.46}$$

其中 h_{ii} 可由公式 4.45 算出。

我們同樣可以用 predict 計算 dbeta：

1. 自主選單 Statistics→Postestimation→Predictions, residuals, etc，打開對話窗 predict – Prediction after estimation，然後在 Main 介面中的 New variable name 框中輸入變數名，如 Cook。

2. 在 Produce 框中選擇 Delta-Beta influence statistics。

3. 按下 OK 鍵後即可得下列結果：

```
. predict cook, dbeta
(348 missing values generated)
```

再以散布圖來檢驗 dbeta 來找出影響過大值：

1. 自主選單 Graphics→Twoway graphs (scatter, line, etc.)，打開對話窗 twoway – Twoway graphs，然後按下 Create 鍵，打開對話窗 Plot2。在 Plot2 介面中，分別在 Y variable 與 X variable 框選取變數 cook 與 index。按下 Accept 鍵。

2. 在 twoway – Twoway graphs 對話窗中，按下 OK 鍵後即可得散布圖：

```
. twoway (scatter cook index)
```

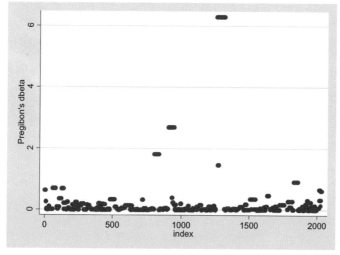

　　上圖顯示 Songer 與 Crews-Meyer（2000）的研究模型中，若干案例的 dbeta 都很大。我們可以根據上述的步驟，以 list 指令將這些數值大的 dbeta 列出：

```
. list index cook if cook >2.5
```

	index	cook
3.	3	.
4.	4	.
17.	17	.
18.	18	.
25.	25	.
39.	39	.
907.	907	2.693769
908.	908	2.693769
909.	909	2.693769
910.	910	2.693769

（分析結果未完全列出）

　　上表顯示 dbeta 大於 2.5 的包括 907，908 等案例。一般而言，當檢驗出一兩個案例有影響過大值時，我們應該對這些案例仔細分析。例如，輸入的數值是不是當初不小心打錯了，或是這數個案例僅是特例，另有其獨特的原因。不過，因為上面的分析檢驗出太多的離群值與影響過大值，顯示 Songer 與 Crews-Meyer（2000）的研究模型可能忽略了若干重要的變數。在這種情形下，作者應從理論層面，重行檢討研究模型的適當性。

第五章

有序多分類依變數的分析：有序勝算對數模型

　　前章所討論的是如何分析只有兩個類別的二分類依變數。但是在社會科學研究中，有些變數具有兩個以上的類別，雖然類別間的距離並未測量，但是這些類別具有大小或高低等級，可以依序排列。例如，教育程度可分爲「小學及以下」，「國中」，「高中」，「大學」，與「碩士及以上」，收入可分爲「高收入」，「中等收入」與「低收入」。在抽樣調查研究中，受訪者常被詢問對某件事的同意程度爲何，選項包括「非常同意」，「有點同意」，「不太同意」，與「很不同意」。當被問及事情的嚴重程度時，他們可以選擇「很嚴重」，「有點嚴重」，「不太嚴重」，與「根本不嚴重」。上述這些變數，都具有兩個以上的類別，所以是多分類變數。由於類別間的距離都是未知數（例如，我們不知道「非常同意」及「有點同意」間的距離是否與「有點同意」及「不太同意」間的距離相等），但是這些類別卻都可以依序排列，所以我們統稱爲有序多分類變數。在變數的編碼上，一般是以正整數來表示不同的類別，例如，以 1 表示「很嚴重」，以 4 表示「根本不嚴重」。或者以 4 表示「很嚴重」，而 1 表示「根本不嚴重」。

　　因爲有序多分類變數類別的間距不必然是定距的，其機率分布也不是常態分布，違反了線性迴歸模型的基本設定，所以不能用線性迴歸模型來進行統計分析。一般對有序多分類變數的分析則可以運用「有序機率單元模型」（Ordered Probit）或「有序勝算對數模型」（Ordered Logit），兩者的分析結果相同，差別是有序勝算對數模型的係數較大，大約是有序機率單元模型係數的 1.81 倍。兩者間的選擇純屬個人偏好。本章將集中介紹有序勝算對數模型。

　　在資料的使用上，我們以美國學者 Fred C. Pampel 與 Richard G. Rogers（2004）研究抽煙習慣的民調資料爲例。該民調請受訪者在一個量表上自我評估本身的健康狀況，該量表共有五個類別，以 1 表示「自認健康狀況很好」，5 表示「自認健康狀況很差」。因爲這項研究的依變數具有兩個以上的類別，而且這些類別具有等級，可以排列出高低，所以是有序多分類變數。

第一節　有序勝算對數模型

我們在第四章中以「隱性變數模型」（Latent Variable Model）的觀念與「廣義線型模型」（Generalized Linear Model，簡稱 GLM）導演出二元機率單元模型與二元勝算對數模型。我們在下文也以同樣的方法來推演有序機率單元模型與有序勝算對數模型）(Long, 1997: 116-124; Long and Freese, 2006: 184-187)。從第四章的討論可知，我們可以運用不同的方法與概念，最後推導出來的模型卻都是一樣的。

壹、隱性變數模型

設定 y^* 為一隱性變數，其值可從負無窮大到正無窮大。y^* 與自變數的關係則可以下式表示：

$$y_i^* = \mathbf{x}_i\boldsymbol{\beta} + \varepsilon_i \tag{5.1}$$

而隱性變數 y^* 與實際觀察到的變數 y 的關係則可以下式表示：

$$y_i = m \quad \text{if } \tau_{m-1} \leq y_i^* < \tau_m \quad \text{for } m = 1 \text{ to } J \tag{5.2}$$

上式中 J 為類別數，τ_m 為類別間的分界點，所以相關的統計分析便需要估計 $J-1$ 個分界點（cutpoints）。

前面提及 Pampel 與 Rogers 請受訪者在一個 5 點量表上自我評估本身的健康狀況。因為每個受訪者的自我評估可以視為是一種態度傾向（propensity），自我評估的健康狀況即為一個隱性變數。雖然隱性變數 y^* 的值可從負無窮大到正無窮大，但是在經驗世界中，實際觀察到的變數 y 只有五個值：以 1 表示「自認健康狀況很好」，5 表示「自認健康狀況很差」。所以隱性變數 y^* 與變數 y 的關係可以下式來表示：

$$y_i = \begin{cases} 1 & \text{if } \tau_0 = -\infty \le y_i^* < \tau_1 \\ 2 & \text{if } \tau_1 \le y_i^* < \tau_2 \\ 3 & \text{if } \tau_2 \le y_i^* < \tau_3 \\ 4 & \text{if } \tau_3 \le y_i^* < \tau_4 \\ 5 & \text{if } \tau_4 \le y_i^* < \tau_5 = \infty \end{cases} \tag{5.3}$$

進一步來看，y^* 與 y 的關係也可從圖 5.1 表示出來。圖中實線代表隱性變數 y^*，為一連續變數，其值可從負無窮大（$-\infty$）到正無窮大（∞），最小與最大的值分別以 $\tau_0 = -\infty$ 與 $\tau_5 = \infty$ 標示，兩者之間以四個分界點（τ_1 至 τ_4）共分為 5 個類別（$J = 5$）。虛線則代表實際觀察到的變數 y，共有 5 個觀察值。也就是說，當隱性變數 y^* 的值超過一個分界點時，實際觀察到的值也隨之改變。

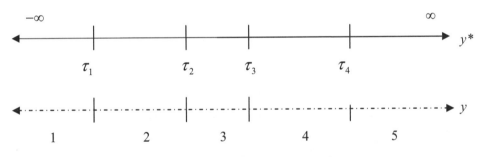

圖 5.1　隱性變數 y^* 與實際觀察到的變數 y 的關係

說明：本圖取自 Long（1997: 117）。

如果將圖 5.1 與圖 4.1 相比較，我們可以發現二分類變數與有序多分類變數的分析非常相似。不同的是，二分類變數僅有一個分界點與兩個類別，而有序多分類變數有多個分界點與多個類別。因此，對二分類變數而言，某事件發生的條件機率是隱性變數 y^* 大於分界點 τ_m 的機率。而對有序多分類變數而言，某事件發生的條件機率是隱性變數 y^* 介於分界點 τ_{m-1} 與 τ_m 的機率，即：

$$\Pr(y_i = m \mid \mathbf{x}_i) = \Pr(\tau_{m-1} \leq y^* < \tau_m \mid \mathbf{x}_i) \qquad (5.4)$$

將公式 5.1 代入上式，經過一些演算，有序多分類變數的隱性變數模型便可以下面的公式來表示：

$$\Pr(y_i = m \mid \mathbf{x}_i) = F(\tau_m - \mathbf{x}_i\boldsymbol{\beta}) - F(\tau_{m-1} - \mathbf{x}_i\boldsymbol{\beta}) \qquad (5.5)$$

上式表示觀察到第 m 類依變數發生的條件機率。其中 $F(\bullet)$ 代表隨機誤差 ε 的「累積分布函數」。如果 $F(\bullet)$ 服從平均值為 0，變異數為 1（$Var(\varepsilon)=1$）的常態分布，上式便可以用有序機率單元模型估計。如果 $F(\bullet)$ 服從平均值為 0，變異數為 $\pi^2/3$（$Var(\varepsilon)=\pi^2/3$）的 S 狀成長曲線分布，上式便可以用有序勝算對數模型估計。

貳、有序勝算對數模型

在前章中，我們以 GLM 導出二元勝算對數模型。同樣的，我們也可以用 GLM 來推演有序勝算對數模型。我們已知 GLM 有三個構成部分：隨機部分，系統部分，與連結部分。隨機部分指涉依變數 y，及其相關的機率分布。系統部分指涉所有自變數的線性組合。在有序勝算對數模型中，y 為一多項變數，模型的連結函數統計公式為：

$$
\begin{aligned}
\mathrm{logit}\left[\Pr\left(y_i \leq m \mid \mathbf{x}_i\right)\right] &\equiv \ln \Omega_{\leq m \mid > m}\left(\mathbf{x}_i\right) \\
&= \ln\left[\frac{\Pr\left(y_i \leq m \mid \mathbf{x}_i\right)}{1 - \Pr\left(y_i \leq m \mid \mathbf{x}_i\right)}\right] = \tau_m - \mathbf{x}_i\boldsymbol{\beta} \quad \text{for} \quad m = 1, \cdots, J-1
\end{aligned}
$$

$$(5.6)$$

上式代表在自變數 $\mathbf{x}_i$ 的條件下，依變數「至多落入第 m 類」（也就是落入「第 1 類累積至第 m 類」）的勝算對數，故有序勝算對數模型也稱為

「累積勝算對數模型」（cumulative logit model）（Agresti, 2010: 46-47）。
也就是，先計算「含 m 類及其以下」相對於「m 類以上」發生的勝算，
然後取其自然對數。公式 5.6 當然也可以寫成第一章第二節說明的反應函
數形式：

$$\Pr\left(y_i \le m \middle| \mathbf{x}_i\right) = \operatorname{logit}^{-1}\left(\tau_m - \mathbf{x}_i \boldsymbol{\beta}\right) = \frac{\exp\left(\tau_m - \mathbf{x}_i \boldsymbol{\beta}\right)}{1 + \exp\left(\tau_m - \mathbf{x}_i \boldsymbol{\beta}\right)} \qquad \text{for} \quad m = 1, \cdots, J-1$$

(5.7)

由此來看，有序勝算對數模型其實是二元勝算對數模型的延伸，只是依
變數現在共有 $J > 2$ 類，因此共有 $J-1$ 個二元勝算對數；而且因為類別
之間有順序，因此模型中的勝算是指依序由第 1 類累積至第 m 類（$\le m$）
的「累積勝算對數」（cumulative logits）。以 Pampel 與 Rogers 研究的依
變數為例，假定該模型只有一個連續自變數 x，因為「健康狀況」量表有
5 個類別，則上述公式 5.6 等於同時估計四個（$J-1 = 5-1 = 4$）二元變
數的模型。由於這個有序勝算對數模型設定截距為 $0^{[1]}$，而且假定迴歸係
數 β 不論在那個式子中的值都相等，因此共有 5 個參數，包括 4 個分界
點及 1 個迴歸係數：

$$\ln\left[\frac{\Pr\left(y \le 1 \middle| x\right)}{1 - \Pr\left(y \le 1 \middle| x\right)}\right] = \tau_1 - \beta x \tag{5.8-1}$$

$$\ln\left[\frac{\Pr\left(y \le 2 \middle| x\right)}{1 - \Pr\left(y \le 2 \middle| x\right)}\right] = \tau_2 - \beta x \tag{5.8-2}$$

---

[1]　Stata 等軟體設定截距為 0，以估計分界點 τ_1，本文的討論採此一設定。但也有軟體
設定 τ_1 為 0，以估計截距。兩種方式對估計機率而言，殊途同歸，並無差別（Long,
1997: 122-124）。

$$\ln \left[\frac{\Pr\left(y \leq 3x\right)}{1 - \Pr\left(y \leq 3 \middle| x\right)} \right] = \tau_3 - \beta x \tag{5.8-3}$$

$$\ln \left[\frac{\Pr\left(y \leq 4 \middle| x\right)}{1 - \Pr\left(y \leq 4 \middle| x\right)} \right] = \tau_4 - \beta x \tag{5.8-4}$$

因為「健康狀況」量表以 1 表示「自認健康狀況很好」，所以公式 5.8-1 所表示的是「自認健康狀況很好」與量表中所有其他類別（也就是第 2 至第 5 共四類）相比較後的勝算對數。公式 5.8-2 則表示的是「自認健康狀況很好」與「自認健康狀況次好」這兩個類別和量表中另三個類別相比較後的勝算對數。公式 5.8-3 與公式 5.8-4 可以用同樣的方式來理解。

　　因為假定同一個自變數 x 的迴歸係數 β 不論在那個式子中都等值，因此解讀有序勝算對數模型的自變數非常簡單：不論在 $J-1$ 個二元勝算對數的那個式子裡，自變數 x 每增加一個單位，依變數落入較高類的「累積勝算比」（cumulative odds ratio）都相對改變 $\exp\left(\beta\right)$ 倍（參見第四節之肆的說明）。故 McCullagh（1980）將此一模型稱為「等比例勝算模型」（proportional odds model）；而此一簡化的假定，就稱為「等比例勝算假定」（proportional odds assumption），不過文獻中也常稱之為「平行迴歸假定」（parallel regression assumption）或「平行線假定」（parallel lines assumption），這是因為如果這個假定成立，其 $J-1$ 條 S 狀成長曲線間便相互平行，如圖 5.2 所示。不過值得注意的是，這個簡化的假定在實際上未必成立，應該予以檢定，詳見本章第五節的討論。

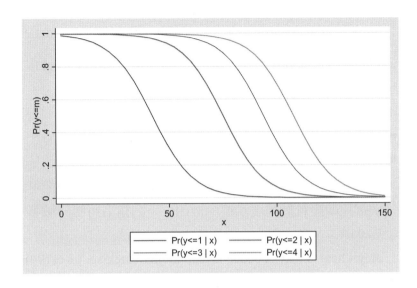

図 5.2　平行迴歸設定示意圖

第二節　Stata指令

在討論有序勝算對數模型的統計公式後，下文將介紹如何以 Stata 的 ologit 指令執行相關的分析。ologit 指令的句法結構爲：

ologit　*depvar*　[*indepvars*]　[*if*]　[*in*]　[*weight*] [*, options*]

上述指令中，

- *depvar*：爲依變數。因爲依變數爲有序多分類變數，Stata 將變數中編碼較大的類別視爲次序較高的類別。這對迴歸係數的解讀會有影響。例如，上述「健康狀況」量表以 1 表示「自認健康狀況很好」，5 表示「自認健康狀況很差」。如果一個自變數的係數爲正值，則表示該自變數的值增加會使受訪者覺得健康狀況較差。

- *indepvars*：爲自變數。

- *if* 與 *in*：爲限制條件。例如，假定我們的分析僅限女性受訪者，而不包括男性受訪者，則 ologit 指令可寫爲

ologit heal smokes docode inccap dfem dblack ag if female= =1。

- *weight*：為加權值。ologit 指令可以 fweights、pweights，以及 iweights 來加權。
- *options*：為若干控制分析結果的選項，其中包括：
  - robust：要求 Stata 顯示穩健標準誤。
  - level (#)：控制假設檢定的統計顯著水準。Stata 預設的統計顯著 水準為 0.05，因此會提供 95%的信賴區間。但是我們可以用這 個選項改設統計顯著水準。例如，下列指令將統計顯著水準設 為 0.01：

  ologit heal smokes docode inccap dfem dblack ag, level (99)。

  - nolog：要求 Stata 不要顯示遞迴運算的結果。

壹、有序勝算對數模型的例子

我們以 Pampel 與 Rogers（2004）研究抽煙習慣的民調資料為例，示 範說明有序勝算對數模型（Stata 資料檔為 smoking.dta）。該研究檢定數 項假設，其中一項假設是關於受訪者的抽煙習慣，對其自認之健康狀況 的影響。相關的資料取自美國「1990 年全國健康調查研究」（National Health Interview Survey）。Pampel 與 Rogers 假定除了抽煙習慣會影響健 康外，每個人的社經地位與人口特質也會決定一個人的健康狀態。我們 先用 describe 取得變數名稱與變數標籤，再以 summarize 取得各變數的描 述統計資料：

```
. describe

Contains data from C:\Documents and Settings\HP_Administrator\Desktop\Data\smoking.
> dta
 obs:          39,704
 vars:              7                          20 May 2011 07:43
 size:      1,151,416 (97.8% of memory free)

              storage  display    value
variable name   type   format     label     variable label

heal            byte   %8.0g      health     Self-Rated Ill Health
smokes          float  %9.0g      smoking    Smoking
docode          float  %9.0g                 In Labor Force
inccap          float  %9.0g                 Family Income (10,000s)
dfem            float  %9.0g                 Female (=1)
dblack          float  %9.0g                 Black (=1)
ag              float  %9.0g                 Age (Decades)

Sorted by:


. summarize

    Variable |      Obs        Mean    Std. Dev.        Min        Max

        heal |    39704    2.19119    1.098614           1          5
      smokes |    39704   2.721816    2.079863           1          7
      docode |    39704   .6455269    .4783594           0          1
      inccap |    39704   2.455225   1.986726    .0238689       9.26
        dfem |    39704   .5838455    .492926            0          1

      dblack |    39704   .1348227   .3415384           0          1
          ag |    39704   4.522126   1.826681         1.8        9.9
```

上面結果顯示，該資料庫共有 7 個變數以及 39,704 個案例：[2]

1. 自我評估的健康狀況（heal）：為有序多分類變數，共有五個類別，以 1 表示「自認健康狀況很好」，5 表示「自認健康狀況很差」。

2. 抽煙習慣（smokes）：共分為七個類別，從 1 表示「從未抽煙」，2 表示「曾經抽煙，但抽得少」到 7 表示「現在抽煙抽得很多」。Pampel 與 Rogers 視這個變數為連續變數。

3. 社經地位變數：

   - 是否工作（docode）：為二分類變數，有工作者編碼為 1，無工作者編碼為 0。

---

[2]　Pampel 與 Rogers 一共使用 12 個自變數，來分析抽煙對健康的影響。本章僅使用 6 個自變數以簡化分析，並節省篇幅。

- 家庭收入（inccap）：為連續變數。

4. 人口特質變數：

- 女性（dfem）：為二分類變數，女性受訪者編碼為 1，男性受訪者編碼為 0。

- 非洲裔族群（dblack）：為二分類變數，屬於非洲裔族群者編碼為 1，屬於其它群者編碼為 0。

- 年齡（ag）：為連續變數，以「十年」為測量單位。

我們先以 tabulate 指令取得依變數 heal 的次數分析

1. 自主選單 Statistics→Summaries, tables, and tests→Tables→One-way tables，打開對話窗 Tabulate 1 - One-way tables。然後自 Categorical variable 框中選取變數 heal。

2. 按下 OK 鍵，即可得變數「自我評估的健康狀況」（heal）的次數分析表。

```
. tabulate heal

Self-Rated
Ill Health        Freq.      Percent        Cum.

     GoodH        13,371        33.68       33.68
         2        11,566        29.13       62.81
         3         9,896        24.92       87.73
         4         3,547         8.93       96.67
     PoorH         1,324         3.33      100.00

     Total        39,704       100.00
```

因為健康狀況的量表可以排序，可視為有序多分類依變數，我們因此可以先嘗試以有序勝算對數模型進行統計分析，估計每一種健康狀況的條件機率。依公式 5.6，我們可列出下列有序勝算對數模型：

$$\ln \Omega_{\leq m|>m}\left(\mathbf{x}_i\right) = \ln\left[\frac{\Pr\left(y_i \leq m \middle| \mathbf{x}_i\right)}{1 - \Pr\left(y_i \leq m \middle| \mathbf{x}_i\right)}\right] = \tau_m - \mathbf{x}_i\boldsymbol{\beta} \qquad \text{for} \quad m = 1,\ J-1$$

上式中

$$\mathbf{x}_i\boldsymbol{\beta} = \beta_1 smokes + \beta_2 docode + \beta_3 inccap + \beta_4 dfem + \beta_5 dblack + \beta_6 ag$$

(5.9)

ologit 指令與分析的程式與結果為：

1. 自主選單 Statistics→Ordinal outcomes→Ordered logistic regression，打開對話窗 ologit - Ordered logistic regression。然後自 Model 介面中依序選取變數，以 heal 為依變數，其餘為自變數。
2. 按下 OK 鍵，即可得有序勝算對數分析結果，有如下表。

```
. ologit heal smokes docode inccap dfem dblack ag

Iteration 0:   log likelihood = -55636.431
Iteration 1:   log likelihood = -52136.347
Iteration 2:   log likelihood = -52097.811
Iteration 3:   log likelihood = -52097.735
Iteration 4:   log likelihood = -52097.735

Ordered logistic regression              Number of obs   =      39704
                                         LR chi2(6)      =    7077.39
                                         Prob > chi2     =     0.0000
Log likelihood = -52097.735              Pseudo R2       =     0.0636
```

heal	Coef.	Std. Err.	z	P>|z|	[95% Conf. Interval]	
smokes	.1019925	.0045134	22.60	0.000	.0931465	.1108385
docode	-.4901259	.0232366	-21.09	0.000	-.5356689	-.4445829
inccap	-.1775568	.0051123	-34.73	0.000	-.1875767	-.167537
dfem	.1254988	.0194341	6.46	0.000	.0874087	.1635889
dblack	.5214375	.02764	18.87	0.000	.4672642	.5756108
ag	.2575417	.0058994	43.66	0.000	.2459792	.2691043
/cut1	.0248881	.0430374			-.0594637	.1092399
/cut2	1.385021	.0437183			1.299335	1.470708
/cut3	3.010676	.0460489			2.920421	3.10093
/cut4	4.501056	.0519761			4.399185	4.602927

　　上面的結果顯示，有序勝算對數分析結果沒有截距，而是列出分界點。這是與第四章中的二元勝算對數分析結果不同之處。因為依變數「自我評估的健康狀況」有五個類別，所以上表有四個分界點，分別列在 cut1，cut2，cut3 與 cut4。除此差別外，分析結果的型態與二元勝算對數分析結果相同。

貳、有序勝算對數與有序機率單元模型的比較

我們在前面說明，一個有序多分變數的隱性變數模型可以公式 5.5 來表示。如果公式中的 $F(\bullet)$ 服從常態分布，我們便可以用有序機率單元模型估計。如果 $F(\bullet)$ 服從 S 狀成長曲線分布，我們便可以用有序勝算對數模型估計。在分析實務上，兩個模型所得的結論相同，但是有序勝算對數模型的係數較大，大約是有序機率單元模型係數的 1.81 倍。下文將對這兩個模型作一比較說明。首先，我們分別以 ologit1 與 oprobit1 將有序勝算對數與有序機率單元的分析結果儲存在電腦的記憶體中。在執行 logit 指令時，我們以 quietly 將計算的結果隱藏不使顯現出來，以節省篇幅。

```
. quietly ologit heal smokes docode inccap dfem dblack ag
. estimates store ologit1
```

然後以下列步驟執行有序機率單元模型：

1. 自主選單 Statistics→Ordinal outcomes→Ordered probit regression，打開對話窗 oprobit - Ordered probit regression。然後自 Model 介面中依序選取變數，以 heal 為依變數，其餘為自變數。
2. 按下 OK 鍵，即可得有序機率單元分析結果，有如下表。

```
. oprobit heal smokes docode inccap dfem dblack ag

Iteration 0:   log likelihood = -55636.431
Iteration 1:   log likelihood = -51931.626
Iteration 2:   log likelihood = -51926.053
Iteration 3:   log likelihood = -51926.053

Ordered probit regression                    Number of obs   =      39704
                                              LR chi2(6)      =    7420.76
                                              Prob > chi2     =     0.0000
Log likelihood = -51926.053                   Pseudo R2       =     0.0667
```

heal	Coef.	Std. Err.	z	P>|z|	[95% Conf. Interval]	
smokes	.0614585	.0026496	23.20	0.000	.0562653	.0666516
docode	-.3119512	.0135974	-22.94	0.000	-.3386016	-.2853007
inccap	-.1061266	.0029961	-35.42	0.000	-.1119988	-.1002543
dfem	.0693525	.0114326	6.07	0.000	.0469449	.09176
dblack	.3023766	.0159882	18.91	0.000	.2710403	.3337129
ag	.1503579	.0034317	43.81	0.000	.1436318	.1570839
/cut1	-.0108735	.0255291			-.0609096	.0391626
/cut2	.8160795	.0258034			.7655058	.8666532
/cut3	1.76706	.0267242			1.714682	1.819439
/cut4	2.540698	.0286411			2.484562	2.596833

```
. estimates store oprobit1
```

我們以 estimate store 指令將分析結果儲存在 oprobit1 後，再以 estimate table 指令將 ologit1 與 oprobit1 的分析結果排列在同一表中：

```
. estimates store oprobit1
. estimates table ologit1 oprobit1, stats(N) b(%9.3g) t(%9.3g) label style(oneline)
```

Variable	ologit1	oprobit1
heal		
Smoking	.102	.0615
	22.6	23.2
In Labor Force	-.49	-.312
	-21.1	-22.9
Family Income (10,000s)	-.178	-.106
	-34.7	-35.4
Female (=1)	.125	.0694
	6.46	6.07
Black (=1)	.521	.302
	18.9	18.9
Age (Decades)	.258	.15
	43.7	43.8
cut1		
Constant	.0249	-.0109
	.578	-.426
cut2		
Constant	1.39	.816
	31.7	31.6
cut3		
Constant	3.01	1.77
	65.4	66.1
cut4		
Constant	4.5	2.54
	86.6	88.7
Statistics		
N	39704	39704

legend: b/t

從上面的結果可知，有序勝算對數模型的係數較大，大約是有序機率單元模型係數的 1.81 倍。以第一個變數「抽煙習慣」（smoking）為例，兩個迴歸係數的比率是 1.66。其他迴歸係數的比率依序分別是 1.57，1.68，1.80，1.73 與 1.72。兩個模型的 z 分數也很類似，顯示假設檢定的結果相同。因此，所得的結論是一樣的。

第三節　假設檢定

我們在第四章中說明，Stata 提供了三種方式來檢定二元勝算對數模型中的迴歸係數：（1）以迴歸分析表中的統計數字檢定假設；（2）以 testparm 指令檢定假設；（3）以 lrtest 指令檢定假設。這三種方式同樣也可以運用到有序勝算對數模型與有序機率單元模型。因為這三種方法已經在第四章中有詳細的說明，下文將簡略地介紹。為了方便討論，我們將有序勝算對數分析結果再列一次：

```
. ologit heal smokes docode inccap dfem dblack ag, nolog
Ordered logistic regression                    Number of obs   =     39704
                                               LR chi2(6)      =    7077.39
                                               Prob > chi2     =     0.0000
Log likelihood = -52097.735                    Pseudo R2       =     0.0636
```

heal	Coef.	Std. Err.	z	P>|z|	[95% Conf. Interval]	
smokes	.1019925	.0045134	22.60	0.000	.0931465	.1108385
docode	-.4901259	.0232366	-21.09	0.000	-.5356689	-.4445829
inccap	-.1775568	.0051123	-34.73	0.000	-.1875767	-.167537
dfem	.1254988	.0194341	6.46	0.000	.0874087	.1635889
dblack	.5214375	.02764	18.87	0.000	.4672642	.5756108
ag	.2575417	.0058994	43.66	0.000	.2459792	.2691043
/cut1	.0248881	.0430374			-.0594637	.1092399
/cut2	1.385021	.0437183			1.299335	1.470708
/cut3	3.010676	.0460489			2.920421	3.10093
/cut4	4.501056	.0519761			4.399185	4.602927

壹、以迴歸分析表中的統計數字檢定假設

根據中央極限定理，當樣本數趨大時，最大或然估計值會趨近常態

分布。因此虛無假設：$H_0: \beta = 0$ 便可以下列三種方法來檢定：（1）臨界值檢定法；（2）p 值檢定法，與（3）信賴區間檢定法。假定顯著水準（α）設為 0.05，臨界值（$z_{\alpha/2}$）則為 1.96。以「抽煙習慣」（smokes）這個變數為例，其相對應的 z 分數值為 22.60。因為 $|z| > z_{\alpha/2}$（22.60 > 1.96），我們的結論是，

> 「在顯著水準為 0.05 的雙尾檢定中，抽煙習慣的係數在統計上是顯著地不等於 0，表示抽煙習慣對受訪者自我評估的健康狀況有顯著地影響。」

如運用 p 值來檢定假設，因為與「抽煙習慣」相對應的 p 值（<0.001）小於 α（$p < 0.05$），我們拒斥虛無假設，結論與上述相同。再以信賴區間法來檢定，因為其下限為 0.931465，且上限為 0.1108385，並不包含 0，我們拒斥虛無假設。結論與上述相同。

最後，Stata 表列的 p 值是兩個尾端的機率和，所列的 p 值乃是所需值的兩倍。在作單尾檢定時，我們須將這 p 值除以二。從前述已知，依變數「自我評估的健康狀況」共有五個類別，以 1 表示「自認健康狀況很好」，5 表示「自認健康狀況很差」。設 $\alpha = 0.05$，因為 $p/2 < \alpha$，同時表列「抽煙習慣」的迴歸係數為正值，顯示母群迴歸係數的真值在 $\alpha = 0.05$ 的單尾檢定中，顯著地大於 0。我們拒斥虛無假設，結論為：

> 「在顯著水準為 0.05 的單尾檢定中，抽煙愈多的受訪者，其自我評估的健康狀況就愈差。」

貳、以testparm指令檢定假設

上述以 z 分數來檢驗假設的方法一般也稱為 Wald 檢定，其檢定資料也可以用 testparm 指令來計算卡方值。再以 smokes 這一變數為例，檢定

虛無假設 $H_0 : \beta_{smokes} = 0$，

1. 自主選單 Statistics→Postestimation→Tests→Test parameters，打開對話窗 testparm – Test linear hypotheses after estimation，然後從變數框中選取 smokes。

2. 按下 OK 鍵。

```
. testparm smokes

 ( 1)  [heal]smokes = 0

          chi2(  1) =    510.67
        Prob > chi2 =     0.0000
```

因為卡方值為 510.67，p 值<0.0001，統計上顯著地小於 $\alpha = 0.05$。我們的結論是，

「在顯著水準為 0.05 的雙尾檢定中，抽煙習慣的係數在統計上是顯著地不等於 0，表示抽煙習慣對受訪者自我評估的健康狀況有顯著地影響。」

參、以lrtest指令檢定

從第四章中的討論已知，lrtest 指令使用的程式是先設定兩個統計模型。模型 1 包含所有的變數，模型 2 則除去某一自變數 x_k（也就是假設自變數 x_k 的迴歸係數為 0），然後分別計算這兩個統計模型的對數或然率（log likelihood）並加以比較。其邏輯是如果除去自變數 x_k 會造成對數或然率顯著的改變，則表示自變數 x_k 對依變數具有統計上顯著的影響。再以 smokes 這一變數為例，以 lrtest 指令檢定虛無假設 $H_0 : \beta_{smokes} = 0$。我們先以 logit 指令計算模型 1，並將結果以 estimate store 指令儲存在 model1。模型 1 包含所有的變數：

```
. ologit heal smokes docode inccap dfem dblack ag, nolog
Ordered logistic regression                    Number of obs   =      39704
                                               LR chi2(6)      =    7077.39
                                               Prob > chi2     =     0.0000
Log likelihood = -52097.735                    Pseudo R2       =     0.0636
```

（分析結果省略未列出）

```
. estimates store model1
```

然後除去自變數 smokes 以估計模型 2，並將結果儲存在 model2。再以
lrtest 檢定假設。

```
. ologit heal docode inccap dfem dblack ag, nolog
Ordered logistic regression                    Number of obs   =      39704
                                               LR chi2(5)      =    6566.01
                                               Prob > chi2     =     0.0000
Log likelihood = -52353.427                    Pseudo R2       =     0.0590
```

（分析結果省略未列出）

```
. estimates store model2
. lrtest (model1) (model2)
Likelihood-ratio test                          LR chi2(1)   =     511.38
(Assumption: model2 nested in model1)          Prob > chi2  =     0.0000
```

因為卡方值為 511.38，$p < 0.0001$，統計上顯著地小於 $\alpha = 0.05$。我們的
結論是，

　　　　「在顯著水準為 0.05 的雙尾檢定中，抽煙習慣的係數在統
　　計上是顯著地不等於 0，表示抽煙習慣對受訪者自我評估的健康
　　狀況有顯著地影響。」

　　最後，我們必須強調第四章中所提的兩點事項，在使用 lrtest 指令時，
（1）兩個統計模型必須是套疊的（nested），以及（2）兩個統計模型必

須使用相同的樣本。

第四節　迴歸係數的解讀

我們在第四章介紹了四種解讀二元勝算對數模型迴歸係數的方法。這四種解讀方法同樣可以適用在有序勝算對數模型（Long and Freese, 2006）：

1. 以 predict 指令計算預測機率（predicted probabilities）的解讀方法。
2. 以 prvalue 或 prtab 指令計算「典型」（profile）的解讀方法。
3. 以 prchange，margins，與 mfx compute 指令計算依變數邊際改變（marginal change）與間距改變（discrete change）的解讀方法。
4. 以 listcoef 指令計算勝算比（odds ratio）的解讀方法。

須再提醒讀者的是，prvalue，prtab 與 prchange 不是 Stata 內建的指令，而必須從網站上下載一套 SPost 指令。關於下載的程式，讀者請參閱第二章關於 SPost 指令的討論。此外，這些指令不能單獨使用，他們都必須在執行有序勝算對數模型或有序機率單元模型後才能使用。根據前述，我們先以有序勝算對數模型估計每一種健康狀況的條件機率。因為依變數的測量單元是勝算對數，所以迴歸係數的解讀不是那麼直接了當。為了能做出具有實質意義的解讀，我們一般仰賴機率或者由機率導出的資料。

壹、預測機率的解讀方法：predict指令

這一解讀方法是以 predict 指令，依照公式將每一個案例的預測機率計算出來。有序勝算對數模型的預測機率可以用下列公式計算：

$$\hat{\Pr}(y_i = m \mid \mathbf{x}_i) = F(\hat{\tau}_m - \mathbf{x}_i\hat{\boldsymbol{\beta}}) - F(\hat{\tau}_{m-1} - \mathbf{x}_i\hat{\boldsymbol{\beta}}) \qquad (5.10)$$

記得在第四章中的討論，因為只需計算事件發生的機率（ p ）（不

發生的機率為 $1-p$），我們以 predict 指令建立了一個變數來儲存所計算出的機率。現在有序依變數「自我評估的健康狀況」共有五個類別，以 1 表示「自認健康狀況很好」，5 表示「自認健康狀況很差」，我們需將每一種健康狀況的條件機率分別儲存在五個不同的變數中。在執行的步驟上，先以 ologit 指令運算有序勝算對數模型，然後以 predict 指令計算預測機率，並儲存在五個變數中。predict 指令的步驟如下：

1. 自主選單 Statistics→Postestimation→Predictions, residuals, etc，打開對話窗 predict - Prediction after estimation，然後在 Main 介面中的 New variable name 框中依序輸入五個變數名稱，變數名稱以空格相隔。例如：HOGood　HO2　HO3　HO4　HOPoor。這些變數名稱可由使用者自選。

2. 按下 OK 鍵後即可得下列結果：

```
. quietly ologit heal smokes docode inccap dfem dblack ag
. predict HOGood HO2 HO3 HO4 HOPoor, p
```

這表示 Stata 已經成功地將每一種健康狀況的條件機率，分別儲存在 HOGood、HO2、HO3、HO4 與 HOPoor 五個變數中。我們可以將這五個變數加上標籤，以便閱讀：

1. 自主選單 Data→Data utilities→Label utilities→ Label variable 打開對話窗 label variable - Label variable。自 Variable 框中選取變數 HOGood，在 New variable label 框中輸入 Pr(HOGood)。按下 OK 鍵後。

2. 依同樣程式，給予 HOPoor 變數標籤 Pr(HOPoor)，即可得下列結果

```
. label variable HOGood "Pr(HOGood)"
. label variable HOPoor "Pr(HOPoor)"
```

我們可以用 describe 與 summarize 指令取得預測機率的描述統計資料：

```
. describe HOGood HO2 HO3 HO4 HOPoor

              storage   display    value
variable name  type     format     label      variable label

HOGood         float    %9.0g                 Pr(HOGood)
HO2            float    %9.0g                 Pr(heal==2)
HO3            float    %9.0g                 Pr(heal==3)
HO4            float    %9.0g                 Pr(heal==4)
HOPoor         float    %9.0g                 Pr(HOPoor)
```

```
. summarize HOGood HO2 HO3 HO4 HOPoor

    Variable |      Obs        Mean     Std. Dev.       Min        Max

      HOGood |    39704    .3320515    .1589988    .0370059    .8122736
         HO2 |    39704    .2871966    .0436051    .0932342    .3275071
         HO3 |    39704     .254642    .0900883    .0444524    .3854232
         HO4 |    39704    .0923908    .0629528     .008914    .3394442
      HOPoor |    39704     .033719    .0286221    .0026225     .22843
```

我們也可以用 dotplot 指令將預測機率以圖形呈現出來：

1. 自主選單 Graphics→Distributional graphs→Distribution dotplot，打開對話窗 dotplot – Comparative scatterplots。自 Main 介面選取 Plot multiple variables，然後自 Variable 框中選取變數 HOGood，HO2、HO3、HO4 與 HOPoor。

2. 按下 OK 鍵，即可得下列圖形：

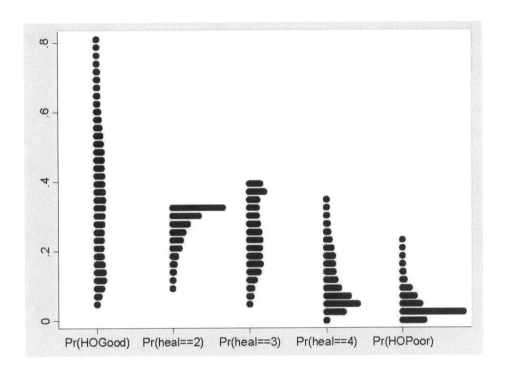

這顯示自認健康狀況最佳的預測機率分布的相當平均，而且機率值的大小從 0.037 到 0.812。其餘類別的預測機率大約都在 0.40 以下，而且自認健康狀況差的預測機率都比較小，大多集中在 0.2 以下。

貳、「典型」的解讀方法：prvalue或 prtab指令

　　「典型」的解讀方法是針對具有某種特質的受訪者，以檢測相關的預測機率。例如，我們可以檢驗抽煙習慣對不同年紀男性的健康狀況，是否有不同的影響，也就是：

- 年紀較大，抽煙很多的男性，不同健康狀況的預測機率為何？
- 年紀較大，完全不抽煙的男性，不同健康狀況的預測機率為何？
- 年紀較輕，抽煙很多的男性，不同健康狀況的預測機率為何？
- 年紀較輕，完全不抽煙的男性，不同健康狀況的預測機率為何？

對於這類問題,第四章中已說明,我們可以用 prvalue 指令來計算相關的預測機率。下面的 prvalue 指令將「抽煙習慣」,「性別」與「年齡」,分別設定爲「抽煙很多」(smokes=7)與「完全不抽煙」(smokes=1),「男性」(dfem=0)與「60 歲」(ag=6)及「20 歲」(ag=2),其餘變數設爲平均值。我們先計算年紀較大,抽煙很多男性的預測機率。

```
. prvalue, x(smokes=7 dfem=0 ag=6)
ologit: Predictions for heal
Confidence intervals by delta method

                                   95% Conf. Interval
        Pr(y=GoodH|x):    0.1748   [ 0.1674,    0.1821]
        Pr(y=2|x):        0.2774   [ 0.2710,    0.2837]
        Pr(y=3|x):        0.3553   [ 0.3483,    0.3624]
        Pr(y=4|x):        0.1416   [ 0.1353,    0.1478]
        Pr(y=PoorH|x):    0.0510   [ 0.0476,    0.0543]

        smokes      docode       inccap       dfem      dblack         ag
x=           7   .6455269    2.4552251          0   .13482269          6
```

上面的結果顯示,自認健康狀況很好與自認健康狀況很差的預測機率分別爲 0.1748 與 0.0510。在結果的最下端,附屬指令 x( )列出所有變數的值。雖然我們沒有使用附屬指令 rest( ),但這是預設指令,所以 prvalue 自動將其他的變數設在平均值。

然後再以下列程式計算其他三個典型的預測機率。

```
. prvalue, x(smokes=1 dfem=0 ag=6)
```

(分析結果省略未列出)

```
. prvalue, x(smokes=7 dfem=0 ag=2)
```

(分析結果省略未列出)

```
. prvalue, x(smokes=1 dfem=0 ag=2)
```

(分析結果省略未列出)

在獲得這些資料後，我們可以製表對照這四種「典型」受訪者的抽煙習慣與自認健康狀況：

表 5.1　抽煙習慣與自認健康狀況的預測機率

	1 自認健康 狀況很好	2	3	4	5 自認健康 狀況很差
年紀較大，抽煙很多的男性	0.17	0.28	0.36	0.14	0.05
年紀較大，完全不抽煙的男性	0.28	0.32	0.28	0.09	0.03
年紀較輕，抽煙很多的男性	0.37	0.33	0.22	0.06	0.02
年紀較輕，完全不抽煙的男性	0.52	0.29	0.15	0.03	0.01

上表顯示，不論年齡的大小，抽煙習慣對個人的自認健康狀況都有負面的影響。凡是抽煙很多的男性，其自認健康狀況較好的機率都比不抽煙的男性低，而自認健康狀況較差的機率相對的比較高。這種趨勢在年紀較輕的男性中，更為顯著。

此外，我們也可以用 prtab 指令來計算預測機率。例如，自我評估的健康狀況會受到抽煙習慣的影響，但是否也會同時受到族群因素的影響？下面 prtab 指令將「抽煙習慣」（smokes）與「非洲裔族群」（dblack）兩變數的值交叉後，分別計算相關的預測機率。我們並加上 outcome 附屬指令，要求 prtab 指令僅計算類別 1 的預測機率。也就是說，如果沒有outcome 附屬指令，prtab 會計算所有類別的預測機率。

```
. prtab  smokes dblack, outcome (1)
ologit: Predicted probabilities of outcome 1 (GoodH) for heal
```

Smoking	Black (=1) 0	1
NoSmoke	0.3629	0.2527
2	0.3397	0.2340
3	0.3172	0.2162
4	0.2955	0.1994
5	0.2748	0.1836
6	0.2549	0.1688
Smokealot	0.2360	0.1550

```
        smokes      docode      inccap        dfem      dblack          ag
x=   2.7218164   .6455269   2.4552251   .58384546   .13482269   4.5221262
```

我們可以製表檢視抽煙習慣與族群對健康狀況的影響：

表 5.2　抽煙習慣，族群與自認健康狀況很好的預測機率

抽煙習慣	1 從未抽煙	2	3	4	5	6	7 抽得很多
非洲裔族群	0.25	0.23	0.22	0.20	0.18	0.17	0.16
其他族群	0.36	0.34	0.32	0.30	0.27	0.25	0.24

　　表 5.2 顯示，不論族群，抽煙習慣對受訪者健康狀況的自我評估，都有負面的影響。抽煙抽得愈多，自認健康狀況很好的機率就愈低。此外，在控制抽煙習慣後，非裔族群自認健康狀況很好的機率也比其他族群來得低。

參、邊際改變與間距改變的解讀方法：prchange，margins，mfx compute指令

一、邊際改變的解讀方法

　　預測機率的邊際改變（marginal change）可以用下列公式計算（Long

and Freese, 2006: 212）：

$$\frac{\partial \Pr(y=m|\mathbf{x})}{\partial x_k} = \frac{\partial F(\tau_m - \mathbf{x\beta})}{\partial x_k} - \frac{\partial F(\tau_{m-1} - \mathbf{x\beta})}{\partial x_k} \tag{5.11}$$

這表示，邊際改變是在其他自變數不變的情形下，依變數落入第 m 類的機率 $\Pr(y=m|\mathbf{x})$ 針對第 k 個連續自變數 x_k 進行偏微分，以計算機率曲線在 x_k 的斜率（slope），一般解讀為：x_k 產生極微量變化時（infinitesimal change），對依變數發生的預測機率之影響。為了控制其他變數，通常是將這些變數的值設在平均數（marginal effect at means, MEM）。我們可以用 prchange，margins 與 mfx compute 三個指令來計算邊際改變。

prchange 指令

prchange 指令是用來計算預測機率的邊際改變。關於指令的句法結構，讀者可參考第四章的討論。因為 prchange 指令不是 Stata 的內建指令，使用時須將指令直接輸入指令視窗中。下面的例子計算「年齡」（ag）對男性受訪者健康機率的邊際效應。

```
. prchange ag, x(dfem=0) rest(mean)
ologit: Changes in Probabilities for heal

ag
              Avg|Chg|       GoodH          2           3           4       PoorH
Min->Max    .18862307   -.38430075  -.08725692   .22501759   .17157213   .07496796
   -+1/2    .02337216   -.05636138  -.00206903   .03619412   .01638996    .0058463
  -+sd/2    .04259377   -.10274562  -.00373882   .06574006   .03000546   .01073888
MargEfct    .02339558   -.05641033  -.00207862   .03628228    .0163743   .00583237

              GoodH           2           3           4       PoorH
Pr(y|x)     .32402769   .32728404   .25337887   .07212562    .0231838

            smokes      docode      inccap        dfem      dblack          ag
   x=      2.72182     .645527     2.45523           0     .134823     4.52213
sd_x=      2.07986     .478359     1.98673     .492926     .341538     1.82668
```

因為在 prchange 指令之後，我們僅列變數名稱 ag，所以只有與「年齡」相關的結果列出。附屬指令 x(dfem=0)將「性別」設定為「男性」，rest (mean) 把其餘自變數的值都設定在平均值。第四列（MargEfct）顯示「年齡」（ag）分別對五種健康狀況的邊際效應。所以，年齡對類別 1（GoodH）邊際效應可解讀為：

> 「在其他變數不變的情形下，年齡稍增，自認健康最好的機率就降低 0.056」。

margins 指令

除了 prchange 指令外，Stata 的 margins 指令也可以計算依變數預測機率的邊際改變。下面的例子將性別設定為「男性」，並把其他自變數值都設定在平均值，然後計算所有自變數對類別 1（GoodH）的邊際效應[3]：

1. 自主選單 Statistics→Postestimation→Marginal effects，打開對話窗 margins – Marginal means, predictive margins, and marginal effects。在 Main 介面點選 Specify a prediction 並在欄內輸入 outcome(1)，然後在 Marginal effects of response 欄點選 Marginal effects d(y)/d(x)。再到下面的 Variables 欄中分別將所要的變數名稱選出。換到 At 介面，點選 All covariates at their means in the sample，然後按下 Create 鍵，打開對話窗 Specification 1，在 Fixed values 部分，將第一項打勾，並在 Covariate 欄中選列 dfem 變數名稱，在 Numlist 輸入 0（也就是將性別設定為「男性」，即 dfem=0）。

2. 按下 OK 鍵後，margins 指令就會依照公式 5.11 計算自變數對類

---

[3] 第四章已說明，如果將所有的自變數值都設定在平均值，所計算邊際改變稱為 marginal effect at mean（MEM）。倘若使用margins指令但沒有用附屬指令atmeans 來設定自變數的平均值，Stata 11的預設功能是計算「總平均邊際效應」（average marginal effect, AME），也就是把自變數的樣本觀察值通通代入模型中，計算出每個案例的預測機率後，再求其效應之總平均數。

別 1（GoodH）的邊際效應：

```
. margins, predict(outcome(1)) dydx( smokes docode inccap dfem dblack ag ) at(
> dfem=(0)) atmeans

Conditional marginal effects                        Number of obs   =      39704
Model VCE     : OIM

Expression    : Pr(heal==1), predict(outcome(1))
dy/dx w.r.t.  : smokes docode inccap dfem dblack ag
at            : smokes        =     2.721816 (mean)
                docode        =     .6455269 (mean)
                inccap        =     2.455225 (mean)
                dfem          =            0
                dblack        =     .1348227 (mean)
                ag            =     4.522126 (mean)
```

	dy/dx	Delta-method Std. Err.	z	P>|z|	[95% Conf. Interval]	
smokes	-.0223398	.0010056	-22.21	0.000	-.0243108	-.0203688
docode	.1073541	.0050316	21.34	0.000	.0974923	.1172159
inccap	.0388909	.0011251	34.57	0.000	.0366858	.0410961
dfem	-.0274885	.0043673	-6.29	0.000	-.0360482	-.0189287
dblack	-.1142124	.0060512	-18.87	0.000	-.1260726	-.1023522
ag	-.0564103	.0013192	-42.76	0.000	-.058996	-.0538247

mfx compute 指令

除了 prchange 指令外，Stata 的 mfx compute 指令也可以計算依變數預測機率的邊際改變。我們在第四章中已說明，mfx compute 指令在 Stata/SE 11.1 版本的主選單中已為 margins 指令取代。因為 mfx compute 指令簡單好用，所以我們在此仍簡單的介紹。讀者如果使用的是 Stata/SE 10.0 版本，可以從主選單選取 mfx compute 指令。在 Stata/SE 11.1 版本中，則可以在指令視窗中直接輸入 mfx compute 指令而取得同樣的結果。下面的例子是使用 Stata/SE 10.0 版本，將所有的自變數值都設定在平均值，然後計算自變數「年齡」對類別 1（GoodH）的邊際效應，這在 mfx compute 指令中以 outcome(1)附屬指令來設定：

1. 自主選單 Statistics→Postestimation→Marginal effects or elasticities，打開對話窗 mfx － Marginal effects or elasticities。然後自 Model 介面的 Function to predict 輸入 o(1)。然後到 Model 2 介面，先在右邊的 Use specified variable values 打勾，然後再下面的欄中分別

將 dfem 的值設定爲 0。

2. 按下 OK 鍵後，可得下面的結果：

```
. mfx compute, predict(o(1)) dydx at(mean dfem=0)

Marginal effects after ologit
     y  = Pr(heal==1) (predict, o(1))
        =  .32402768
```

variable	dy/dx	Std. Err.	z	P>|z|	[95% C.I.]	x
smokes	-.0223398	.00101	-22.21	0.000	-.024311 -.020369	2.72182
docode*	.104284	.00473	22.06	0.000	.09502 .113548	.645527
inccap	.0388909	.00113	34.57	0.000	.036686 .041096	2.45523
dfem*	-.02686	.00418	-6.43	0.000	-.035044 -.018676	0
dblack*	-.1057197	.00513	-20.61	0.000	-.115774 -.095665	.134823
ag	-.0564103	.00132	-42.76	0.000	-.058996 -.053825	4.52213

(*) dy/dx is for discrete change of dummy variable from 0 to 1

上表中，ag 的係數爲 −0.0564103，與用 prchange 指令計算所得相同。讀者應注意 mfx compute 和 margins 對二分類自變數（如 docode，dfem 與 dblack）有不同的處理方法。Margins 指令計算二分類自變數的邊際改變[4]，但是 mfx compute 則計算二分類自變數的間距改變。

二、間距改變的解讀方法

應注意的是，邊際效應指的是 x_k 的極微量變化對預測機率的影響，所以 x_k 的改變單位與 x_k 實際測量單位通常並不相同。以前述的例子來說，「年齡」在資料庫中是以十年爲測量單位，但是在計算邊際改變時，x_k 的變化單位指的是該變數的極微量變化，而不是以每十年爲變化單位。這使得邊際改變的解讀比較難懂。相反的，間距改變（discrete change）的解讀方法所使用的測量單位往往與一般所使用的測量單位相同，所以間距改變的解讀比較易懂。有序多分變數機率的間距改變所指的是，在其他變數設在某個值（例如平均數）的情形下，某自變數 x_k 的值從 x_a 改

---

[4]　但若在 ologit 指令中，類別自變數用 Stata 11 內建之 "i." factor variable 來標示，則 margins 指令會自動計算其間距改變。

變到 x_b 時，依變數落入類別 m（outcome m）預測機率的變化。這可以下列公式表示（Long and Freese, 2006: 213）：

$$\frac{\Delta \Pr(y = m \mid \mathbf{x})}{\Delta x_k} = \Pr(y = m \mid \mathbf{x}, x_k = x_b) - \Pr(y = m \mid \mathbf{x}, x_k = x_a) \quad (5.12)$$

　　間距改變的計算會受到下列三個因素的影響：1）變數的起始值，2）變數改變的間距，與 3）其他變數的值。我們一般以 prchange 指令來計算預測機率的間距改變。下面的例子計算「抽煙習慣」（smokes），「性別」（dfem），與「年齡」（ag）的間距改變，並將其他的變數都設定在平均值：

```
. prchange smokes dfem ag, rest(mean)

ologit: Changes in Probabilities for heal

smokes
             Avg|Chg|        GoodH           2           3           4       PoorH
Min->Max    .05816503   -.12325683   -.02215573    .08305067    .04533054    .0170314
   -+1/2    .0094597    -.02174309   -.00190619    .01432014    .00685157    .00247753
  -+sd/2    .01966379   -.04520443   -.00395504    .02974363    .0142566     .00515926
MargEfct    .00946131   -.02174571   -.00190755    .01432599    .00685067    .00247661

dfem
             Avg|Chg|        GoodH           2           3           4       PoorH
0->1        .01160571   -.02686006   -.00215423    .0176298     .00836569    .00301876

ag
             Avg|Chg|        GoodH           2           3           4       PoorH
Min->Max    .18993663   -.37281769   -.1020239     .2163768     .17839599    .08006879
   -+1/2    .02386496   -.0548678    -.00479457    .03608073    .01731321    .00626847
  -+sd/2    .04348386   -.10004526   -.0086644     .06550877    .03168725    .01151361
MargEfct    .02389079   -.05491019   -.00481678    .03617462    .01729865    .0062537

             GoodH           2           3           4       PoorH
Pr(y|x)     .30818996    .32630241    .26369023    .07691499    .02490241

             smokes      docode      inccap        dfem      dblack          ag
       x=    2.72182     .645527     2.45523     .583845     .134823     4.52213
    sd_x=    2.07986     .478359     1.98673     .492926     .341538     1.82668
```

根據上面的結果，我們以類別 1（GoodH）爲例做如下的解讀：

1. min->max 所列的機率是在某自變數的值由最小變到最大時，對依變數預測機率所產生的影響。所以與「抽煙習慣」（smokes）相關的 min->max 可解讀：

「平均而言，抽煙很多的受訪者，其自認健康狀況很好
的機率要比完全不抽煙的低 0.123。」

2. 0−>1 所列的預測機率，是某自變數的值由 0 轉爲 1 時所產生的
改變，通常用於二分類變數的解讀。所以與「性別」（dfem）相
關的解讀爲：

「平均而言，女性自認健康狀況很好的機率要比男性低
0.027。」

3. −+1/2 所列的預測機率，乃是自變數每增加一個單位所產生的變
化，通常用於連續變數的解讀。所以與「年齡」（ag）相關的解
讀爲：

「平均而言，年齡每增加十歲，其自認健康狀況很好的
機率會下降 0.055」

肆、勝算比（odds ratio）的解讀方法：listcoef指令

我們要介紹的最後一種檢視自變數對依變數影響的方法是運用勝算
比。這個方法只適用於勝算對數模型，並不適用於機率單元模型
（probit）。依照我們在第四章中對勝算比的討論，當某自變數 x_k 每增加
δ 單位時，x_k 對勝算比的影響力則爲

$$\frac{\Omega_{\leq m|>m}\left(\mathbf{x}_i, x_k + \delta\right)}{\Omega_{\leq m|>m}\left(\mathbf{x}_i, x_k\right)} = \exp\left(-\delta \times \beta_k\right) = \frac{1}{\exp\left(\delta \times \beta_k\right)} \quad (5.13)$$

如果 δ 爲 1 時，上式即爲

$$\frac{\Omega_{\leq m|>m}(\mathbf{x}_i, x_k+1)}{\Omega_{\leq m|>m}(\mathbf{x}_i, x_k)} = \exp(-1 \times \beta_k) = e^{-\beta_k} = \frac{1}{\exp(\beta_k)} \tag{5.14}$$

有序勝算對數模型的勝算比可以用 listcoef 指令來計算。listcoef 指令不是 Stata 的內建指令，使用時須將指令直接輸入指令視窗中。但注意上式中勝算的寫法是以較低的類別（$\leq m$）與較高的類別（$> m$）相比。這是傳統上公式的寫法。爲了解讀上的方便，listcoef 指令將類別的高低互換，即以較高的類別（$> m$）與較低的類別（$\leq m$）相比。公式 5.14 中的 $e^{-\beta_k}$ 即改爲 e^{β_k}，可以解讀爲：

「在其他變數不變的情況下，變數 x_k 每增加一個單位，高類別的勝算與低類別的勝算相比後，平均而言會改變 e^{β_k} 倍」。

下面以 listcoef 指令計算勝算比，並加上 help 附屬指令，以對結果中的不同資料提供說明。

```
. listcoef,help
ologit (N=39704): Factor Change in Odds

  Odds of: >m vs <=m
```

heal	b	z	P>|z|	e^b	e^bStdX	SDofX
smokes	0.10199	22.598	0.000	1.1074	1.2363	2.0799
docode	-0.49013	-21.093	0.000	0.6125	0.7910	0.4784
inccap	-0.17756	-34.732	0.000	0.8373	0.7027	1.9867
dfem	0.12550	6.458	0.000	1.1337	1.0638	0.4929
dblack	0.52144	18.865	0.000	1.6844	1.1949	0.3415
ag	0.25754	43.656	0.000	1.2937	1.6007	1.8267

```
        b = raw coefficient
        z = z-score for test of b=0
    P>|z| = p-value for z-test
      e^b = exp(b) = factor change in odds for unit increase in X
   e^bStdX = exp(b*SD of X) = change in odds for SD increase in X
    SDofX = standard deviation of X
```

上面結果的第一欄爲變數名稱，第二欄爲迴歸係數（b），而勝算比在第

五欄（e∧b）。注意 Odds of: > m vs <= m 表示所計算的勝算是以較高的類別（> m）與較低的類別（≤ m）相比。以目前的例子來說，就是自認健康狀況比較差與自認健康狀況比較好的勝算所計算出的勝算比。因此勝算比的解讀為：

- 對 smokes 勝算比的解讀：

  「在其他變數不變的情況下，平均而言，抽煙較多的受訪者，其自認健康狀況比較差的勝算是抽煙較少者的 1.107倍。」

- 對 dblack 勝算比的解讀：

  「在其他變數不變的情況下，平均而言，非洲裔的受訪者，其自認健康狀況比較差的勝算是其他族群的 1.684 倍。」

除了可以運用勝算比外，我們也可以用勝算變化的百分比來解讀自變數的影響力（percent change in odds），也就是將勝算比減 1 後，再乘以 100%：

$$\left(e^{\beta_k} - 1\right) \times 100\% \tag{5.15}$$

勝算比變化的百分比可以用 listcoef, percent 指令來計算：

```
. listcoef,percent help
ologit (N=39704): Percentage Change in Odds

  Odds of: >m vs <=m
```

heal	b	z	P>|z|	%	%StdX	SDofX
smokes	0.10199	22.598	0.000	10.7	23.6	2.0799
docode	-0.49013	-21.093	0.000	-38.7	-20.9	0.4784
inccap	-0.17756	-34.732	0.000	-16.3	-29.7	1.9867
dfem	0.12550	6.458	0.000	13.4	6.4	0.4929
dblack	0.52144	18.865	0.000	68.4	19.5	0.3415
ag	0.25754	43.656	0.000	29.4	60.1	1.8267

```
    b = raw coefficient
    z = z-score for test of b=0
P>|z| = p-value for z-test
    % = percent change in odds for unit increase in X
%StdX = percent change in odds for SD increase in X
SDofX = standard deviation of X
```

- 對 smokes 勝算比的解讀：

　　「在其他變數不變的情況下，抽煙多的受訪者，其自認健康狀況比較差的勝算要比抽煙少的人高 10.7%。」

- 對 dblack 勝算比的解讀：

　　「在其他變數不變的情況下，非洲裔的受訪者，其自認健康狀況比較差的勝算要比其他族群的人高 68.4%。」

　　上述的解讀是從自認健康狀況「比較差」的觀點來解讀。如果我們要以自認健康狀況「比較好」的觀點來解讀時，則可以 listcoef, reverse 指令來計算勝算比。

```
. listcoef, reverse
ologit (N=39704): Factor Change in Odds
  Odds of: <=m vs >m
```

heal	b	z	P>|z|	e^b	e^bStdX	SDofX
smokes	0.10199	22.598	0.000	0.9030	0.8089	2.0799
docode	-0.49013	-21.093	0.000	1.6325	1.2642	0.4784
inccap	-0.17756	-34.732	0.000	1.1943	1.4230	1.9867
dfem	0.12550	6.458	0.000	0.8821	0.9400	0.4929
dblack	0.52144	18.865	0.000	0.5937	0.8369	0.3415
ag	0.25754	43.656	0.000	0.7729	0.6247	1.8267

上面的結果以 Odds of:$\leq$ m vs > m 表示所計算的勝算是以較低的類別
（$\leq m$）與較高的類別（$> m$）相比。以目前的例子來說，就是自認健
康狀況比較好與自認健康狀況比較差的勝算所計算出的勝算比。因此我
們的解讀為：

- 對 smokes 勝算比的解讀：

「在其他變數不變的情況下，抽煙較多的受訪者，自認
健康狀況比較好的勝算是抽煙較少的 0.903 倍。」

- 對 dblack 勝算比的解讀：

「在其他變數不變的情況下，非洲裔的受訪者，自認健
康狀況比較好的勝算會是其他族群的 0.594 倍。」

此處的 0.903 倍與 0.594 倍分別等於前表中 smokes 與 dblack 勝算比(1.107
與 1.684) 的反比（$\frac{1}{1.107}$ 與 $\frac{1}{1.684}$）。

第五節　平行迴歸假定之檢測

誠如第一節中說明，「平行迴歸假定」（或「等比例勝算假定」）

是分析有序多分類變數時，一項很重要的簡化假定。如果這個假定不能成立，我們就必須考慮所使用的模型是否適當，適度放寬此一假定。

從公式 5.1 可知，一個有序多分依變數的累積機率可以下列公式表示（Long, 1997: 140）：

$$\Pr(y_i \le m \mid \mathbf{x}_i) = F(\tau_m - \mathbf{x}_i\boldsymbol{\beta}) \quad \text{for } m = 1 \quad \text{to} \quad J-1 \tag{5.16}$$

上式是累積分布函數 F 在 $\tau_m - \mathbf{x}_i\boldsymbol{\beta}$ 時所得的累積機率。因為在分界點 m，$\boldsymbol{\beta}$ 的值都一樣，這表示公式 5.16 等於是一組二分類變數的模型。而這一組二分類變數模型彼此的差異是在，他們有不同的分界點。我們在公式 5.6 已說明，在「平行迴歸假定」成立時，有序勝算對數模型的公式為：

$$\ln\left[\frac{\Pr(y_i \le m \mid \mathbf{x}_i)}{1 - \Pr(y_i \le m \mid \mathbf{x}_i)}\right] = \tau_m - \mathbf{x}_i\boldsymbol{\beta} \qquad \text{for} \quad m = 1, \cdots, J-1$$

一個檢測平行迴歸假定的方法，是完全放寬此一假定，允許每個自變數的迴歸係數在 $J-1$ 個二分類變數式子中，都可以各不相同，因此共估計 $(J-1) \times K$ 個迴歸係數，然後再比較各自變數的迴歸係數在 $J-1$ 個式子中是否有統計上顯著的差異。如果並無顯著差異，則平行迴歸的假定成立，前述等比例勝算模型即適用；如果有顯著差異，則等比例勝算模型不適用。

Stata 的 brant 指令即專門作為檢定平行迴歸假定所設。讀者應注意的是，brant 不是 Stata 的內建指令，而是 SPost 中的一個指令（Long and Freese, 2006: 199-200），需要自網頁下載。此外，brant 指令也僅適用於有序勝算對數模型，必須在執行過有序勝算對數模型後才能執行。其句法結構為：

brant [, *detail*]

　　下面的範例中，我們先執行有序勝算對數模型，然後以 brant 指令檢定平行迴歸設定。brant 指令將有序多分依變數的模型，按照依變數的五個類別分成四個二分類變數的模型，detail 附屬指令把所有二分類變數模型的係數都列出來。結果顯示，每一個自變數的係數在四個二分類變數模型中，都顯著地不同。例如，與 docode 相對應的四個係數，最小的（絕對）值為 0.320，而最大的（絕對）值為 1.941。兩者相差約 6 倍之多。相對應的卡方值為 395.90，統計上高度顯著，表示這些係數顯著地不相等。讀者可注意在表的最下端，Stata 標明上述的模型違反了平行迴歸設定。所以，結論是以有序勝算對數為分析模型並不適當。

```
. quietly ologit heal smokes docode inccap dfem dblack ag
. brant, detail
Estimated coefficients from j-1 binary regressions

                  y>1           y>2           y>3           y>4
smokes      .08751531     .10353468      .1444284      .16430826
docode     -.32033429    -.39082127    -.95373439    -1.9406129
inccap     -.15134991     -.1908925    -.32042462    -.40117641
  dfem      .18965458     .13184586    -.00481661    -.22449932
dblack      .38725341     .53727507     .61179939      .64546604
    ag      .23266444     .27749788     .27363414      .21164498
 _cons     -.12124595     -1.562855    -2.7633201    -3.5531414

Brant Test of Parallel Regression Assumption

      Variable |      chi2      p>chi2       df
      ---------+--------------------------------
           All |    904.45      0.000       18
               |
        smokes |     47.12      0.000        3
        docode |    395.90      0.000        3
        inccap |    162.29      0.000        3
          dfem |     46.22      0.000        3
        dblack |     28.01      0.000        3
            ag |     56.61      0.000        3

A significant test statistic provides evidence that the parallel
regression assumption has been violated.
```

　　這個例子給我們一個重要的啟示。應用甚廣的有序勝算對數模型雖然簡單易懂，但是未必適用於所有的有序多分類依變數。如果檢定的結果顯示違反了平行迴歸的設定，便應適度放寬此一假定。

第六節　廣義有序勝算對數模型

　　當「平行迴歸假定」不成立時，研究者就需依照學理考慮模型的設定（例如是否忽略了重要自變數，或者自變數之間應有交互作用等），或考量資料的性質，慎選其他適當的模型（其他有序多分類模型，詳見 Agresti, 2010: Chapters 4 and 5）。不過從前述「有序勝算對數模型」延伸，最直接了當的方式，就是允許每個自變數的迴歸係數在 $J-1$ 個二分類變數式子中都可以各不相同，成為 McCullagh and Nelder（1989: 155）提出的「非平行迴歸模型」（non-parallel regression models），文獻中也常稱為「廣義有序勝算對數模型」（generalized ordered logit model，簡稱 gologit），其連結函數的公式為：

$$\text{logit}\big[\Pr(y_i \le m | \mathbf{x}_i)\big] = \ln\left[\frac{\Pr(y_i \le m | \mathbf{x}_i)}{1 - \Pr(y_i \le m | \mathbf{x}_i)}\right] \quad \text{for} \quad m = 1,...,J-1$$
$$= \tau_m - \mathbf{x}_i \boldsymbol{\beta}_m \tag{5.17}$$

公式 5.17 乍看之下似乎與公式 5.6 一樣，但差別在 $J-1$ 個二分類變數式子中，每個式子的迴歸係數向量 $\boldsymbol{\beta}_m$ 都有個下標 m，表示迴歸係數不再是跨式子相等的 $\boldsymbol{\beta}$，而是會因第 m 個式子而異。如果該模型有 K 個自變數，則除了估計 $J-1$ 個分界點外，還需估計 $(J-1) \times K$ 個迴歸係數[5]。因此公式 5.6 的有序勝算對數模型，可以視為是將公式 5.17 設定為 $\boldsymbol{\beta}_m = \boldsymbol{\beta}$ 的一個特例。

　　舉例來說，假定依變數有五類（$J=5$），但模型只有一個連續自變數 x（$K=1$），則上述公式 5.17 等於四個二分類變數的模型：

---

[5]　如果將依變數視為無序多分類，逕行採用第六章討論的「多項勝算對數模型」（multinomial logit），估計的參數雖然也是共 $(J-1)+(J-1) \times K$ 個，但是差別在於「多項勝算對數模型」完全忽略了類別間的順序。

$$\ln\left[\frac{\Pr\left(y\le 1\middle|\mathbf{x}_i\right)}{1-\Pr\left(y\le 1\middle|\mathbf{x}_i\right)}\right]=\tau_1-\beta_1 x$$

$$\ln\left[\frac{\Pr\left(y\le 2\middle|\mathbf{x}_i\right)}{1-\Pr\left(y\le 2\middle|\mathbf{x}_i\right)}\right]=\tau_2-\beta_2 x$$

(5.18)

$$\ln\left[\frac{\Pr\left(y\le 3\middle|\mathbf{x}_i\right)}{1-\Pr\left(y\le 3\middle|\mathbf{x}_i\right)}\right]=\tau_3-\beta_3 x$$

$$\ln\left[\frac{\Pr\left(y\le 4\middle|\mathbf{x}_i\right)}{1-\Pr\left(y\le 4\middle|\mathbf{x}_i\right)}\right]=\tau_4-\beta_4 x$$

在這個簡單的「廣義有序勝算對數模型」例子中,共需估計 8 個參數:包括 4 個分界點及 4 個迴歸係數。相形之下,公式 5.8 的例子則只需估計 5 個參數,因為在 5.8 中假定平行迴歸成立,因此設定 4 個式子中的迴歸係數都相等,亦即 $\beta_1=\beta_2=\beta_3=\beta_4=\beta$。

壹、gologit2指令

　　Stata 至第 11 版尚無內建指令估計「廣義有序勝算對數模型」,不過 Williams(2006)用 Stata 程式撰寫了一個可供下載的指令 gologit2,可用來估計「廣義有序勝算對數模型」及其特例。也就是說,gologit2 指令也允許研究者依照學理或檢定結果,只設定其中 P 個自變數服從平行迴歸假定,其餘 $K-P$ 個自變數則放寬之,構成平行與非平行的混合模型,稱為「部分等比例勝算模型」(partial proportional odds model)(Peterson and Harrell, 1990),gologit2 就只估計 $J-1$ 個截距及 $(J-1)\times(K-P)+P$ 個迴歸係數,比起完全放寬假定的模型,精簡了 $JP-2P$ 個迴歸係數。

gologit2 指令的句法結構和前述的 ologit 指令頗爲類似：

gologit2　*depvar*　[*indepvars*]　[*weight*]　[*if*]　[*in*]　[, *options*]

上述指令中，

- *depvar*：爲依變數。編碼較大的類別視爲次序較高的類別。
- *indepvars*：爲自變數。
- *if* 與 *in*：爲限制條件。
- *weight*：爲加權值。gologit2 指令可以 fweights，pweights，以及 iweights 來加權。
- *options*：爲若干控制分析結果的選項，其中包括：
  - pl, pl (*varlist*), npl, npl (*varlist*), autofit, autofit (*alpha*) ：選擇是否假定平行迴歸
    - pl, pl (*varlist*)：pl 假定平行迴歸成立，因此估計的結果與 Stata 內建的 ologit 相同，只有截距的正負號與 ologit 估計的分界點相反。若研究者知道哪幾個自變數的係數符合平行迴歸的假定，可以用括號(*varlist*)逐一列出。
    - npl, npl (*varlist*)：npl 假定平行迴歸不成立，這是 gologit2 的預設附屬指令，因此共估計 $J-1$ 個二分類變數式子，包括 $J-1$ 個截距及 $(J-1)\times K$ 個迴歸係數。但若研究者知道那些個自變數的係數符合平行迴歸的假定，可以用括號 pl(*varlist*) 逐一列出，其餘自變數則拒斥平行迴歸的假定。這種平行與非平行的混合模型，稱爲「部分等比例勝算模型」（partial proportional odds model），gologit2 就會估計 $J-1$ 個截距及 $(J-1)\times(K-P)+P$ 個迴歸係數，較爲精簡。
    - autofit, autofit (*alpha*) ：autofit 由 gologit2 程式檢定各自變數係數是否通過平行迴歸的假定（也就是檢定各自變數的係數在 $J-1$ 個式子中是否有顯著差異），無顯著差異者只估計一個係數，有顯著差異者則估計 $J-1$ 個係數。檢定的預設水準

為.05，但也可用(*alpha*)設定其他水準。

■ robust：要求 Stata 顯示穩健標準誤。

■ level (#)：控制假設檢定的統計顯著水準。Stata 預設的統計顯著水準為 0.05，因此會提供 95%的信賴區間。但是我們可以這個選項改設統計顯著水準。

■ nolog：要求 Stata 不要顯示遞迴運算的結果。

■ or：估計結果以勝算比顯示。

■ lrforce：要求報表顯示或然比檢定值，而非 Wald 檢定值。

■ v1：要求使用 gologit 第 1 版格式的估計結果。有這個選項，是因為至目前為止，Spost 程式仍不支援 gologit2，因此估計完「廣義有序勝算對數模型」之後若想接著使用 Spost 的指令，必須在 gologit2 加入 v1 的附屬指令。

貳、廣義有序勝算對數模型的例子

前節自認健康狀況的例子，因未能通過平行迴歸的檢定，所以我們接著以 gologit2 指令估計「廣義有序勝算對數模型」。純粹為了舉例的方便，我們以 autofit 附屬指令讓 gologit2 程式檢定各自變數係數是否通過平行迴歸的假定。

```
. gologit2 heal smokes docode inccap dfem dblack ag, autofit lrf
```

```
Testing parallel lines assumption using the .05 level of significance...

Step  1:  Constraints for parallel lines are not imposed for
          smokes (P Value = 0.00000)
          docode (P Value = 0.00000)
          inccap (P Value = 0.00000)
          dfem (P Value = 0.00000)
          dblack (P Value = 0.00000)
          ag (P Value = 0.00000)

If you re-estimate this exact same model with gologit2, instead
of autofit you can save time by using the parameter

npl
```

```
Generalized Ordered Logit Estimates          Number of obs   =      39704
                                             LR chi2(24)     =    8055.90
                                             Prob > chi2     =     0.0000
Log likelihood =  -51608.48                  Pseudo R2       =     0.0724
```

heal	Coef.	Std. Err.	z	P>|z|	[95% Conf. Interval]	
GoodH						
smokes	.0873123	.0054569	16.00	0.000	.076617	.0980076
docode	-.3268737	.02833	-11.54	0.000	-.3823995	-.2713479
inccap	-.1534033	.0057509	-26.67	0.000	-.1646749	-.1421317
dfem	.1821169	.0229836	7.92	0.000	.1370699	.2271639
dblack	.3787842	.0350379	10.81	0.000	.3101112	.4474571
ag	.2233549	.0071805	31.11	0.000	.2092814	.2374284
_cons	-.0639491	.0501498	-1.28	0.202	-.1622409	.0343427
2						
smokes	.1026257	.0053023	19.36	0.000	.0922334	.113018
docode	-.3806249	.0269152	-14.14	0.000	-.4333777	-.3278722
inccap	-.1894911	.0065138	-29.09	0.000	-.2022579	-.1767244
dfem	.1405379	.0231779	6.06	0.000	.09511	.1859657
dblack	.5309531	.0314907	16.86	0.000	.4692325	.5926737
ag	.2676321	.0067875	39.43	0.000	.2543288	.2809354
_cons	-1.528125	.0516201	-29.60	0.000	-1.629298	-1.426952
3						
smokes	.1432597	.0077808	18.41	0.000	.1280096	.1585098
docode	-.9188185	.0403028	-22.80	0.000	-.9978105	-.8398265
inccap	-.2939516	.0125154	-23.49	0.000	-.3184814	-.2694219
dfem	.0335769	.0341143	0.98	0.325	-.0332859	.1004396
dblack	.6615012	.0411031	16.09	0.000	.5809406	.7420618
ag	.2852436	.0097417	29.28	0.000	.2661502	.304337
_cons	-2.917608	.0806957	-36.16	0.000	-3.075768	-2.759447
4						
smokes	.1601242	.0139698	11.46	0.000	.1327439	.1875045
docode	-1.848365	.0899924	-20.54	0.000	-2.024747	-1.671983
inccap	-.3465244	.0262229	-13.21	0.000	-.3979203	-.2951285
dfem	-.1298654	.0596384	-2.18	0.029	-.2467546	-.0129763
dblack	.7050833	.0683955	10.31	0.000	.5710306	.8391361
ag	.2459373	.0179778	13.68	0.000	.2107014	.2811731
_cons	-3.912594	.1509398	-25.92	0.000	-4.20843	-3.616757

gologit2 的報表有幾個地方值得特別注意。首先，autofit 附屬指令檢定每個自變數在 $J-1$ 個式子中是否有顯著差異，結果顯示 6 個自變數都未通過「平行迴歸」檢定（ $p<0.00001$ ），與前一節 brant 檢定的結果相呼應。因此 gologit2 指令接著一律放寬平行迴歸的假定，允許每個自變數的迴歸係數在 $J-1$ 個式子中各不相同。其次，報表中共有 $J-1=4$ 個式子，比起第二節 ologit 的報表複雜的多，「廣義有序勝算對數模型」總共估計了 28 個參數，包括 $5-1=4$ 個截距以及 $(5-1)\times6=24$ 個迴歸係數。

參、廣義有序勝算對數模型的解讀

由於「廣義有序勝算對數模型」允許每個自變數的迴歸係數在 $J-1$ 個式子中各不相同，因此解讀時也比較繁複。基本原則是：凡是放寬平行迴歸的自變數係數，都必須按照 $J-1$ 個二分類勝算對數的式子，逐一解讀。大體來說，正值的迴歸係數表示自變數中較大的值，會使受訪者持有較高類別的態度，而負值的迴歸係數表示自變數中較大的值，會使受訪者持有較低類別的態度（Williams, 2006: 63）。因為自我評估的健康狀況以 1 表示「自認健康狀況很好」，5 表示「自認健康狀況很差」，smokes 逐漸增大的迴歸係數表示抽煙越多，越會使受訪者感到康狀況較差。

在解讀連續變數的邊際改變及虛擬變數的間距改變，則可以用 mfx 指令計算自變數的迴歸係數在 $J-1$ 個式子中的邊際效用（MEM），然後逐一解讀。下面的 mfx 指令計算「自認健康狀況很好」（類別 1）相對於所有其他類別，各個自變數的邊際效應或間距改變的影響力：

```
. mfx, predict(o(1)) dydx

Marginal effects after gologit2
      y = Pr(heal==1) (predict, o(1))
        =  .32006142
```

variable	dy/dx	Std. Err.	z	P>|z|	[95% C.I.]	X
smokes	-.0190011	.00119	-16.01	0.000	-.021327 -.016675	2.72182
docode*	.0698053	.00591	11.81	0.000	.058217 .081394	.645527
inccap	.0333839	.00125	26.73	0.000	.030936 .035832	2.45523
dfem*	-.0398318	.00505	-7.89	0.000	-.049728 -.029935	.583845
dblack*	-.0779977	.00677	-11.52	0.000	-.091271 -.064724	.134823
ag	-.048607	.00155	-31.42	0.000	-.051639 -.045575	4.52213

```
(*) dy/dx is for discrete change of dummy variable from 0 to 1
```

上面係數的解讀與有序勝算模型相同。例如，年齡（age）是連續變數，mfx 指令計算其邊際效應，其解讀為：

> 「在其他變數不變的情形下，年齡稍增，自認健康最好的
> 機率就降低 0.049」。

性別（dfem）是二分類變數，mfx 指令計算間距改變效應，其解讀
為：

> 「在其他變數不變的情形下，女性自認健康最好的機率比
> 男性低 0.040」。

但是接著還要計算自變數對其他類別的邊際效應與間距改變。例
如，「自認健康狀況很好及次好兩類」相對於所有其他三類，自變數的
邊際效應與間距改變為：

```
. mfx, predict(o(2)) dydx
Marginal effects after gologit2
      y  = Pr(heal==2) (predict, o(2))
         =  .32464272
```

variable	dy/dx	Std. Err.	z	P>|z|	[	95% C.I.	]	x
smokes	-.0045064	.0012	-3.76	0.000	-.006853	-.002159		2.72182
docode*	.0185163	.00612	3.03	0.002	.006521	.030511		.645527
inccap	.010021	.00142	7.04	0.000	.007232	.01281		2.45523
dfem*	.0077605	.00517	1.50	0.133	-.002366	.017887		.583845
dblack*	-.0488636	.00703	-6.95	0.000	-.06264	-.035087		.134823
ag	-.012697	.00153	-8.32	0.000	-.015688	-.009707		4.52213

(*) dy/dx is for discrete change of dummy variable from 0 to 1

再以年齡（age）與性別（dfem）爲例：

「在其他變數不變的情形下，年齡稍增，自認健康次好的機率就降低 0.013」。

「在其他變數不變的情形下，女性自認健康次好的機率比男性低 0.008」。

依此類推。

如果要以勝算比解讀迴歸係數，則估計時需在 gologit2 指令中，加入 or 之附屬指令。因爲「廣義有序勝算對數模型」的結果，彷彿將 J 個有序多分類切割成了（J-1）個二分類的勝算對數模型，所以其解讀也是一樣比照（Williams, 2006: 59）。以下面的結果爲例，在「GoodH」一格中的迴歸係數是將類別 1 與類別 2、3、4、5 相比較；在「2」一格中的迴歸係數是將類別 1 與 2 和類別 3 與 4、5 相比較；在「3」一格中的迴歸係數是將類別 1、2、3 和類別 4、5 相比較；依此類推。因此，我們對 smokes 的第一個與第二個勝算比可解讀爲：

「在其他變數不變的情況下，相對於自認健康狀況最好的人，抽煙較多的受訪者，其自認健康狀況較差的勝算，是抽煙較少者的 1.091 倍；再者，相對於自認健康狀況最好的與次好的

人，抽煙較多的受訪者，其自認健康狀況較差的勝算，是抽煙較少者的 1.108 倍」。

以下依此類推。顯然隨著二分的切割點向高分（自認健康較差）移動，勝算比也逐漸升高，顯示自己歸入健康較差類的勝算也增大。

```
. gologit2 heal smokes docode inccap dfem dblack ag, autofit lrf or

Testing parallel lines assumption using the .05 level of significance...

Step  1:  Constraints for parallel lines are not imposed for
          smokes (P Value = 0.00000)
          docode (P Value = 0.00000)
          inccap (P Value = 0.00000)
          dfem (P Value = 0.00000)
          dblack (P Value = 0.00000)
          ag (P Value = 0.00000)

If you re-estimate this exact same model with gologit2, instead
of autofit you can save time by using the parameter

npl
```

Generalized Ordered Logit Estimates		Number of obs	=	39704
		LR chi2(24)	=	8055.90
		Prob > chi2	=	0.0000
Log likelihood = -51608.48		Pseudo R2	=	0.0724

heal	Odds Ratio	Std. Err.	z	P>|z|	[95% Conf. Interval]	
GoodH						
smokes	1.091237	.0059547	16.00	0.000	1.079629	1.102971
docode	.7211748	.0204309	-11.54	0.000	.6822225	.7623512
inccap	.8577837	.004933	-26.67	0.000	.8481694	.867507
dfem	1.199754	.0275747	7.92	0.000	1.146908	1.255036
dblack	1.460508	.0511731	10.81	0.000	1.363577	1.564329
ag	1.250264	.0089775	31.11	0.000	1.232792	1.267984
2						
smokes	1.108077	.0058753	19.36	0.000	1.096621	1.119652
docode	.6834342	.0183947	-14.14	0.000	.6483156	.7204551
inccap	.8273801	.0053894	-29.09	0.000	.8168843	.8380107
dfem	1.150893	.0266753	6.06	0.000	1.09978	1.204381
dblack	1.700552	.0535515	16.86	0.000	1.598767	1.808818
ag	1.306866	.0088704	39.43	0.000	1.289596	1.324368
3						
smokes	1.154029	.0089793	18.41	0.000	1.136564	1.171763
docode	.3989902	.0160804	-22.80	0.000	.3686858	.4317854
inccap	.7453125	.0093279	-23.49	0.000	.7272526	.7638209
dfem	1.034147	.0352792	0.98	0.325	.967262	1.105657
dblack	1.937699	.0796454	16.09	0.000	1.787719	2.100261
ag	1.330086	.0129573	29.28	0.000	1.304931	1.355726
4						
smokes	1.173657	.0163958	11.46	0.000	1.141958	1.206236
docode	.1574945	.0141733	-20.54	0.000	.1320273	.1878741
inccap	.7071416	.0185433	-13.21	0.000	.6717155	.7444359
dfem	.8782136	.0523753	-2.18	0.029	.7813324	.9871076
dblack	2.024015	.1384336	10.31	0.000	1.77009	2.314367
ag	1.278819	.0229904	13.68	0.000	1.234544	1.324683

第六章

無序多分類依變數的分析：多項勝算對數模型

　　如果一個變數有兩個以上的類別，但是這些類別不具有等級，因此
無法按照順序排列出高低先後，這就是無序多分類變數。例如，受訪者
的政黨偏好可分為「國民黨」、「民進黨」、「其他政黨」與「無政黨偏
好」。工作單位性質可分為「公家機關」，「國營事業」，「一般企業」，
「自營業」，「外商企業」，以及「其他企業」。其他包括投票行為中
選民對候選人的抉擇、選民的政黨偏好；比較政治中的政體分類，選舉
制度種類，意識型態等；社會學研究中的職業選擇，族群分類，學術專
業，與宗教認同等都是很好的例子。因此，本章將介紹如何使用多項勝
算對數模型（Multinomial Logit，簡稱 MNL）來分析無序多分類變數。
在資料的使用上，我們以 1996 年日本眾議院自民黨選票的分析為例（黃
紀，王鼎銘，郭銘峰，2008）。

第一節　無序多分類變數統計模型

　　在本章，我們同樣以「廣義線型模型」（generalized linear models，
簡稱 GLM）來瞭解多項勝算對數模型。我們已知 GLM 有三個構成部分：
隨機部分，系統部分，與連結部分。隨機部分指涉依變數 y，及其相關的
機率分布。在多項勝算對數模型中，y 為服從多項分布的多項變數。系統
部分指涉所有自變數的組合。因此，多項勝算對數模型的統計公式可以
寫為（Long and Freese, 2006: 227-228）：

$$\text{logit}\left[\Pr\left(y_i = m | \mathbf{x}_i\right)\right] \equiv \ln \Omega_{m|b}\left(\mathbf{x}_i\right)$$
$$= \ln\left[\frac{\Pr\left(y_i = m | \mathbf{x}_i\right)}{\Pr\left(y_i = b | \mathbf{x}_i\right)}\right] = \mathbf{x}_i \boldsymbol{\beta}_{m|b} \quad \text{for} \quad m = 1, \cdots, J-1$$

$$(6.1)$$

上式中，其連結函數為多項勝算對數，一般以 $\ln\left(\mu_j / \mu_J\right)$ 來表示。讀者參
照公式 4.12 可知，這個連結函數與二分勝算對數模型的連結函數很近

似。不同的是，多項勝算對數的連結函數有 $J > 2$ 個類別，而二分勝算對數模型中 $J = 2$，也就是僅有兩個類別。所以，多項勝算對數模型乃是二元勝算對數模型的延伸。

公式 6.1 的左邊代表在自變數所產生的條件下，類別 m 與類別 b 的機率相對比後，轉換成勝算對數。類別 b 一般稱爲對照類（base category），也就是其他各類與之相比較的類別。對照類一旦選定，我們就只須同時估計 $J - 1$ 個二分勝算對數模型。舉例而言，假定依變數有三個類別（ $J = 3$ ），分別以 1，2，與 3 來表示。如果鎖定第 3 類爲對照類，則 $\ln\Omega_{1|3}(\mathbf{x})$ 表示在自變數所產生的條件下，類別 1 與類別 3 的機率對比後的勝算，所計算出的對數；而 $\ln\Omega_{2|3}(\mathbf{x})$ 則是類別 2 與類別 3 的機率對比後的勝算，所計算出的對數。假定我們只有一個自變數 x，這兩兩的對比關係就可以用下列 $3 - 1 = 2$ 個二分類勝算對數模型來表示：

$$\ln\left[\frac{\Pr(y=1|x)}{\Pr(y=3|x)}\right] = \beta_{0,1|3} + \beta_{1,1|3}x \tag{6.2-1}$$

$$\ln\left[\frac{\Pr(y=2|x)}{\Pr(y=3|x)}\right] = \beta_{0,2|3} + \beta_{1,2|3}x \tag{6.2-2}$$

在上面兩個式子中，迴歸係數 β 的下標顯示兩兩的對比關係。例如，公式 6.2-1 中的 $\beta_{1,1|3}$ 是以類別 3 爲對照類所計算出的迴歸係數，也就是類別 1 與類別 3 對比後所得的迴歸係數。公式 6.2-2 中的 $\beta_{1,2|3}$ 是以類別 3 爲對照類別所計算出的第 2 類之迴歸係數。我們可將這些迴歸係數解讀爲「當自變數 x 每增加一個單位，勝算對數就會增加 $\beta_{1,m|b}$ 個單位」。正如我們在前章中所說的，以勝算對數來解讀自變數 x 的影響力，實在很難讓人瞭解。我們會在後文介紹不同的解讀方法。

雖然更換對照類，係數估計值也會隨著改變，但是只要 MNL 模型的

假定成立，換算十分簡便，因為 $\ln \dfrac{a}{b} = \ln a - \ln b$。例如式子 6.2 如果要改用第二類做對照類，則因：

$$\ln\left[\frac{\Pr(y=1|\mathbf{x})}{\Pr(y=3|\mathbf{x})}\right] - \ln\left[\frac{\Pr(y=2|\mathbf{x})}{\Pr(y=3|\mathbf{x})}\right] = \ln\left[\frac{\Pr(y=1|\mathbf{x})}{\Pr(y=2|\mathbf{x})}\right] \tag{6.3}$$

因此，

$$\beta_{0,1|3} - \beta_{0,2|3} = \beta_{0,1|2} \tag{6.4}$$

$$\beta_{1,1|3} - \beta_{1,2|3} = \beta_{1,1|2} \tag{6.5}$$

也就是說，使用不同的對照類，係數雖改變，實質的結果是一樣的。總之，如果依變數有 J 個類別，我們只須同時估計 $J-1$ 個二分勝算對數模型。

　　由此看來，多項勝算對數模型乃是二分勝算對數模型的延伸。讀者或者以為我們可以分別用 $J-1$ 個二分模型來逐一估計多項勝算對數模型。不過這樣拆成 $J-1$ 個式子逐一估計，固然可以得到一致的係數估計，卻折損了效率。因為每一個二分勝算對數模型僅使用相關類別中的案例，不相關類別中的案例則被排除在外。例如，公式 6.2-1 只會包含類別 1 與類別 3 中的案例，類別 2 的案例則被排除在外。同理，公式 6.2-2 只會包含類別 2 與類別 3 中的案例，類別 1 的案例則被排除在外。所以每一個二分勝算對數模型所使用的樣本數都不相同。有興趣的讀者可以參考 Long 與 Freese 所做的示範（2006: 224-227）。因此，公式 6.1 所列的多項勝算對數模型，仍是分析無序多分類變數較佳的模型。

第二節　Stata指令

在討論多項勝算對數模型的統計公式後，下文將介紹如何以 Stata 的 mlogit 指令執行相關的分析。mlogit 指令的句法結構為：

mlogit　*depvar*　[*indepvars*]　[*if*]　[*in*]　[*weight*]　[, *options*]

上述指令中，

- *depvar*：為無序多分類依變數。
- *indepvars*：為自變數。
- *if* 與 *in*：為限制條件。例如，如果我們的多項勝算對數模型僅限分析女性受訪者，而不包括男性受訪者，則 mlogit 指令可寫為

  mlogit smd2_pr2 male age edu if　male==0。

- *weight*：為加權值。mlogit 指令可以 fweights、pweights 以及 iweights 來加權。
- *options*：為若干控制分析結果的選項，其中包括：
  - noconstant：要求 Stata 不計算常數。
  - baseoutcome(#)：設定依變數中的某一個值為模型的對照類。如果模型沒有設定這一個選項，Stata 則將依變數中次數最高的類別設定為對照類別。為了清楚起見，Stata 會將所設定的對照類別列出。
  - robust：要求 Stata 顯示穩健標準誤。
  - level (#)：控制假設檢定的統計顯著水準。Stata 預設的統計顯著水準為 0.05，因此會提供 95%的信賴區間，但是我們可以 level 指令來改設統計顯著水準，例如 mlogit smd2_pr2 male age edu, level (99)
  - rrr：要求 Stata 將迴歸係數轉算成勝算比（odds ratio），也就是顯示 $\exp\left(\hat{\beta}\right)$。使用這個附屬指令時 Stata 也會同時顯示相關的標準誤與信心水準。但 Stata 使用手冊將 $\exp\left(\hat{\beta}\right)$ 稱為「相對風險率」（relative risk ratio），嚴格說來，不盡正確，因為唯有

當分子與分母的機率都很小時，相對風險值才近似勝算比
（Agresti, 2007: 32）。

■ nolog：要求 Stata 不要顯示遞迴運算的結果。

多項勝算對數模型的例子

在本章中，我們以黃紀，王鼎銘，郭銘峰（2008）對日本眾議院選
舉的研究為例（資料檔名 JES1996.dta），示範說明有序勝算對數模型。
該研究使用民調資料分析日本選民在 1996 年眾院選舉中的投票行為模
式。日本在 1994 年通過了選制的改革，新的選制採取「單一選區兩票並
立制」，整合了「單一選區制」（single member district，或 SMD）與「政
黨比例代表制」（proportional representation，或 PR）。也就是每一位選
民有兩張選票，一票投給單一選區中的候選人，另一票則投給比例代表
區的政黨。這種混合選制提供了「分裂投票」（split-ticket voting）的機
會，選民可以將兩張選票分別投給不同政黨。當然，選民也可能將兩張
選票投給同一政黨，而產生「一致投票」（straight-ticket voting）的行為。
如果以當時的最大政黨自民黨（LDP）為基準，日本選民在單一選區與
比例代表區的投票行為便可以分成表 6.1 中的四個類型：「自自型一致投
票（自民黨—自民黨，或 LL）」「自非型分裂投票（自民黨—非自民黨，
或 LN）」「非自型分裂投票（非自民黨—自民黨，或 NL）」與「非非
型一致投票（非自民黨—非自民黨，或 NN）」。該研究假設日本選民的
一致與分裂投票的行為模式會受到選民的性別、年齡、教育水準、政黨
認同與保守革新態度等因素的影響。我們先用 describe 取得這些變數名
稱與變數標籤，再以 summarize 取得各變數的描述統計資料：

表6.1　日本眾院選舉選民一致與分裂投票模式

	自民黨 PR	非自民黨 PR
自民黨 SMD	自自型一致投票（自民黨—自民黨，或簡稱 LL）	自非型分裂投票（自民黨—非自民黨，或簡稱 LN）
非自民黨 SMD	非自型分裂投票（非自民黨—自民黨，或簡稱 NL）	非非型一致投票（非自民黨—非自民黨，或簡稱 NN）

說明：SMD=單一選區；PR=比例代表。

```
. describe

Contains data from C:\Documents and Settings\HP_Administrator\Desktop\Data\JES1996.dta
  obs:          2,299
  vars:             9                          1 Aug 2011 00:35
  size:        64,372 (99.9% of memory free)

                storage   display     value
variable name   type      format      label      variable label

smd2_pr2        float     %9.0g       vote       voting pattern
male            float     %9.0g       male
age             float     %9.0g
edu             byte      %9.0g       edu        edu level
urban           float     %10.0g      urban      urban area
LDP             byte      %8.0g       yesno      party ID=LDP
NotLDP          byte      %8.0g       yesno      party ID=Other
ldprepeat       float     %9.0g                  % double nomination
ideo196m        byte      %12.0g      reform     reform conservative scale

Sorted by:


. summarize

    Variable |       Obs         Mean    Std. Dev.        Min         Max

    smd2_pr2 |      1825     2.700822    1.393643          1           4
        male |      2299     .5311005    .4991404          0           1
         age |      2299     53.85472    14.02508         21          86
         edu |      2270     .2643172    .4410661          0           1
       urban |      2299      .568508    .4953922          0           1

         LDP |      2267     .4344949    .4957999          0           1
      NotLDP |      2267     .3956771    .4891035          0           1
   ldprepeat |      2299     90.65089    11.71003       61.5         100
    ideo196m |      2082     5.847743    1.924916          1          10
```

上面結果顯示，該資料檔共有 9 個變數以及 2,299 個案例：[1]

1. 投票行為模式（smd2_pr2）：為一無序多分類變數，是該研究中的依變數，共有四個類別，編碼為 1、2、3 與 4，分別代表「自

---

[1]　原作另有9個代表比例代表區的虛擬變數，為了簡化分析，本章沒有使用。

自型一致投票」（類別 1）、「自非型分裂投票」（類別 2）、「非自型分裂投票」（類別 3）與「非非型一致投票」（類別 4）。

2. 性別（male）：為二分類變數，男性受訪者編碼為 1，女性受訪者編碼為 0。

3. 年齡（age）：為連續變數，以「年」為測量單位。

4. 教育水準（edu）：為二分類變數，大學及以上教育水準者編碼為 1，否則編碼為 0。

5. 住在都會地區（urban）：為二分類變數，住都會區者編碼為 1，否則編碼為 0。

6. 認同自民黨（LDP）：為二分類變數，認同自民黨者編碼為 1，否則編碼為 0。

7. 認同其他政黨（NotLDP）：為二分類變數，認同其他政黨者編碼為 1，否則編碼為 0。[2]

8. 自民黨候選人重複提名率（ldprepeat）：自民黨單一選區候選人也列名於比例代表名單的比例，為連續變數。

9. 保守革新尺度（ideol96m）：視為連續變數，以 1 表示受訪者最支持革新，以 10 表示受訪者非常保守。

我們再以 tabulate 指令取得依變數 smd2_pr2 的次數：

```
. tabulate smd2_pr2
```

voting pattern	Freq.	Percent	Cum.
LL	658	36.05	36.05
LN	152	8.33	44.38
NL	93	5.10	49.48
NN	922	50.52	100.00
Total	1,825	100.00	

---

[2] 從「認同自民黨」與「認同其他政黨」兩個變數的設定可知，該研究以「無政黨認同者」為政黨認同的對照組。

由上面結果可知，類別 4（「非非型一致投票」，NN）的受訪者占最大的比例，高達總樣本數的 50.52%。在執行多項勝算對數模型時，如果沒有設定對照類別（base outcome），Stata 會以次數最高的類別（即類別 4）作為預設的對照類別。以下是執行多項勝算對數模型的步驟：

1. 自主選單 Statistics→Categorical outcomes→Multinomial logistic regression，打開對話窗 mlogit – Multinomial (polytomous) logistic regression。然後自 Model 介面中依序選取變數，以 smd2_pr2 為依變數，其餘為自變數。再自 Maximization 介面中，從 Iteration log 選取 Suppress，以要求 Stata 不要顯示遞迴運算的結果。

2. 按下 OK 鍵，即可得多項勝算對數分析結果：

```
. mlogit smd2_pr2 male age edu urban LDP NotLDP ldprepeat ideol96m, nolog

Multinomial logistic regression                  Number of obs   =      1671
                                                  LR chi2(24)     =   1171.43
                                                  Prob > chi2     =    0.0000
Log likelihood = -1206.8156                       Pseudo R2       =    0.3268
```

smd2_pr2	Coef.	Std. Err.	z	P>|z|	[95% Conf. Interval]	
LL						
male	.0241268	.1669957	0.14	0.885	-.3031788	.3514323
age	.0008861	.006511	0.14	0.892	-.0118751	.0136474
edu	-.130416	.200427	-0.65	0.515	-.5232458	.2624138
urban	-.3727954	.1692075	-2.20	0.028	-.7044361	-.0411548
LDP	2.831965	.2654747	10.67	0.000	2.311644	3.352286
NotLDP	-1.591703	.3217785	-4.95	0.000	-2.222377	-.9610282
ldprepeat	-.0172937	.0072705	-2.38	0.017	-.0315437	-.0030437
ideol96m	.3678947	.0521803	7.05	0.000	.2656232	.4701663
_cons	-1.968213	.7926086	-2.48	0.013	-3.521697	-.4147288
LN						
male	-.0469777	.1885561	-0.25	0.803	-.416541	.3225855
age	.0023193	.0072124	0.32	0.748	-.0118168	.0164554
edu	.4238165	.2093728	2.02	0.043	.0134533	.8341797
urban	-.2353069	.192048	-1.23	0.220	-.611714	.1411003
LDP	1.812473	.3623721	5.00	0.000	1.102237	2.522709
NotLDP	.3514261	.3403245	1.03	0.302	-.3155976	1.01845
ldprepeat	-.0153202	.007734	-1.98	0.048	-.0304786	-.0001618
ideol96m	.0686732	.0557109	1.23	0.218	-.0405182	.1778645
_cons	-1.505714	.8860392	-1.70	0.089	-3.242319	.2308913
NL						
male	-.1166014	.2620592	-0.44	0.656	-.6302279	.3970251
age	-.0017994	.0102611	-0.18	0.861	-.0219107	.018312
edu	.3381975	.3020313	1.12	0.263	-.2537729	.930168
urban	-.1834141	.2669514	-0.69	0.492	-.7066293	.3398011
LDP	2.119629	.436901	4.85	0.000	1.263319	2.97594
NotLDP	-1.423912	.5315946	-2.68	0.007	-2.465819	-.3820061
ldprepeat	-.0249869	.0108006	-2.31	0.021	-.0461506	-.0038182
ideol96m	.2433182	.0814663	2.99	0.003	.0836472	.4029892
_cons	-1.795932	1.190002	-1.51	0.131	-4.128293	.5364292
NN	(base outcome)					

因為上述的指令沒有設定對照類，Stata 以依變數中次數最高的類別為對照類。從前面的次數分析已知，「非非型一致投票」（類別 4，NN）的受訪者占最大的比例，因此 Stata 以這一類為「base outcome」。所有的迴歸係數與相關的解讀，都以「非非型一致投票」作為比較的對象。如果我們要以別的類別作為比較的對象，則可以用 baseoutcome(#)的附屬指令另行設定對照類。下面的範例是以「自非型分裂投票」（類別 2，LN）為對照類。讀者可依前述的步驟選定依變數與自變數，然後在 Model 介面點選 Base outcome 並在欄位中輸入 2。按下 OK 鍵，即可得下面的分析結果。

```
. mlogit smd2_pr2 male age edu urban LDP NotLDP ldprepeat ideo196m, baseoutcome(2) no
> log
Multinomial logistic regression                    Number of obs   =      1671
                                                   LR chi2(24)     =   1171.43
                                                   Prob > chi2     =    0.0000
Log likelihood = -1206.8156                        Pseudo R2       =    0.3268
```

smd2_pr2	Coef.	Std. Err.	z	P>|z|	[95% Conf. Interval]	
LL						
male	.0711045	.2065553	0.34	0.731	-.3337365	.4759455
age	-.0014332	.0080776	-0.18	0.859	-.0172651	.0143987
edu	-.5542326	.2378749	-2.33	0.020	-1.020459	-.0880064
urban	-.1374885	.2089245	-0.66	0.510	-.5469731	.271996
LDP	1.019491	.4046675	2.52	0.012	.2263576	1.812625
NotLDP	-1.943129	.4446641	-4.37	0.000	-2.814654	-1.071603
ldprepeat	-.0019735	.0086825	-0.23	0.820	-.0189908	.0150438
ideo196m	.2992216	.0634066	4.72	0.000	.1749469	.4234962
_cons	-.4624994	.9859425	-0.47	0.639	-2.394911	1.469912
LN	(base outcome)					
NL						
male	-.0696237	.2909644	-0.24	0.811	-.6399034	.500656
age	-.0041187	.011407	-0.36	0.718	-.026476	.0182387
edu	-.085619	.3309445	-0.26	0.796	-.7342583	.5630203
urban	.0518928	.2958221	0.18	0.861	-.5279078	.6316934
LDP	.3071562	.5321592	0.58	0.564	-.7358566	1.350169
NotLDP	-1.775338	.6135208	-2.89	0.004	-2.977817	-.5728599
ldprepeat	-.0096667	.0118968	-0.81	0.416	-.0329841	.0136507
ideo196m	.174645	.0897014	1.95	0.052	-.0011665	.3504565
_cons	-.2902181	1.337348	-0.22	0.828	-2.911372	2.330936
NN						
male	.0469777	.1885561	0.25	0.803	-.3225855	.416541
age	-.0023193	.0072124	-0.32	0.748	-.0164554	.0118168
edu	-.4238165	.2093728	-2.02	0.043	-.8341797	-.0134533
urban	.2353069	.192048	1.23	0.220	-.1411003	.611714
LDP	-1.812473	.3623721	-5.00	0.000	-2.522709	-1.102237
NotLDP	-.3514261	.3403245	-1.03	0.302	-1.01845	.3155976
ldprepeat	.0153202	.007734	1.98	0.048	.0001618	.0304786
ideo196m	-.0686732	.0557109	-1.23	0.218	-.1778645	.0405182
_cons	1.505714	.8860392	1.70	0.089	-.2308913	3.242319

　　讀者應可發現上面兩個多項勝算對數模型所估算的迴歸係數不同。例如，「認同自民黨」（LDP）在類別 1（LL）的迴歸係數分別為 2.831965 與 1.019491。這是因為這兩個模型的對照類別不同，但是其實質的結果是一樣的。我們在第四節會以預測機率來證明這一點。

第三節　假設檢定

　　我們在前章中說明，Stata 提供了三種方式來檢定模型中的每一個迴歸係數：1）以迴歸分析表中的統計數字（z 值，p 值或信賴區間）檢定假設；2）以 test 指令檢定假設；3）以 lrtest 指令檢定假設。這三種方式同樣也可以運用到多項勝算對數的分析結果，而且我們已經在第四與第五章中有詳細的說明，不再贅述。此處將介紹 Long 與 Freese（Freese and Long, 2000; Long and Freese, 2006: 235-242）所設計 mlogtest 指令。這個指令可以用來檢測某個變數的所有係數是否同時統計上顯著，也可運用於其他的檢測，我們在下面逐一說明。mlogtest 指令的句法結構為：

　　mlogtest　　[*varlist*] [, *options*]

上述指令中，

- *varlist* 是用來設定假設檢定的係數變數名稱。如果沒有設定變數名稱，則 mlogtest 指令會檢定所有變數的迴歸係數。
- *options*：為若干控制分析結果的選項，其中包括：
  - 檢定迴歸係數：
    - wald：要求 Stata 以 Wald 檢定法來檢定相關變數的迴歸係數。
    - lr：要求 Stata 以或然比（likelihood-ratio）來檢定相關變數的迴歸係數。
    - set (*varlist*[\ *varlist*])：設定一組由 lrtest 檢定的變數。其中 *varlist*[\ *varlist* 用來設定不同組的變數。
  - 檢定類別應否合併：
    - combine：要求 Stata 以 Wald 檢定法來檢定依變數中的不同類

別是否應當合併。

- lrcomb：要求 Stata 以或然比來檢定依變數中的不同類別是否應當合併。

■ 檢定「獨立不相關選項」（independence of irrelevant alternatives，IIA）假定：

- hausman：要求 Stata 計算 Hausman-McFadden 係數以檢定 IIA 假定。

- detail：要求 Stata 列出 Hausman-McFadden 檢定法的詳細結果。

- smhsiao：要求 Stata 計算 Small-Hsiao 係數以檢定 IIA 假定。

- iia：要求 Stata 計算所有檢定 IIA 假定的係數。

壹、lrtest指令與mlogtest指令

在多項勝算對數模型中，我們常須檢定所有與該自變數相關的迴歸係數是否同時等於 0。假定依變數有 J 個類別，我們則需要估計 $J-1$ 組迴歸係數。所要檢測的虛無假設為：

$$H_0 : \beta_{k,1|b} = \beta_{k,2|b} \cdots \beta_{k,J-1|b} = 0$$

H_1：其中至少有一個係數與 0 有顯著的差異

雖然我們可以用 lrtest 指令與 test 指令來檢定上述的假設，但相關的程式繁複。下面將這兩個指令與 mlogtest 指令兩兩對照，讀者便可看出 mlogtest 指令簡便之處。

我們在前章中已說明，lrtest 指令的程式是先設定兩個統計模型。模型 1 包含所有的自變數，模型 2 則除去某一自變數 x_k（即假設所有與自變數 x_k 有關的迴歸係數為 0），然後分別計算這兩個統計模型的對數或然比並加以比較。其邏輯是，如果除去自變數 x_k 會造成對數或然比顯著

的改變，則表示自變數 x_k 對依變數具有統計上顯著的影響。以 urban 這一變數爲例，相關的虛無假設爲：

$$H_0 : \beta_{urban,1|b} = \beta_{urban,2|b} = \beta_{urban,3|b} = 0$$

　　首先，我們以多項勝算對數模型指令估計模型 1 並以 quietly 指令將計算的結果隱藏不使顯現出來。下面的範例是以「自非型分裂投票」（類別 2）爲對照類別。這一模型包含所有的變數。估計後的結果以 estimates store 指令儲存在 mlogit1 檔中。

```
. quietly mlogit smd2_pr2 male age edu urban LDP NotLDP ldprepeat ideol96m, base
> outcome(2)
. estimates store mlogit1
```

　　其次，我們再以多項勝算對數模型指令估計模型 2。這一模型則除去 urban 變數。估計後的結果以 estimates store 指令儲存在 mlogit2 檔中。

```
. quietly mlogit smd2_pr2 male age edu LDP NotLDP ldprepeat ideol96m, baseoutcom
> e(2)
. estimates store mlogit2
```

讀者應注意模型 1 與模型 2 是套疊的，也就是模型 2 是模型 1 的一部分。而且這兩個統計模型使用相同的樣本（ $n = 1671$ ）。所以我們可以使用 lrtest 指令來檢定上述的虛無假設：

```
. lrtest (mlogit1) (mlogit2)
Likelihood-ratio test                            LR chi2(3) =      5.23
(Assumption: mlogit2 nested in mlogit1)          Prob > chi2 =    0.1557
```

我們的解讀爲：

　　　　「因爲卡方值爲 5.23， p 值大於 $\alpha = 0.05$ ，統計上不顯著。

所以我們無法拒斥上述的虛無假設，所有與 urban 有關的迴歸係數都與 0 沒有顯著差異。也就是住在都會區與否對所有的投票行為模式都沒有影響」。

不過，以lrtest指令檢定假設的程式稍嫌繁複。必須連續估計兩個不同的模型，並儲存其結果後，才可以計算對數或然比。這些繁複的指令可以用一個mlogtest指令來取代：

```
. mlogtest, lr

**** Likelihood-ratio tests for independent variables (N=1671)

 Ho: All coefficients associated with given variable(s) are 0.
```

	chi2	df	P>chi2
male	0.406	3	0.939
age	0.178	3	0.981
edu	7.622	3	0.055
urban	5.230	3	0.156
LDP	158.232	3	0.000
NotLDP	30.810	3	0.000
ldprepeat	8.989	3	0.029
ideol96m	53.717	3	0.000

上面的結果顯示，以 mlogtest 指令檢測的結果與 lrtest 指令的結果完全相同，但是程式大爲簡化。我們的結論與前述相同，也就是所有與 urban 有關的迴歸係數都與 0 沒有顯著差異，住在都會區與否對所有的投票行爲模式都沒有影響。除了簡化的程式外，mlogtest 指令還可同時檢測模型中的其他自變數。其中，與 male、age、及 edu 相關的 p 值都大於 0.05，所以我們不能拒斥虛無假設，也就是與這三個變數關有的的係數統計上都不顯著，而其他的變數（LDP、NotLDP、ldprepeat 與 ideol96m）的 p 值都小於 0.05，我們的結論是，這後四個自變數各自的 3 個迴歸係數之中，至少有一個與 0 有顯著的差異。

貳、testparm指令與mlogtest指令

除了運用 lrtest 指令外，我們也可以用 testparm 指令進行 Wald test 檢定假設。

```
. quietly mlogit smd2_pr2 male age edu urban  LDP NotLDP ldprepeat ideol96m, bas
> eoutcome(2)

. testparm urban

 ( 1)  [LL]urban = 0
 ( 2)  [LN]o.urban = 0
 ( 3)  [NL]urban = 0
 ( 4)  [NN]urban = 0
       Constraint 2 dropped

          chi2(  3) =     5.21
        Prob > chi2 =     0.1568
```

雖然我們在有序勝算對數模型也用過 testparm 指令來檢定假設，但這裡 testparm 指令將比較的類別很明確的標示出來。例如，〔LL〕urban 檢定 的是自變數 urban 對「自自型一致投票」（類別 1）是否有影響，〔NL 〕urban 檢定的是自變數 urban 對「非自型分裂投票」（類別 3）是否有 影響，依此類推。因為 $X^2 = 5.21$, $df = 3$, $p > 0.05$，統計上不顯著，所 以我們無法拒斥上述的虛無假設。也就是所有與 urban 有關的迴歸係數都 與 0 沒有顯著的差異。注意〔LN〕0.urban 檢定的是自變數 urban 對「自 非型分裂投票」類，因為對照類的係數一律設為 0（即 $\beta_{b|b} = 0$），所以 Stata 標示〔LN〕0.urban＝0 的假設無須納入檢測。

我們可重複 testparm 指令以檢定其他變數：

```
. testparm male

( 1)  [LL]male = 0
( 2)  [LN]o.male = 0
( 3)  [NL]male = 0
( 4)  [NN]male = 0
      Constraint 2 dropped

         chi2(  3) =      0.41
      Prob > chi2 =      0.9388

. testparm age

( 1)  [LL]age = 0
( 2)  [LN]o.age = 0
( 3)  [NL]age = 0
( 4)  [NN]age = 0
      Constraint 2 dropped

         chi2(  3) =      0.18
      Prob > chi2 =      0.9810
```

上述的這些程式也可以用一個 mlogtest 指令來取代。

```
. mlogtest, wald

**** Wald tests for independent variables (N=1671)

 Ho: All coefficients associated with given variable(s) are 0.

                  |   chi2    df    P>chi2
         male     |   0.407    3    0.939
          age     |   0.178    3    0.981
          edu     |   7.817    3    0.050
        urban     |   5.214    3    0.157
          LDP     | 129.891    3    0.000
       NotLDP     |  32.574    3    0.000
    ldprepeat     |   8.992    3    0.029
     ideo196m     |  50.755    3    0.000
```

上面結果的解讀與前述相同，所以不再贅述。但是， mlogtest 指令大幅
簡化了假設檢定的程式。

參、以mlogtest指令檢定數個係數

　　lrtest 指令可以用來檢定數個迴歸係數是否同時等於 0。假定我們想要知道政黨認同對受訪者的投票行為模式是否有影響，也就是要檢測認同自民黨（LDP）與認同其他政黨（NotLDP）的相關係數是否同時等於 0。相關的虛無假設為：

$$H_0 : \beta_{LDP,1|b} = ...\beta_{LDP,4|b} = \beta_{NotLDP,1|b} = ...\beta_{NotLDP,4|b} = 0$$

　　我們在前面已經以多項勝算對數模型指令估計了模型 1。這一模型包含所有的自變數。估計後的結果以 estimates store 指令儲存在 mlogit1 檔中。現在再以多項勝算對數模型指令估計模型 3。這一模型則除去 LDP 與 NotLDP 兩個變數，估計後的結果以 estimates store 指令儲存在 mlogit3 檔中。因為 lrtest 指令要求兩個模型需要有相同的案例數目，我們先以第四章所討論的 mark 與 markout 指令來確保兩個模型有相同的案例數目，然後以 lrtest 指令檢定假設：

```
. mark nomiss
. markout nomiss smd2_pr2 male age edu urban LDP NotLDP ldprepeat ideo196m
. quietly mlogit smd2_pr2 male age edu urban ldprepeat ideo196m if nomiss==1, ba
> seoutcome(2)
. estimates store mlogit3
. lrtest (mlogit1) (mlogit3)
Likelihood-ratio test                              LR chi2(6)  =    665.64
(Assumption: mlogit3 nested in mlogit1)            Prob > chi2 =    0.0000
```

　　上述的這些程式也可以用 mlogtest 指令執行，並以 set(*varlist*[*varlist*])附屬指令來設定所要檢測的變數。

```
. quietly mlogit smd2_pr2 male age edu urban LDP NotLDP ldprepeat ideol96m, base
> outcome(2)

. mlogtest, lr set (LDP NotLDP)

**** Likelihood-ratio tests for independent variables (N=1671)

 Ho: All coefficients associated with given variable(s) are 0.
```

	chi2	df	P>chi2
male	0.406	3	0.939
age	0.178	3	0.981
edu	7.622	3	0.055
urban	5.230	3	0.156
LDP	158.232	3	0.000
NotLDP	30.810	3	0.000
ldprepeat	8.989	3	0.029
ideol96m	53.717	3	0.000
set_1:	665.641	6	0.000
LDP			
NotLDP			

　　mlogtest 指令所得的結果與 lrtest 指令所得者完全相同，而且主動將案例數保持一致（n=1671）。我們的解讀是：

　　　「因為 $X^2 = 665.641$, $df = 6$, $p < 0.01$，統計上高度顯著，
　　所以我們拒絕上述的虛無假設。也就是所有與認同自民黨
　　（LDP）與認同其他政黨（NotLDP）有關的 6 個係數之中，至
　　少有一個與 0 有顯著的差異」。

肆、以mlogtest指令檢定類別是否應合併

　　在分析無序多分類變數時，一個需要注意的事情是依變數中的類別是否合理，有些類別是否可以合併。例如，投票行為模式共有四個類別，但是受訪者的投票行為模式是否真的可以區分為四個類別？或者三個類別即能測得同樣的結果？如果是三個類別，我們應合併那兩個類別？特別是在所有迴歸係數統計上都不顯著的情形下，上述這些問題就格外的需要注意。當某組自變數對類別 m 與類別 n 對比後的勝算都沒有顯著的影響力時，表示就該組自變數而言，這兩個類別「不可區分」（indistinguishable）（Anderson, 1984）。這項「不可區分」的假設可以

表示爲：

$$H_0 : \beta_{1,m|n} = ... = \beta_{K,m|n} = 0$$

我們可以 mlogtest 指令搭配 combine 附屬指令來檢定這項假設。

```
. quietly mlogit smd2_pr2 male age edu urban LDP NotLDP ldprepeat ideo196m, base
> outcome(2)

. mlogtest, combine

**** Wald tests for combining alternatives (N=1671)

Ho: All coefficients except intercepts associated with a given pair
    of alternatives are 0 (i.e., alternatives can be combined).

Alternatives tested |    chi2    df    P>chi2
        LL-    NL   |   18.753    8     0.016
        LL-    NN   |  499.427    8     0.000
        LL-    LN   |  172.612    8     0.000
        NL-    NN   |  122.175    8     0.000
        NL-    LN   |   34.668    8     0.000
        NN-    LN   |   72.965    8     0.000
```

因爲「投票行爲模式」共有四個類別，所以上表前三項卡方值分別在檢
定類別 1（LL)是否應與類別 3（NL）、類別 4（NN）、與類別 2（LN）
合併。第四到第五項卡方值在檢定類別 3（NL）是否應與類別 4 或 2 合
併。第六項卡方值則在檢定類別 4（NN）是否應與類別 2 合併。因爲上
述的卡方值都大於臨界值，所以應拒絕「不可區分」的假設。也就是說，
「投票行爲模式」量表的四個類別是適當的，我們不須合併量表中的任
何類別。

第四節　迴歸係數的解讀

　　讀者現在可能感覺到，多項勝算對數的分析結果看來十分複雜。與
二分勝算對數模型或有序勝算對數模型不一樣的是，多項勝算對數模型
的每一個自變數都有數個迴歸係數。這主要是因爲每一個迴歸係數都是

依變數中的一個類別與對照類相比較後的結果。例如，「投票行爲模式」共有四個類別，依前述 $J-1$ 的規則，每一個自變數便有三個迴歸係數。因此，在分析多項勝算對數模型時，重點是如何在複雜的結果中找到條理。所幸的是，Stata 的 SPost 指令可以協助我們簡化表列的結果。

我們在前章中介紹了四種 SPost 指令，來解讀模型中的迴歸係數。這四種解讀方法同樣可以適用在多項勝算對數模型，也就是：（1）以 predict 指令計算預測機率（predicted probabilities）的解讀方法；（2）以 prvalue 或 prtab 指令計算「典型」（profile）的解讀方法；（3）以 prchange，margins，與 mfx compute 指令計算依變數邊際改變（marginal change）與間距改變（discrete change）的解讀方法；以及（4）以 listcoef 指令計算勝算比（odds ratio）的解讀方法（Long and Freese, 2006）。以下依序說明：

壹、預測機率的解讀方法：predict 指令

多項勝算對數模型的預測機率可以用下列公式計算：

$$\hat{\mathrm{Pr}}\left(y_i = m \mid \mathbf{x}_i\right) = \frac{\exp\left(\mathbf{x}_i \hat{\boldsymbol{\beta}}_{m|J}\right)}{\sum_{j=1}^{J} \exp\left(\mathbf{x}_i \hat{\boldsymbol{\beta}}_{j|J}\right)} \tag{6.6}$$

因爲無序依變數「投票行爲模式」有四個類別，我們需將每一種投票模式的條件機率分別儲存在四個不同的變數中。我們以類別 2 爲 mlogit 指令的對照類別，計算多項勝算對數模型，然後以 predict 指令計算預測機率。predict 指令的步驟如下：

1. 自主選單 Statistics→Postestimation→Predictions, residuals, etc，打開對話窗 predict – prediction after estimation，然後在 Main 介面中的 New variable name 框中依序輸入四個變數名稱，變數名稱以空格相隔，例如：pll　pln　pnl　pnn，分別代表「自自型一致投

票」、「自非型分裂投票」、「非自型分裂投票」與「非非型一致投票」的預測機率。這些變數名稱可由使用者自選。

2. 按下 OK 鍵後即可得下列結果：

```
. quietly mlogit smd2_pr2 male age edu urban LDP NotLDP ldprepeat ideo196m, base
> outcome(2)
. predict pll pln pnl pnn, p
(257 missing values generated)
```

這表示 Stata 已經成功地將每一種健康狀況的條件機率，分別儲存在 pll、pln、pnl 與 pnn 四個變數中。我們以 describe 與 summarize 兩個指令取得這些變數的資訊。因為這四個變數名稱都以 p 開頭，所以我們可以在 p 後加上星號（*），要求 Stata 列出所有以 p 開頭的變數：

```
. describe p*

              storage   display    value
variable name   type    format     label         variable label
pll           float    %9.0g                    Pr(smd2_pr2==LL)
pln           float    %9.0g                    Pr(smd2_pr2==LN)
pnl           float    %9.0g                    Pr(smd2_pr2==NL)
pnn           float    %9.0g                    Pr(smd2_pr2==NN)

. summarize p*

    Variable |      Obs        Mean     Std. Dev.       Min        Max
         pll |     2042    .3383122    .3259568    .0040978    .8752294
         pln |     2042    .0884893     .032383    .0288175    .2097525
         pnl |     2042    .0475575    .0367196    .0024963    .1654514
         pnn |     2042    .5256409    .3469529    .0253107     .936296
```

我們可以將這四個變數加上標籤，以便閱讀

1. 自主選單 Data→Data utilities→Label utilities→Label variable 打開對話窗 label variable – Label variable。自 Variable 框中選取變數 pll，在 New variable label 框中輸入 LDP/LDP，按下 OK 鍵。

2. 依同樣程式，給予 pln、pnl 與 pnn 變數標籤如下：

```
. label variable pll "LDP/LDP"

. label variable pln "LDP/NotLDP"

. label variable pnl"NotLDP/LDP"

. label variable pnn"NotLDP/NotLDP"
```

然後以 dotplot 指令將預測機率以圖形呈現出來：

1. 自主選單 Graphics→Distributional graphs→Distribution dot plot，
   打開對話窗 dotplot – Comparative scatterplots。自 Main 介面選取
   Plot multiple variables，然後自 Variable 框中選取變數 pll、pln、
   pnl 與 pnn。
2. 按下 OK 鍵，即可得下列圖形：

```
. dotplot pll pln pnl pnn
```

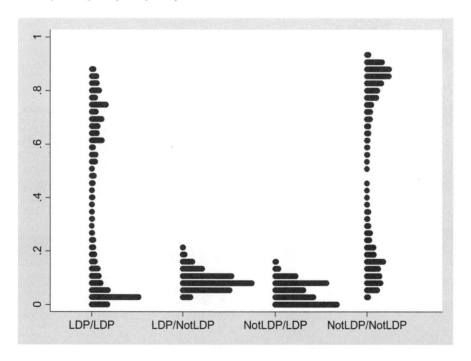

　　我們在第一節說明，對照類不同時，多項勝算對數模型所估算的迴歸係數也會不同，但是其實質的結果是一樣的。為了證明這一點，我們改以類別 4 為 mlogit 指令的對照類別，計算多項勝算對數模型，然後以 predict 指令將預測機率分別儲存在四個變數中：pll4、pln4、pnl4 與 pnn4。我們以「4」作為變數名稱的結尾來表示是以類別 4 為對照類別。這些變數名稱可由使用者自選。

```
. quietly mlogit smd2_pr2 male age edu urban LDP NotLDP ldprepeat ideol96m
. predict pll4 pln4 pnl4 pnn4, p
(257 missing values generated)
```

因為類別 4 有最高的次數，所以成為 mlogit 指令的預設對照類，無需在指令中設定。我們以 summarize 指令取得所有預測機率的描述統計資料，兩相比較之下可發現，如果對照類別不同時，多項勝算對數模型所估算的迴歸係數會有不同，但是其所估算的預測機率是一樣的。換言之，其最終的結果是一樣的。

```
. summarize pll pll4 pln pln4 pnl pnl4 pnn pnn4
```

Variable	Obs	Mean	Std. Dev.	Min	Max
pll	2042	.3383122	.3259568	.0040978	.8752294
pll4	2042	.3383122	.3259568	.0040978	.8752294
pln	2042	.0884893	.032383	.0288175	.2097525
pln4	2042	.0884893	.032383	.0288175	.2097525
pnl	2042	.0475575	.0367196	.0024963	.1654514
pnl4	2042	.0475575	.0367196	.0024963	.1654514
pnn	2042	.5256409	.3469529	.0253107	.936296
pnn4	2042	.5256409	.3469529	.0253107	.936296

貳、「典型」的解讀方法：prvalue或prtab指令

　　「典型」的解讀方法是針對具有某種特質的受訪者，以檢測相關的預測機率。如果我們要檢驗認同自民黨與否對男性投票行為的影響，也就是要回答下面兩個問題：

- 認同自民黨的男性，其一致與分裂投票行為的預測機率為何？

● 認同其他政黨的男性，其一致與分裂投票行為的預測機率為何？
在執行 mlogit 指令後，我們以兩個 prvalue 指令計算不同狀況的預測機
率。第一個 prvalue 指令計算認同自民黨男性投票行為的預測機率，並以
save 附屬指令將結果儲存起來。

```
. quietly mlogit smd2_pr2 male age edu urban LDP NotLDP ldprepeat ideo196m, base
> outcome(2)

. prvalue, x( LDP=1  male=1) save

mlogit: Predictions for smd2_pr2

Confidence intervals by delta method

                              95% Conf. Interval
  Pr(y=LL|x):        0.4980   [ 0.4090,   0.5870]
  Pr(y=NL|x):        0.0698   [ 0.0318,   0.1077]
  Pr(y=NN|x):        0.2659   [ 0.2032,   0.3286]
  Pr(y=LN|x):        0.1663   [ 0.1047,   0.2279]

         male        age         edu       urban        LDP    NotLDP   ldprepeat
x=          1  55.025135  .26451227  .57690006          1 .42728905  90.889528

      ideo196m
x=  5.9593058
```

上面的結果顯示，四種投票行為模式的預測機率分別為 0.498、0.70、
0.2660 與 0.166。在結果的最下端，Stata 列出所有變數的值，其中政黨認
同與性別分別設定為「認同自民黨」（LDP=1）與「男性」（male=1），
其餘變數設為平均值。在這些條件下，prvalue 指令計算出不同投票行為
的預測機率。我們然後再以第二個 prvalue 指令計算認同其他政黨男性的
預測機率，並用 dif 附屬指令與第一個 prvalue 指令計算出的結果相比較。

```
. prvalue, x( LDP=0  male=1) dif

mlogit: Change in Predictions for smd2_pr2

Confidence intervals by delta method

                   Current      Saved      Change    95% CI for Change
  Pr(y=LL|x):       0.0887      0.4980     -0.4093   [-0.5034,   -0.3152]
  Pr(y=NL|x):       0.0253      0.0698     -0.0444   [-0.0855,   -0.0034]
  Pr(y=NN|x):       0.8039      0.2659      0.5380   [ 0.4590,    0.6170]
  Pr(y=LN|x):       0.0821      0.1663     -0.0842   [-0.1619,   -0.0066]

               male         age         edu       urban        LDP       NotLDP
Current=          1   55.025135   .26451227   .57690006          0   .42728905
  Saved=          1   55.025135   .26451227   .57690006          1   .42728905
   Diff=          0           0           0           0         -1           0

             ldprepeat    ideo196m
Current=     90.889528   5.9593058
  Saved=     90.889528   5.9593058
   Diff=             0           0
```

上面的統計結果中,「Current」欄位顯示認同其他政黨男性的不同投票行爲之預測機率,「Saved」欄位則表列認同自民黨男性的投票行爲之預測機率,而「Change」欄位則顯示這兩種類型男性的機率差異。例如,$Pr(y = LL|x)$這一橫列指出,認同自民黨男性採「自自型一致投票」的機率爲 0.498,而認同其他政黨男性的機率爲 0.089,兩者的差異爲 0.409。$Pr(y = LN|x)$這一橫列指出,認同自民黨男性採「自非型分裂投票」的機率爲 0.166,認同其他政黨男性的機率爲 0.082,兩者的差異爲 0.084。值得注意的是,prvalue 指令同時計算機率差異的 95%信賴區間。結果顯示,所有的差異在統計上都顯著的不等於 0,表示男性選民認同自民黨與否對其投票行爲,確實有明顯的影響。

另一個用來解讀「典型」的指令爲 prtab。例如,投票行爲模式可能同時會受到政黨認同與教育水準的雙重影響。下面 prtab 指令將「認同自民黨」(LDP)與「教育水準」(edu)兩變數的值交叉後,分別計算相關的預測機率。第五章曾示範以 outcome 附屬指令,要求 prtab 指令僅計算某類別的預測機率。在下面的範例,我們沒有使用 outcome 附屬指令,所以 prtab 指令會計算依變數中所有類別的預測機率。

```
. prtab LDP edu

mlogit: Predicted probabilities for smd2_pr2

Predicted probability of outcome 1 (LL)
```

party ID=LDP	edu level	
	hi school	college
no	0.0914	0.0773
yes	0.5128	0.4308

```
Predicted probability of outcome 3 (NL)
```

party ID=LDP	edu level	
	hi school	college
no	0.0245	0.0331
yes	0.0674	0.0905

```
Predicted probability of outcome 4 (NN)
```

party ID=LDP	edu level	
	hi school	college
no	0.8088	0.7788
yes	0.2673	0.2558

```
Predicted probability of outcome 2 (LN)
```

party ID=LDP	edu level	
	hi school	college
no	0.0753	0.1108
yes	0.1525	0.2230

```
           male         age         edu       urban         LDP      NotLDP   ldprepeat
x=   .56971873   55.025135   .26451227   .57690006   .47336924   .42728905   90.889528

        ideo196m
x=    5.9593058
```

為了便於分析政黨認同與教育水準的影響，我們將這些結果列於表 6.2。該表顯示，無論教育水準，認同自民黨的受訪者採「自自型一致投票」（LL）的機率都高過不認同自民黨的受訪者；相反地，不認同自民黨的受訪者採「非非型一致投票」（NN）的機率又高過認同自民黨的受訪者。此外，教育水準較低的受訪者比教育水準較高者更可能有「一致投票」的行為。

表 6.2 「典型」的解讀方法：政黨認同、教育水準，與投票模式的
預測機率

	1 自自型 一致投票	2 自非型 分裂投票	3 非自型 分裂投票	4 非非型 一致投票
認同自民黨				
高教育水準	0.431	0.223	0.091	0.256
低教育水準	0.513	0.153	0.067	0.267
認同其他政黨				
高教育水準	0.077	0.111	0.033	0.779
低教育水準	0.091	0.075	0.025	0.809

參、邊際改變與間距改變的解讀方法：prchange，margins，與 mfx compute

在前章中，我們以邊際改變（marginal change）與間距改變（discrete change）來計算與解讀預測機率的變化。這兩個方法也同樣適用於多項勝算對數模型。邊際改變的公式為（Long and Freese, 2006: 255）：

$$\frac{\partial \Pr(y = m | \mathbf{x})}{\partial x_k} = \Pr(y = m | \mathbf{x}) \left\{ \beta_{k, m | J} - \sum_{j=1}^{J} \beta_{k, j | J} \Pr(y = j | \mathbf{x}) \right\} \quad (6.7)$$

上式顯示，邊際改變是在其他變數不變的情形下，$\Pr(y = m | \mathbf{x})$ 針對自變數 x_k 的偏微分，也就是在控制其他變數於某一數值的情形下（通常是這些變數的平均值），自變數 x_k 的些微改變對 $\Pr(y = m | \mathbf{x})$ 依變數的影響。不過，因為邊際改變指的是預測機率因 x_k 的微幅改變產生的效應，所以 x_k 改變的單位不必然與 x_k 實際的測量單位相同。而且公式 6.7 計算的邊際效應隨 x_k 的值而改變，符號也未必與估計的係數 $\beta_{k, m | J}$ 相同，這使得邊際改變的解讀比較難懂。前面曾說明，間距改變通常是較常用的方

法，這是因為我們可以設定改變單位等於實際的測量單位。多項勝算對數模型的間距改變可以下列公式計算：

$$\frac{\Delta \Pr\left(y=m\,|\,\mathbf{x}\right)}{\Delta x_k} = \Pr\left(y=m\,|\,\mathbf{x}, x_k = x_b\right) - \Pr\left(y=m\,|\,\mathbf{x}, x_k = x_a\right) \quad (6.8)$$

間距改變的大小也會受到其他變數的影響。所以在計算間距改變時，我們同樣地需要將其他變數控制於某一數值上。

prchange 指令

關於 prchange 指令的句法結構，讀者可參考第四章的討論。因為 prchange 指令不是 Stata 的內建指令，使用時將指令直接輸入指令視窗中。下面的例子計算「認同自民黨」（LDP）與「保守革新尺度」（ideol96m）對男性投票行為的影響。我們將性別設定為「男性」（male=1），其餘變數的值都設定在平均值：

```
. quietly mlogit smd2_pr2 male age edu urban LDP NotLDP ldprepeat ideol96m, base
> outcome(2)

. prchange LDP ideol96m, x(male=1) rest(mean)

mlogit: Changes in Probabilities for smd2_pr2

LDP
           Avg|Chg|        LL          NL           NN          LN
0->1      .26900399    .40933775    .04444836    -.538008     .08422186

ideol96m
           Avg|Chg|        LL          NL           NN          LN
Min->Max  .26981821    .49262195    .04701448    -.49738356   -.04225286
    -+1/2  .03431385    .06210151    .0065262     -.06291527   -.00571242
  -+sd/2   .06738415    .12203689    .0127314     -.12350023   -.01126806
MargEfct  .03434976    .0621514     .00654812    -.06299019   -.00570933

               LL          NL          NN          LN
Pr(y|x)    .24111167   .04916244   .57199031   .13773558

           male        age          edu         urban        LDP         NotLDP
    x=      1          55.0251      .264512      .5769        .473369     .427289
  sd_x=    .495264     13.5171      .441205      .494199      .49944      .494833

           ldprepeat   ideol96m
    x=      90.8895     5.95931
  sd_x=    11.5894      1.96972
```

我們從前面的討論已知，0－>1 所列為二分類變數的值由 0 轉為 1時，對依變數預測機率的影響。所以在 LDP 底下的第一橫列（0－>1）所列認同自民黨的值由 0 轉為 1 時，對四種選舉行為模式預測機率的影響。因為認同自民黨編碼為 1，不認同自民黨編碼為 0，我們的解讀為：

> 「在其他自變數都設定在平均值的情況下，認同自民黨的男性受訪者採『自自型一致投票』（LL）的機率會比不認同自民黨者高 0.409」。

在 ideol96m 下 Stata 分別列出與該變數相關的預測機率。第四橫列（MargEfct）所顯示的，分別為「保守革新尺度」對四種選舉行為模式預測機率的邊際改變。例如，「保守革新尺度」對男性受訪者採「非自型分裂投票」（類別 3，NL）的邊際改變值為 0.00654812。這個係數可解讀為：

> 「在一般的情形下，政治態度稍趨於保守，會使男性受訪者採『非自型分裂投票』（NL）的機率增加 0.007」。

預測機率的間距改變也可以用 prchange 指令來計算，而 Stata 可以計算不同的間距改變。根據上面的結果，我們可對這些間距改變做如下的解讀：

1. min－>max 所列的機率是在某自變數的值由最小變到最大時，對依變數預測機率所產生的影響。因為保守革新尺度的編碼以 1 表示受訪者非常支持革新，以 10 表示受訪者非常保守，所以與其相關的係數可解讀：

> 「平均而言，最保守的男性受訪者採『自自型一致投票』（LL）的機率，要比最支持革新者高 0.493。」

2. −+1/2所列的預測機率，乃是自變數每增加一個單位的所產生的變化。所以與「保守革新尺度」相關的解讀爲：

　　「平均而言，在保守革新尺度上每增加一個單位的保守程度，男性受訪者採『自自型一致投票』（LL）的機率會增加 0.062。」

margins 指令

　　Stata 的 margins 指令也可以計算依變數預測機率的邊際改變（AME 及 MEM）。下面的例子將性別設定爲「男性」（即 male=1），並把其他自變數值都設定在平均值（即 MEM），然後計算所有自變數對類別 1（LL）的邊際效應：

1. 自主選單 Statistics →Postestimation→Marginal effects，打開對話窗 margins – Marginal means, predictive margins, and marginal effects。在 Main 介面點選 Specify a prediction 並在欄內輸入 outcome(1)，然後在 Marginal effects of response 欄點選 Marginal effects d(y)/d(x)。再到下面的 Variables 欄中分別將所要的變數名稱選出。換到 At 介面，點選 All covariates at their means in the sample，然後按下 Create 鍵，打開對話窗 Specification 1，在 Fixed values 部分，將第一項打勾，並在 Covariate 欄中選列 male 變數名稱，在 Numlist 輸入 1（也就是將性別設定爲「男性」，即 male=1）。

2. 按下 OK 鍵後，margins 指令就會依照公式 6.9 計算自變數預測機率的邊際改變。對係數的解讀與前面的討論相同。

```
. margins, predict(outcome(1)) dydx( male age edu urban LDP NotLDP ldprepeat ide
> o196m) at(male=(1)) atmeans

Conditional marginal effects                    Number of obs    =      1671
Model VCE      : OIM

Expression   : Pr(smd2_pr2==LL), predict(outcome(1))
dy/dx w.r.t. : male age edu urban LDP NotLDP ldprepeat ideo196m
at           : male          =            1
               age           =     55.02513  (mean)
               edu           =      .2645123 (mean)
               urban         =      .5769001 (mean)
               LDP           =      .4733692 (mean)
               NotLDP        =       .427289 (mean)
               ldprepeat     =     90.88953  (mean)
               ideo196m      =      5.959306 (mean)
```

	dy/dx	Delta-method Std. Err.	z	P>|z|	[95% Conf. Interval]	
male	.0073569	.0283247	0.26	0.795	-.0481584	.0628722
age	.0001064	.0010995	0.10	0.923	-.0020486	.0022615
edu	-.0419468	.0340259	-1.23	0.218	-.1086363	.0247428
urban	-.0582243	.0283319	-2.06	0.040	-.1137539	-.0026948
LDP	.432867	.0533492	8.11	0.000	.3283044	.5374296
NotLDP	-.2860366	.0553926	-5.16	0.000	-.3946041	-.1774691
ldprepeat	-.0023594	.0012228	-1.93	0.054	-.004756	.0000372
ideo196m	.0621514	.0090074	6.90	0.000	.0444972	.0798055

mfx compute 指令

除了 prchange 指令外，Stata 的 mfx compute 指令也可以計算依變數預測機率的邊際改變。mfx compute 指令可簡化爲 mfx。我們依照上面的例子來執行這個指令，可得下面的結果：

```
. mfx compute, predict(o(1)) dydx at (mean male=1)

Marginal effects after mlogit
      y  = Pr(smd2_pr2==LL) (predict, o(1))
         = .24111167
```

variable	dy/dx	Std. Err.	z	P>|z|	[95% C.I.]		X
male*	.0073738	.02762	0.27	0.789	-.046759	.061507	1
age	.0001064	.0011	0.10	0.923	-.002049	.002262	55.0251
edu*	-.0419977	.03179	-1.32	0.186	-.104299	.020304	.264512
urban*	-.0587562	.02892	-2.03	0.042	-.115445	-.002067	.5769
LDP*	.4093378	.04802	8.53	0.000	.315228	.503447	.473369
NotLDP*	-.2659184	.04779	-5.56	0.000	-.359583	-.172254	.427289
ldprep~t	-.0023594	.00122	-1.93	0.054	-.004756	.000037	90.8895
ideo196m	.0621514	.00901	6.90	0.000	.044497	.079806	5.95931

(*) dy/dx is for discrete change of dummy variable from 0 to 1

附屬指令 dydx 是預設項，顯示所計算的統計數字爲邊際改變。而 at(mean)則將性別以外的自變數都設定在平均值，然後計算邊際改變。上面的結

果顯示，ideol96m 的係數為 0.0621514，這與用 prchange 或是用 margins 指令計算所得相同。從第四章的討論已知，mfx compute 和 margins 對二分類自變數（male、edu、urban、LDP 與 NotLDP）有不同的處理方法。Margins 指令的預設項計算二分類自變數的邊際改變，但是 mfx compute 則計算二分類自變數的間距改變。如果在執行 mlogit 指令時，將類別自變數用 Stata 11 內建的 "i." 標示法（如 i.male），則 margins 指令會自動計算其間距改變。

肆、勝算比（odds ratio）的解讀方法：listcoef指令

勝算比是檢視自變數對依變數影響的另一種方法。簡單來說，當某自變數 x_k 每增加 δ 單位時，類別 m 的勝算與類別 n 對比後會依照下列公式改變：

$$\frac{\Omega_{m|n}\left(\mathbf{x}, x_k + \delta\right)}{\Omega_{m|n}\left(\mathbf{x}, x_k\right)} = \exp\left(\beta_{k,m|n}\delta\right) \tag{6.9}$$

如果 δ 為 1 時，上式即為：

$$\frac{\Omega_{m|n}\left(\mathbf{x}, x_k + 1\right)}{\Omega_{m|n}\left(\mathbf{x}, x_k\right)} = \exp\left(\beta_{k,m|n}\right) = e^{\beta_{k,m|n}} \tag{6.10}$$

因此，勝算比（$e^{\beta_{k,m|n}}$）所顯示的是類別 m 與類別 n 對比後，勝算的倍數改變。更具體的解讀為：

「在其他變數不變的情況下，變數 x_k 每增加一個單位，類別 m 的勝算在與類別 n 對比後會改變 $e^{\beta_{k,m|n}}$ 倍」。

多項勝算對數模型的勝算比同樣可以用 listcoef 指令來計算。此外，listcoef 指令還可以簡化表列的結果。下面的範例僅要求 listcoef 指令列出與「認同自民黨」（LDP）相關的勝算比。help 附屬指令列出對不同資料的說明。

```
. quietly mlogit smd2_pr2 male age edu urban LDP NotLDP ldprepeat ideo196m, base
> outcome(2)

. listcoef LDP, help

mlogit (N=1671): Factor Change in the Odds of smd2_pr2

Variable: LDP (sd=.49943976)
```

Odds comparing Alternative 1 to Alternative 2	b	z	P>|z|	e^b	e^bStdX
LL -NL	0.71234	1.521	0.128	2.0387	1.4273
LL -NN	2.83196	10.668	0.000	16.9788	4.1140
LL -LN	1.01949	2.519	0.012	2.7718	1.6639
NL -LL	-0.71234	-1.521	0.128	0.4905	0.7006
NL -NN	2.11963	4.852	0.000	8.3281	2.8824
NL -LN	0.30716	0.577	0.564	1.3596	1.1658
NN -LL	-2.83196	-10.668	0.000	0.0589	0.2431
NN -NL	-2.11963	-4.852	0.000	0.1201	0.3469
NN -LN	-1.81247	-5.002	0.000	0.1632	0.4045
LN -LL	-1.01949	-2.519	0.012	0.3608	0.6010
LN -NL	-0.30716	-0.577	0.564	0.7355	0.8578
LN -NN	1.81247	5.002	0.000	6.1256	2.4725

```
        b = raw coefficient
        z = z-score for test of b=0
   P>|z| = p-value for z-test
      e^b = exp(b) = factor change in odds for unit increase in X
 e^bStdX = exp(b*SD of X) = change in odds for SD increase in X
```

上面的表列形式與前章的表列形式近似，第二欄位為迴歸係數（b），第五欄位為勝算的倍數變化（e∧b）。不同的是，上面的結果將所有類別的對比都一一列出來。例如，前三橫列所列的是「認同自民黨」對類別 1（LL）與其他三個類別兩兩相比後的影響。雖然這些數值也可經由 mlogit 指令計算出來，但是 mlogit 指令必須依序將類別 2，3，4 分別作為對照類別，以三個程式來計算，而 listcoef 則以一個指令就全部完成，並將所有兩兩對照的勝算比都列出來。所以在檢視多項勝算對數模型時，勝算的倍數變化必須根據對照類別來解讀。例如，第二橫列所列的勝算比是以「非非型一致投票」（NN）為對照類別，其值是 16.9788，可解讀為：

「與不認同自民黨者相比，在其他變數不變的情況下，認
同自民黨的受訪者採「自自型一致投票」（LL）的勝算是採『非
非型一致投票』（NN）的 16.979 倍」。

讀者應記得，如果 $e^{\beta_{k,m|n}}>1$ 時，表示類別 m 發生的勝算（相對於類
別 n）會增加。也就是，認同自民黨的受訪者，採「自自型一致投票」（LL）
的勝算比不認同自民黨者來得高。如果我們要用「自自型一致投票」（LL）
為對照類別，以檢視「非非型一致投票」（NN）的勝算，則是將兩個類
別互換。互換後的勝算比是 0.059，列於第七橫列，可解讀為：

「與不認同自民黨者相比，在其他變數不變的情況下，認
同自民黨的受訪者採『非非型一致投票』（NN）的勝算是採『自
自型一致投票』（LL）的 0.06 倍」。

我們從第四章中的討論可知，此處的 0.059 倍乃是 16.979 的反比
（$\frac{1}{16.979}$）。

另一個解讀勝算比方法，是以勝算比變化的百分比來解讀自變數的
影響力（percent change in odds），也就是將前表中的勝算比減 1 後，再
乘以 100%。勝算比變化的百分比可以 listcoef, percent 指令來計算：

```
. listcoef LDP, percent help
mlogit (N=1671): Percentage Change in the Odds of smd2_pr2
Variable: LDP (sd=.49943976)
```

Odds comparing Alternative 1 to Alternative 2		b	z	P>|z|	%	%StdX
LL	-NL	0.71234	1.521	0.128	103.9	42.7
LL	-NN	2.83196	10.668	0.000	1597.9	311.4
LL	-LN	1.01949	2.519	0.012	177.2	66.4
NL	-LL	-0.71234	-1.521	0.128	-51.0	-29.9
NL	-NN	2.11963	4.852	0.000	732.8	188.2
NL	-LN	0.30716	0.577	0.564	36.0	16.6
NN	-LL	-2.83196	-10.668	0.000	-94.1	-75.7
NN	-NL	-2.11963	-4.852	0.000	-88.0	-65.3
NN	-LN	-1.81247	-5.002	0.000	-83.7	-59.6
LN	-LL	-1.01949	-2.519	0.012	-63.9	-39.9
LN	-NL	-0.30716	-0.577	0.564	-26.4	-14.2
LN	-NN	1.81247	5.002	0.000	512.6	147.2

```
      b = raw coefficient
      z = z-score for test of b=0
  P>|z| = p-value for z-test
      % = percent change in odds for unit increase in X
  %StdX = percent change in odds for SD increase in X
```

因為 listcoef 後僅有 LDP，所以上表只列出與「認同自民黨」相關的結果。第五橫列所列的勝算百分比是以「非自型分裂投票」（NL）與「非非型一致投票」（NN）的勝算比，可解讀為：

　　「與不認同自民黨者相比，在其他變數不變的情況下，認同自民黨的受訪者採『非自型分裂投票』（NL）的勝算會比採『非非型一致投票』（NN）者高 732.8%」。

第五節　不相關選項獨立性的假定
（Independence of Irrelevant Alternatives）

　　「不相關選項獨立性」的假定在英文裡被簡稱為 IIA 假定。這項假定對多項勝算對數模型的適用性，十分重要。從公式 6.1 所列出的多項勝

算對數模型，我們可知勝算的計算公式為：

$$\Omega_{m|n}(\mathbf{x}) = \frac{\Pr(y = m | \mathbf{x}_i)}{\Pr(y = n | \mathbf{x}_i)} = \exp(\mathbf{x}[\boldsymbol{\beta}_m - \boldsymbol{\beta}_n]) \tag{6.11}$$

　　這表示類別 m 與類別 n 對比後的勝算不會受到其他類別的影響，也就是說，其他類別的存在與否對這兩個類別的勝算「不相關」。如果我們視每個類別為一項選項，則 IIA 假定可解讀為「在計算兩個選項的勝算時，如結果不會受到其他可能選項的影響，這項結果便具有不相關選項的獨立性」。學界常以「不同顏色的公車」例子來說明 IIA 假定。

　　假定一個人每天上班有兩種交通工具可供選擇：第一個選項是騎自行車，另一個選項是坐紅色的公車。如果這個人對騎自行車或坐紅色公車沒有特別的偏好，所以這兩個選項的機率相等，都是 $\frac{1}{2}$（P _{自行車}＝P _{紅公車}＝ $\frac{1}{2}$）。騎自行車與坐紅色公車的勝算則為 $1 = \frac{1}{2} \Big/ \frac{1}{2}$。假定現在有另一家藍色公車開始營業。這家藍色公車與紅色公車在路線和服務品質上都相同，只有顏色不同。所以乘客對公車的選擇也沒有特別偏好。在 IIA 的假定下，勝算不應受到其他選項的影響，也就是勝算仍須為 1。如果有新的選項，為了維持原有的勝算值，則必須調整各選項的機率。這表示，騎自行車，坐紅色公車與坐藍色公車的機率都應是 $\frac{1}{3}$（P _{自行車}＝P _{紅公車}＝ P _{藍公車}＝ $\frac{1}{3}$），如此騎自行車與坐紅色公車的勝算才可仍維持為 1（$1 = \frac{1}{3} \Big/ \frac{1}{3}$）。不過實際上，這個人騎自行車的機率可能不變，仍為 $\frac{1}{2}$，但是乘坐公車的機率則為兩家公車均分，各為 $\frac{1}{4}$（P _{紅公車}＝P _{藍公車}＝ $\frac{1}{4}$）。

所以在引入新的選項後，騎自行車與坐紅色公車的勝算則為 $2 = \dfrac{1}{2} \Big/ \dfrac{1}{4}$。

這個結果顯示，因為引入新的選項而改變了原有的機率與勝算，所以違反了 IIA 假定。如果仍執著於原有的想法，其結果是高估了乘坐公車的機率，而低估了騎自行車的機率。因為多項勝算對數模型以 IIA 假定為前提，上面的說明顯示該模型的適用性端賴是否違反這項假定。

下面介紹兩種常見的 IIA 檢定方法：Hausman 檢定法與 Small-Hsiao 檢定法。但是我們要先提示讀者，這兩種檢定法未必可靠，所得的結果往往相互抵觸，很難得到確切的結論，但是因為它們是最常見的方法，所以下文仍然加以介紹。

大體來說，這兩種方法都有兩個步驟。第一個步驟是估計一個包含所有類別的完整模型（full model）。然後將某一個類別除去，估計相關的係數，一般稱為限制模型（restricted model）。第二個步驟是將完整模型與限制模型相比較，如果統計上顯著，表示違反了 IIA 假定，多項勝算對數模型則不適用。當依變數有 J 個類別，上述的程式可重複 $J-1$ 次。每一次都排除一個不同的類別，而有一個不同的限制模型，然後計算出新的檢定係數。Hausman 檢定法與 Small-Hsiao 檢定法都可以用 mlogtest 指令來執行。下面的討論僅介紹相關的操作程式，不細談理論與公式。有興趣的讀者可參考 McFadden（1973）。

Hausman 檢定法

Hausman 檢定法可以用 mlogtest 來執行。下面的例子並加上 base 附屬指令，結果如下：

```
. quietly mlogit smd2_pr2 male age edu urban LDP NotLDP ldprepeat ideo196m, base
> outcome(2)

. mlogtest, hausman base
**** Hausman tests of IIA assumption (N=1671)

Ho: Odds(Outcome-J vs Outcome-K) are independent of other alternatives.

Omitted |    chi2     df    P>chi2    evidence
--------+---------------------------------------
     LL |    2.454    17    1.000     for Ho
     NL |    0.629    18    1.000     for Ho
     NN |   -1.220    17    ---       ---
     LN |   -2.017    17    ---       ---

Note: If chi2<0, the estimated model does not
meet asymptotic assumptions of the test.
```

上面的結果列出所檢定的虛無假設為：類別 j 與類別 k 的勝算與其他類別不相關。四項卡方值是將所列的類別除去後所估計的。例如，卡方值 2.454 是將類別 1（LL）除去後所得的限制模型，再與完整模型比較計算出來。因為有 base 附屬指令，hausman 檢定法也計算除去類別 2（LN）後的卡方值。四項卡方值中的前兩項統計上不顯著，所以表示不違反 IIA。後兩項的卡方值為負值。根據 Hausman 與 McFadden（1984:1226）的解釋，hausman 檢定略去某一類別後的檢定，若卡方值呈現負數，表示不違反 IIA。所以整體結果顯示，所有的卡方值統計上都不顯著，表示該多項勝算對數模型不違反 IIA 假定。

Small-Hsiao 檢定法

Small-Hsiao 檢定法也可以用 mlogtest 來執行，結果如下：

```
. mlogtest, smhsiao
**** Small-Hsiao tests of IIA assumption (N=1671)

Ho: Odds(Outcome-J vs Outcome-K) are independent of other alternatives.

Omitted |  lnL(full)   lnL(omit)    chi2    df    P>chi2    evidence
--------+----------------------------------------------------------
     LL |  -296.790    -290.975   11.629    18    0.866     for Ho
     NL |  -444.804    -436.895   15.817    18    0.605     for Ho
     NN |  -233.334    -224.219   18.230    18    0.441     for Ho
```

上面的結果顯示，所有的卡方值統計上都不顯著，表示該多項勝算對數模型並沒有違反 IIA 假定。這個結論與用 Hausman 檢定法所得相同。但是，因為 Small-Hsiao 檢定法的計算方法是將所有的案例隨機分為兩部分，所以每次所得的結果都不一樣。例如，我們再執行上述 smhsiao 指令後，結果顯示最後一個卡方值統計上顯著，表示違反了 IIA 假定，而前兩項卡方值則統計上不顯著。讀者可自行重複計算，所得結果每次都會不同。

```
. mlogtest, smhsiao

**** Small-Hsiao tests of IIA assumption (N=1671)

Ho: Odds(Outcome-J vs Outcome-K) are independent of other alternatives.

Omitted | lnL(full)  lnL(omit)   chi2    df   P>chi2   evidence
--------+--------------------------------------------------------
    LL  | -307.284   -299.038  16.490    18   0.558   for Ho
    NL  | -467.480   -458.959  17.043    18   0.520   for Ho
    NN  | -289.755   -275.291  28.929    18   0.049   against Ho
```

　　總之，Hausman 檢定法與 Small-Hsiao 檢定法所得的結果往往相互抵觸，很難得到確切的結論。經過一連串的實驗，Long 與 Freese 認為 IIA 假定的檢定，最終仍在使用者的主觀判斷（2006: 243）。他們引述美國學者 McFadden（1973）的話來說，多項勝算對數模型的使用必須要符合下面兩個條件：（1）依變數的類別是否有很明顯的差異；以及（2）類別間是否相互獨立的。

第三篇

受限變數

第七章

直接篩選型受限依變數的分析：截尾迴歸、Tobit 模型與設限迴歸

「受限依變數」（limited dependent variable，簡稱 LDV；亦稱 limited outcome 或 limited response），顧名思義，就是指依變數觀察值的範圍（range），因爲某種原因受到了侷限（restricted），無法觀測到母群中該變數所有可能的值。不同於本書其它各章，第七、八章所討論的依變數並不限於分類的質變數，而是也包含連續（continuous）的變數在內。既然如此，爲何要在本書中討論它呢？因爲不論依變數爲分類或連續，一旦其觀測受到了侷限，便往往與分類變數脫離不了關係。例如在分析設限（censored）變數時，其依變數就視爲是間斷（discrete）與連續變數兩者的混合體（mixture）。而在分析選樣模型時，樣本「是否受限」的篩選機制往往是以二分類依變數的機率單元模型（binary probit model）來分析，該篩選機制無疑就是個質變數。因此本章的主題，屬於類別資料分析的延伸與應用（Maddala 1983）。

　　社會科學中，依變數受限的情況屢見不鮮，使得這個主題極端重要。

　　一、經濟學：例如經濟學家 Tobin[1]（1958）首開先河之作，便是研究 735 個家庭的耐用財支出占可支用所得之比例，其中有 183 個家庭的依變數登錄爲 0 元，其餘 552 個家庭的依變數則爲連續的正值，至於自變數則全體 735 個樣本均有觀測到，屬於典型「正解值包含零的依變數」（corner solution outcome），亦常被視爲依變數下（左）方設限（left-censored）爲 0 的一個特例。

　　二、政治學：例如競選法規訂定競選支出之上限不得超出五千萬元，即使實際支出超出此一上限，候選人申報額卻往往至多就是五千萬，構成所謂「上（右）方設限」（right-censored）。

　　三、民意調查：民意調查若在抽樣設計時即依照 Y 的值排除了某群人（例如月收入在若干元以下之貧困戶），搜集到的資料便構成了所謂的「截尾」（truncation）分布。此外，在執行調查時，往往會遇到抽中的樣本雖接受訪問，但對問卷中的若干問項拒絕回答（稱爲項目無反應，

---

[1]　James Tobin（1918-2002）為1981年諾貝爾經濟學獎得主。

item nonresponse），造成了選樣（sample selection）的問題。

　　諸如此類狀況，如果不明就裡，仍然以一般最小平方法進行迴歸分析，往往估計值產生偏誤與不一致，得到錯誤的結論，不可不慎。下面的章節中，我們將分別介紹如何分析這些變數。

第一節　受限依變數的成因：非隨機之缺漏值（Missing Not At Random）

壹、缺漏資料（missing data）

　　我們在搜集或分析資料時，往往無法取得所有的資料，因此有了缺漏值（missing values）。如果缺漏值發生在依變數上，也就是依變數觀察值的範圍受到了侷限，有部分無法觀測到時，這就形成了受限依變數。按照 Little and Rubin（2002）的分類，依變數（Y）發生缺漏的機制有三種。第一種情況是完全隨機缺漏（missing completely at random，或 MCAR）。Y 發生缺漏的機率，既無關 Y 本身的值，也無關資料中任何其它的變數。換言之，無缺漏的觀察單元，就如同整組樣本的隨機次樣本（random subsample）。這種情況，除了樣本數減少而降低統計檢定力（statistical power）外，並不會影響參數估計的一致性。第二種情況是隨機缺漏（missing at random，或 MAR）。Y 發生缺漏的機率，僅取決於已觀測到（observed）的自變數（X），因此在控制了 X 之後，Y 的缺漏便無關 Y 本身的值。換言之，研究者只要控制了 X 之後，就可忽略（ignorable）Y 出現缺漏值的機制，仍得到一致之參數估計。設若 D 代表選樣機制，MAR 意味著 $\Pr(y\,|\,x,D) = \Pr(y\,|\,x)$。這類型的缺漏值，一般可以「多重插補」（multiple imputation，或 mi）的方法來處理，Stata 亦有內建之 mi 群組指令執行多重插補（StataCorp, 2009）。

　　上述的兩種情況因為是完全隨機缺漏或是隨機缺漏，所以無缺漏的

觀察單元，或者有如整組樣本的隨機次樣本，或者可透過控制 X 的方法，其結果都不會影響參數估計的一致性。但是下述第三種情況因為是非隨機缺漏（missing not at random, 或 MNAR），就需要特別注意。在非隨機缺漏的情況下，Y 出現缺漏值的機制，直接受制於 Y 值的本身，或者受某些未觀測到（unobserved）的因素之影響，即使控制了 X 之後仍然是非隨機的。在分析這類受限依變數時選樣的機制不可忽略（nonignorable），分析時必須予以正視，必要時應重建選樣機制的模型。倘若研究者忽略了依變數非隨機缺漏的事實，而逕用一般的統計方法，例如一般最小平方法（OLS）之線性迴歸，就會產生估計與推論之偏誤，第七、八章即是討論分析受限依變數的統計模型。

貳、依變數非隨機缺漏

受限依變數之是否被觀測到，往往取決於某種非隨機之篩選機制（selection mechanism），所以受限依變數的缺漏亦非隨機。本章所謂的「篩選」（selection），純粹是指「是否落入可觀察得到的那一組」（the selection of an observation as an observable）而言。我們依照 Goldberger（1981）將篩選機制分為直接與間接篩選兩大類，每一類又分為若干次類，如圖 7.1 所示。

一、直接篩選（explicit selection）

在這種情形下 Y 之發生缺漏，直接取決於 Y 本身的某個門檻值。直接篩選又可進一步分為下列幾種：

1. 截尾（truncation）。這通常發生在抽樣階段時，因抽樣設計的考慮或實際遭遇的困難，母群（population）一開始就受到了限制，使得 Y 高於（或低於）某個門檻值 c 者都未納入樣本。例如，民意調查若在抽樣設計時即將月收入在 500 元以下之貧困戶排除，

搜集到的資料便構成了截尾的分布。由於月收入在 500 元以下的樣本根本未入選,因此不但依變數 Y 的分布被截斷,而且連自變數 X 的值也觀測不到,X 和 Y 兩者都發生了缺漏(jointly missing)。因此若從完整母群本可抽 n 個機率樣本,但其中有 n_0 個因 Y 值而被截尾,則資料檔中就只剩 $n_1 = n - n_0$ 個有效的樣本。

2. 正解值包含零(corner solution outcome)。理性選擇模型在分析最適行為(optimal behavior)時,有的時候其解值之一為零。例如研究對象之中有相當比例的人捐款額為 0、購買汽車等耐用財之金額為 0,其餘的人則為連續之正值。這種依變數雖亦可視為從 0 以下設限(例如 Breen, 1996),但其設限值 0 是有意義的真值,而不是因觀測不到真正的負值而武斷地設定為 0(Wooldridge, 2010: 667)。

3. 設限(censored)。設限與截尾的差異,在於設限的母群並未受到限制,整組 n 個樣本仍然能代表母群,但在資料釋出之前,基於某種原因將一部分樣本的依變數 Y 自一個武斷的 c 值以上(或以下)予以掩蓋,使得依變數 Y 的測量不完整。也就是說,Y 高於(或低於)某個門檻值 c 時,依變數 Y 只登錄了該門檻值 c,至於 Y 真正的值則不得而知,只知道是高於(或低於)c;不過自變數 X 的值倒都保留下來,未受到影響。例如官方記錄基於保護隱私等考慮而不予揭露特高所得者之收入,僅以門檻值 c 標示之。又例如家戶所得調查中,將年所得高於一千萬元者,歸併後僅記錄「一千萬以上」,但不揭露其實際的值,此時「一千萬」就是上方設限(upper censoring)的值。不過這些 Y 被設限的案例,其性別、年齡等自變數都仍保留在資料中。

4. 區段設限(interval censored)。區段設限是上述從固定值 c 設限的一種延伸,研究者將 Y 值的範圍分成若干個區段,雖未觀測到研究對象 Y 的數值,但知道其 Y 是落於某個已知的區段之內。例如測量月薪時,為了避免受訪者因為太敏感而不願回答,研究者

往往不直接問受訪者月薪的金額數，而將所得區分爲一千美元以下、一至五千、五千至一萬、及一萬以上等類別讓受訪者選擇。其中落入「一千以下」者爲「下（左）方設限」、落入「一萬以上」者爲「上（右）方設限」，其餘則爲「兩方設限」。區段設限與一般設限的差異，在於各觀察單位的上下設限值會因人而異，例如張三的月薪落於一至五千間，而李四則爲一萬以上。另一方面，區段設限與一般有序多分類變數（ordinal variable）的差異，在於 Y 的區段切點爲已知之實數值，而有序多分類變數的類別切點爲未知，由模型（例如成長曲線迴歸）來估計。

二、間接篩選（incidental selection）

在間接篩選的情形下 Y 之是否有缺漏，間接取決於 Y 以外的另一個篩選機制，該機制反映於隱性（latent）變數 D。也就是說，必須 D 的值先過了門檻，Y 才會被觀測到，D 若未過門檻，Y 便觀察不到（有缺漏）；至於其它自變數的值則都沒有缺漏。這類間接篩選又可依照兩個機制（亦即「篩選 Y 是否觀察得到的機制」與「Y 一旦觀察到了，決定其觀測值大小之機制」）的關係，進一步分爲兩個次類：

1. 倘若學理上篩選的機制與決定 Y 觀察值大小的機制，兩者相互獨立、各自爲政，則研究者可兵分兩路個個擊破，分開估計，稱爲「兩段式模型」（two-part model）；由於其第一段處理 D 的值是否有過門檻，第二段才分析過了門檻的 Y 值，所以也稱爲「跨門檻（或跨欄）模型」（hurdle model）。譬如分析投資行爲，可將投資視爲兩個階段的選擇：先決定「是否」投資，唯有跨越了這道障礙選擇要投資之後，下一步才決定投資「多少」。

2. 倘若篩選機制與決定 Y 觀察值的機制，兩者息息相關，則屬於「選

樣模型」（sample selection model）[2]。這通常發生在研究者無法掌控的因素 D，而 D 又決定了研究對象的 Y 是否有被觀察到，因此稱為「選樣」，如果是樣本自己選擇其依變數 Y 是落入觀測組還是缺漏組，則稱為「自選」（self-selection）。例如研究女性薪資 Y 高低的決定因素時，若 n_0 個樣本未就業（$D=0$），則根本沒有薪資所得 Y 的訊息；唯有選擇了就業（$D=1$）的 n_1 個女性，才有薪資所得的觀測值，也才能進一步分析其受教育程度、資歷等其它自變數的影響。但是如果忽略未就業的女性，僅以 n_1 個就業者的薪資進行迴歸分析，而實際上卻有未觀測到的因素同時影響女性之就業與否（D）以及就業者薪資之高低（Y），則係數估計值便會產生偏誤。乍看之下，似可將虛擬變數 D 納入模型作為控制變數，實則不可行，因為就 Y 有觀測值的 n_1 個樣本而言，D 都等於 1，變成了常數，與截距之常數項呈共線性（collinear），所以無法估計，需要另闢蹊徑，例如可以使用第八章討論之「選樣模型」來估計。

在下文中，我們先討論直接篩選的四種模型，並說明其 Stata 之指令應用（見表 7.1）。間接篩選的模型則留待第八章中討論。

表 7.1　截尾與設限模型及其 Stata 指令

LDV 模型	Stata 指令
截尾迴歸	truncreg, ll() ul()
Tobit 模型	tobit, ll(0)
一般設限迴歸	tobit, ll() ul()
區段設限	intreg *depavr_1 depvar_2*

資料來源：作者自行整理。

---

[2] 完整的名稱應該是「選樣偏誤之校正模型」（sample selection corrections model）（Wooldridge, 2009: 606），因為這類模型的目的，在校正非隨機樣本引起的參數估計之偏誤問題。但因一般文獻多逕稱 sample selection model，故以下簡稱為「選樣模型」。

第二節　無母數觀（Nonparametric Perspective）： Manski之上下限區段法

　　一般討論受限依變數的課本，都直接切入截尾迴歸、設限迴歸等參數模型（parametric models），這是因爲這些模型應用確實廣泛。本章第三至六節也會說明這些模型，不過在概念上，仍應當循序漸進，先從不預設任何假定（assumptions）的無母數觀點（nonparametric perspective）瞭解缺漏值在推論上造成的問題癥結，方能進一步體會各種假定在「解決」這些問題時所扮演的角色，並在應用時仔細思考這些假定對研究主題的適切性，避免盲目的套用模型與統計軟體的指令。爲求簡潔易懂，本節僅針對比較單純的依變數設限、但自變數均無缺漏的情況來說明。

　　說穿了，無母數的觀點其實很簡單：依變數既然有缺漏，我們就應充分考慮缺漏部分在邏輯上所有可能的值，然後思考這些可能的值對推論標的（如依變數之條件分布或條件平均數等）所可能造成的影響，先不急著對變數分布及產生缺漏的機制做任何假定。本節的說明，只是將這個觀念透過基本的機率論加以形式化，力求簡明精確而已（參考 Manski 1995, 2003, 2007, 2008）。

壹、推論的根基：機率總和律（The Law of Total Probability）

　　假定我們感興趣的母群有三個變數 (y, D, x)，y 代表依變數，x 代表自變數，而 D 則是虛擬變數：$D = 1$ 表示有觀察到 y 的值，$D = 0$ 表示沒有觀察到 y 的值。設若從母群中隨機抽取 n 個樣本，則每個樣本 $i = 1, ..., n$ 的依變數 y_i 是否有觀測到，端視 $D_i = 1$ 還是 $D_i = 0$ 而定。

　　倘若我們想從搜集到的資料推論 y 的條件分布，則可運用耳熟能詳的「機率總和律」來解剖 y 的條件分布：

$$\Pr(y\,|\,x) = \Pr(y\,|\,x, D=1)\Pr(D=1\,|\,x) + \underbrace{\Pr(y\,|\,x, D=0)}_{\substack{\text{缺漏掉的y之條件分布} \\ \text{觀察不到}}}\Pr(D=0\,|\,x)$$

$$(7.1)$$

上式中等號右邊有四項機率，$\Pr(y|x, D=1)$ 代表無缺漏值 y 的條件機率，$\Pr(D=1|x)$ 則爲 y 值可被觀察到的條件機率，也就是 y 無缺漏值的機率。$\Pr(y\,|\,x, D=0)$ 代表缺漏掉的 y 的條件機率，而 $\Pr(D=0|x)$ 爲 y 值不能觀察到的條件機率，也就是 y 有缺漏值的機率。在這四項機率中，有三項可以用觀察到的樣本來推估，唯獨 $\Pr(y\,|\,x, D=0)$ 爲缺漏值，無法從觀察到的樣本來推估，所以可能是 y 的任何一種機率分布。由於缺漏值造成推論上的困擾，因此有些應用研究便對缺漏的部分「視而不見」，但這形同硬拗 $\Pr(D=0\,|\,x)=0$，掩耳盜鈴；或是走後門暗中夾帶了一個未證實的「隨機缺漏」假定：

$$\Pr(y\,|\,x, D=0) = \Pr(y\,|\,x, D=1) = \Pr(y\,|\,x) \qquad (7.2)$$

棘手的是，正因爲 $P(y\,|\,x, D=0)$ 是缺漏值，因此這個「隨機缺漏」的假定無法以樣本資料本身來證實或證僞。研究者因此要旁徵博引，方能取信於人。

那麼萬一沒有旁證呢？其實我們也大可不必因爲依變數有缺漏值就把兩手一攤而感到束手無策，畢竟機率一定介於 0 與 1 之間，何不正視問題，來個腦力激盪，找出癥結所在，才好對症下藥。

貳、問題的癥結：識別問題（Identification Problem）

在解決的方法上，我們首先將未知的 $\Pr(y\,|\,x, D=0)$ 定義爲 γ，而 $0 \le \gamma \le 1$，「機率總和律」（公式 7.1）便可改寫爲：

$$\Pr(y \mid x) = \Pr(y \mid x, D=1)\Pr(D=1 \mid x) + \gamma \Pr(D=0 \mid x) \qquad (7.3)$$

以此為基準，來設想幾種可能的狀況：

一、極端情況一

假定 y 真的沒有缺漏，缺漏的機率為 $P(D=0 \mid x)=0$，也就是 $\Pr(D=1 \mid x)=1$，結果 $\Pr(y \mid x)=\Pr(y \mid x, D=1)$，我們便可完全從樣本來估算 y 的條件機率。這種理想的情況，可達到「完全識別」或「單一值識別」（complete or point identification）。

二、極端情況二

假定不幸 y 統統都缺漏了，也就是缺漏的機率 $\Pr(D=0 \mid x)=1$（即 $\Pr(D=1 \mid x)=0$），則 $0 \le \Pr(y \mid x)=\gamma \le 1$，也就是條件機率可能是任何可能的機率值，這表示 y 的條件機率「無法識別」（unidentified）。這樣的結果對我們毫無幫助。

三、介於兩個極端情況之間

假定 y 僅有部分缺漏，也就是缺漏的機率小於 1（即 $0 < P(D=0 \mid x) < 1$）此時 $\gamma P(D=0 \mid x) < 1$，未知的範圍比 $0 \le \gamma \le 1$ 縮小了，在識別上露出一線曙光。我們如果進一步將 γ 的兩個極端值 0 與 1 分別代入「機率總和律」，可得知

$$\begin{aligned}\Pr(y \mid x, D=1)\Pr(D=1 \mid x) &\le \Pr(y \mid x) \\ &\le \Pr(y \mid x, D=1)\Pr(D=1 \mid x) + \Pr(D=0 \mid x)\end{aligned} \qquad (7.4)$$

也就是說，

1. 若 $\gamma = 0$，樣本資料可推算 y 的條件機率之下限（lower bound）為 $\Pr(y\,|\,x, D=1)\Pr(D=1\,|\,x)$；

2. 若 $\gamma = 1$，樣本資料可推算 y 的條件機率之上限（upper bound）為 $\Pr(y\,|\,x, D=1)\Pr(D=1\,|\,x) + \Pr(D=0\,|\,x)$。

這種情況稱為「局部識別」或「區段識別」（partial or region identification）。很顯然，「局部識別」不如「完全識別」般能推算出唯一的解值，但也絕對不至於像是「無法識別」般的毫無幫助；「區段識別」充分運用搜集到的樣本資料，據實以告曰：條件機率可能坐落在識別區段（identification region）上下限之間的任何一點，但至於是其中的哪一點，樣本資料本身就識別不出來了。當然，我們會希望這個區段越窄越好，不過上下限法傳達了一個重要的訊息：區段的寬窄，完全取決於缺漏機率 $\Pr(D=0\,|\,x)$ 的大小！天下沒有白吃的午餐，缺漏的機率 $\Pr(D=0\,|\,x)$ 越高，區段也越寬，推論的不確定性自然也越高，反之亦然；其理甚明。換言之，上下限法推算的是「最壞狀況區段」（worst-case bound），其準則是：有多少證據說多少話，不增一分、不減一分。

參、條件期望值之局部識別

上述推算條件機率上下限的方法，也適用於推算分布的參數，其中最常見的研究標的，莫過於「條件平均數」（conditional mean），也就是大家所熟悉的「迴歸」（regression）。這可以由「遞迴期望值律」（the Law of Iterated Expectations）來說明：

$$E(y\,|\,x) = E(y\,|\,x, D=1)\Pr(D=1\,|\,x) + \underbrace{E(y\,|\,x, D=0)}_{\text{缺漏掉的y之條件期望值}}\Pr(D=0\,|\,x)$$

$$(7.5)$$

上式中，$E(y\,|\,x, D=1)$ 代表無缺漏值 y 的條件平均數，$\Pr(D=1\,|\,x)$ 則為

y 值可被觀察到的條件機率，也就是 y 無缺漏值的機率。$E(y\,|\,x,D=0)$ 代表缺漏掉的 y 的條件平均數，而 $\Pr(D=0\,|\,x)$ 為 y 值不能觀察到的條件機率，也就是 y 有缺漏值的機率。就像前述的「機率總和律」一樣，等號右邊有三項可以用觀察到的樣本來推估，唯獨 $E(y\,|\,x,D=0)$ 為缺漏值，無法從觀察到的樣本來推估，所以可能是 y 值範圍內任何可能的值。這又可分為兩種情況：

　　一、若依變數 y 本身有邊界，也就是 y 值介於下限值（ y_ℓ ）與上限值（ y_u ）之間（這可以 $y_\ell \le y \le y_u$ 來表示），則 y 的條件期望值也一定在 y_ℓ 與 y_u 之間，也就是 $y_\ell \le E(y\,|\,x) \le y_u$。因此我們可將兩個極端值代入「遞迴期望值律」，求出條件期望值的上下限區段：

$$
\begin{aligned}
E(y\,|\,x,D=1)\Pr(D=1\,|\,x)+y_\ell\Pr(D=0\,|\,x) \\
\le E(y\,|\,x) \le \\
E(y\,|\,x,D=1)\Pr(D=1\,|\,x)+y_u\Pr(D=0\,|\,x)
\end{aligned}
\tag{7.6}
$$

這個識別區段的寬度為 $(y_u - y_\ell)\Pr(D=0\,|\,x)$。也如同條件機率一樣，這個區段的寬窄，完全取決於缺漏機率 $\Pr(D=0\,|\,x)$ 的大小！不過只要缺漏的機率小於 1，也就是 $0<\Pr(D=0\,|\,x)<1$，識別區段就會小於 y 本身的全距 $[y_\ell, y_u]$，對推論條件期望值有幫助。

　　二、但若依變數 y 可以是任何實數值，也就是 $-\infty \le y \le +\infty$，則上式顯示條件平均數也可能是任何的實數值，無法縮窄其上下限。這樣的結果對我們毫無幫助。

肆、上下限法對處理受限依變數之意含

　　反對者往往會不耐煩地提出「上下限無用論」，因為這個方法通常不能幫我們求出唯一的解（unique solution），只能獲得一個區段，這樣「不上不下」的，好生尷尬。但是 Manski 正確的指出，上下限即使太寬，

也只是忠實地反映經驗證據的限制,提醒研究者應正視該問題,忠言逆耳,實非戰之罪。何況上下限之區段還有兩大功能:

一、上下限區段本身無可爭議。因為上下限區段忠實地反映經驗證據,研究者間即使因學門流派不同而意見相左,其論辯也不得超出此一範圍。

二、凸顯各種假定所扮演的角色。任何模型及方法若以帶入假定的方式縮窄上下限區段,均需證成(justify),無可卸責。誠然,假定下得越多、越重,區段縮得越窄,甚至可以求得唯一的解(也就是「完全識別」),這樣的結果固然令人驚豔,但是其推論的可信度卻端賴假定的可信度而定。一般而言,假定越重,區段越窄,但推論的可信卻往往越低。Manski(2003: 1)稱之為「可信度遞減律」(the Law of Decreasing Credibility)。因此充分瞭解資料資料產生的脈絡(the context in which the data were generated),「權衡適度的假定、做出可信的推論,研究者責無旁貸」(黃紀,2008:7,2010:110)。

伍、上下限法的實例

在介紹了上下限法的理論基礎後,我們以 Long(1997)對自然科學家就業的研究來作進一步的說明(Stata 資料檔為 job1TOB.dta)。Long(1997)曾研究:剛從學校畢業的自然科學家是否能獲得好學校的聘任,究竟是受到哪些因素的影響?其樣本為 408 位生物化學家,依變數為這些學者初次獲聘單位的學術聲望。這是一個數值為 1.0 至 5.0 的連續變數,但是 1.0 其實是指該校的研究所評鑑不合格或者根本沒有研究所。所以資料中登錄為 1.0 的案例,其任職單位真正的聲望值應該是介於 0 與 1.0 之間,但實際的值有缺漏,究竟是多少不得而知。不過自變數如性別、獲得博士學位系所的聲望等都沒有缺漏,所以是個典型的下方設限(lower censoring)資料,我們以變數 $D=0$ 代表設限, $D=1$ 代表沒有設限。表 7.2 為性別與初次任職單位聲望有無設限之交叉表,表內細格呈現的是樣

本數及橫列百分比。該表顯示在 408 個案例中，有 99 個案例（其中男性 45 人、女性 54 人），其任職單位真正的聲望值有缺漏。

表7.2　樣本之性別與服務單位學術聲望交叉表

		初次任職單位之聲望 Y		
		$y = 1.0$ ($D = 0$)	$y > 1.0$ ($D = 1$)	
性別 X	男 ($x = 0$)	45 (18.07%)	204 (81.93%)	249
	女 ($x = 1$)	54 (33.96%)	105 (66.04%)	159
		99 (24.26%)	309 (75.74%)	408

　　倘若我們想知道初次獲聘單位的真正聲望（Y）是否因性別（X）而有差異。一般處理的方式，往往是忽略那 99 個案例，以實際測得聲望大於 1.0 的 204 位男性及 105 位女性，計算的平均聲望各爲 2.6076 及 2.6694，顯示男女差距甚小，但女性工作單位的聲望略高於男性（約 0.0618）。不過放棄寶貴資訊而不用，形同強行截尾一般，甚爲可惜。何況如前面所述，這樣估計已經偷渡了一個「隨機缺漏」（MAR）的假定，衡諸實際，難以服衆。另一種常見的方式，則是索性以設限值 1.0 代入這 99 人，結果男女之平均值各爲 2.3171 及 2.1025，男性工作單位的聲望則比女性高 0.2146。不過硬把下方設限值當成真值，明顯會高估平均數。所以只比較兩個高估的平均數，結論又似有偏頗。

　　登錄爲 1.0 者實際的值既然可能是介於 0 與 1.0 之間的任何數，我們便應將之完全考慮在內，所以引用前述之「遞迴期望值律」（公式 7.6）來求條件期望值的上下限區段：

$$E(y|x,D=1)\Pr(D=1|x)+y_\ell\Pr(D=0|x)$$
$$\leq E(y|x)\leq$$
$$E(y|x,D=1)\Pr(D=1|x)+y_u\Pr(D=0|x)$$

我們先估算女性（$x=1$）就業單位的平均聲望：

1. 下限：$E(y|x=1,D=1)\Pr(D=1|x=1)+y_\ell\Pr(D=0|x=1)$
$$=2.6694\times0.6604+0\times0.3396=1.7629$$

2. 上限：$E(y|x=1,D=1)\Pr(D=1|x=1)+y_u\Pr(D=0|x=1)$
$$=2.6694\times0.6604+1.0\times0.3396=2.1025$$

接著估算男性（$x=0$）就業單位的平均聲望：

1. 下限：$E(y|x=0,D=1)\Pr(D=1|x=0)+y_\ell\Pr(D=0|x=0)$
$$=2.6076\times0.8193+0\times0.1807=2.1364$$

2. 上限：$E(y|x=0,D=1)\Pr(D=1|x=0)+y_u\Pr(D=0|x=0)$
$$=2.6076\times0.8193+1.0\times0.1807=2.3171$$

若將缺漏的機率納入考慮，發覺女性就業單位之平均聲望的上限值，比男性就業單位之平均聲望的下限值還低，女性顯然未受公平的待遇。這與忽略缺漏依變數所得到的結論大相徑庭！

陸、Stata指令outcen之應用

Beresteanu and Manski（2000）用 Stata 撰寫了 Bounds 程式，其中的 outcen（取 outcome censoring 二字的前三個字母）指令，可以用來計算條件平均數的上下限。不過 Bounds 程式並非 Stata 內建程式，故需先上網下載安裝後，方能執行。關於下載的程式，讀者請參閱第二章關於 Bounds 程式的討論。

接下來，打開資料檔 job1TOB.dta。記得本書假定該軟體安裝於 c:\Programs Files\Stata11\ado 下，所以資料檔 job1TOB.dta 也應列於該檔案夾下。我們以 summarize 取得依變數「初次任職單位之聲望」（jobcen1）及自變數「性別」（fem，1 代表女性、0 代表男性）相關的描述統計資料：

```
. summarize jobcen1 fem
    Variable │      Obs       Mean    Std. Dev.       Min        Max
─────────────┼───────────────────────────────────────────────────────
     jobcen1 │      408    2.233431    .9736029          1        4.8
         fem │      408    .3897059    .4882823          0          1
```

如前所述，依變數 1 的值其實是個武斷的設限值，只知道介於 0 與 1 之間，但真值卻不得而知。因此我們以 generate 指令創造兩個新變數：一個是新的依變數 y，只包含有觀察到真值的 309 個樣本；另一個是虛擬變數 D，$D = 0$ 代表 y 有缺漏、$D = 1$ 代表 y 無缺漏：

1. 從主選單 Data→Create or Change Data→Create new variable，打開對話窗 generate – Create a new variable。
2. 在所開啟的對話窗中，在 Main 介面的 Variable name 框中輸入變數名 y。在 Specify a value or an expression 框中輸入 jobcen1。
3. 然後到 if/in 介面的 If 框中輸入 jobcen1>1。按下 OK 鍵。
4. 重複上述步驟，在所開啟的對話窗中，在 Main 介面的 Variable name 框中輸入變數名 D。在 Specify a value or an expression 框中輸入(jobcen1>1)。按下 OK 鍵，便得下列結果：

```
. gen y=jobcen1 if jobcen1>1
(99 missing values generated)

. gen D=(jobcen1>1)
```

我們將 summarize 指令直接輸入視窗中，取得 y 與 D 的描述統計資料：

```
. summarize y D
```

Variable	Obs	Mean	Std. Dev.	Min	Max
y	309	2.628608	.7790427	1.1	4.8
D	408	.7573529	.4292097	0	1

上面的結果顯示，變數 y 只包含有觀察到真值的 309 個樣本，而變數 D 則為一個二分類變數，共有 408 個樣本。

我們然後以自變數「性別」（fem）與 D 建一個交叉表：

1. 自主選單 Statistics→Summaries, tables, and tests→Tables→Two-way tables with measures of association，打開對話窗 Tabulate 2 - Two-way tables。然後自 Row variable 框中選取變數 fem，自 Column variable 框中選取變數 D。並圈選 Within-row relative frequencies。

2. 按下 OK 鍵，即可得表 7.2 相同的結果。顯示有 99 個案例（其中男性 45 人、女性 54 人），其任職單位真正的聲望值有缺漏：

```
. tab fem D, row
```

Key
frequency
row percentage

fem	D 0	1	Total
0	45	204	249
	18.07	81.93	100.00
1	54	105	159
	33.96	66.04	100.00
Total	99	309	408
	24.26	75.74	100.00

接著計算 y 無缺漏（$D=1$）的條件下，男、女樣本的平均數 $E(y|x, D=1)$：

1. 自主選單 Statistics→Summaries, tables, and tests→Tables→Table

of summary statistics (table)，打開對話窗 table – Tables of summary statistics。然後自 Row variable 框中選取變數 fem，自 Column variable 框中選取變數 D。並在 Statistics 框中圈選 Mean。並在 Variable 框中圈選 y。

2. 按下 OK 鍵，即可得下面的結果：

```
. table fem D, c(mean y)
```

fem	D 0	1
0		2.607598
1		2.669429

結果顯示，男性及女性初次任職單位的平均聲望分別為 2.6076 及 2.6694，女性初次任職單位的聲望稍高於男性。因為我們忽略缺漏值，這樣的結果是偏頗的。我們也應該考量 99 個 y 有缺漏值（即 D = 0）的案例。所以我們可以用 Manski 的 Bounds 程式來計算男女平均聲望的上下限區段。我們先以 adopath 指令呼叫 Bounds 程式，

```
. adopath + "c:\Program Files\Stata11\ado\bounds_stata"
  [1]  (UPDATES)    "C:\Program Files\Stata11\ado\updates/"
  [2]  (BASE)       "C:\Program Files\Stata11\ado\base/"
  [3]  (SITE)       "C:\Program Files\Stata11\ado\site/"
  [4]               "."
  [5]  (PERSONAL)   "C:\ado\personal/"
  [6]  (PLUS)       "c:\ado\plus/"
  [7]  (OLDPLACE)   "c:\ado/"
  [8]               "C:\Program Files\Stata11\ado\bounds_stata"
```

　　然後我們以 Bounds 程式中的 outcen 指令計算男女平均聲望 $E(y|D,x)$ 的上下限區段。outcen 指令的句法結構為：

outcen *varlist*(min=2 max=6) [*if*] , AT(string) [, *options*]

上述指令中，

- *varlist*：為公式中所有的變數，其中第一個變數為依變數，其餘為自變數。
- *if*：為限制條件。
- AT(string)：括弧內為自變數，outcen 指令會依該自變數的值估計依變數的條件期望值的上下限。括弧內自變數的數目最高可達 4 個。
- *options*：為若干控制分析結果的選項

下面的 outcen 指令以 *y* 為依變數並以 *D* 與 fem 為自變數，at 附屬指令後列 fem。因為 fem 為二分類變數，以 1 代表女性並以 0 代表男性，outcen 指令因此會分別計算 fem 值為 0 與 1 時的上限與下限值。計算的結果會自動插進資料檔末尾成兩個新欄位：boundL 代表下限值，boundU 代表上限值。從資料檔可知，因為案例 1 是女性，且案例 408 為男性，所以我們可用 list 指令將案例 1 與案例 408 的上限與下限值分別列印出來，以顯示男女學者初次獲聘單位的學術聲望：

```
. outcen y D fem, at(fem)
. list fem boundL boundU in 1
```

	fem	boundL	boundU
1.	0	2.136345	2.317068

```
. list fem boundL boundU in 408
```

	fem	boundL	boundU
408.	1	1.76283	2.102453

上面的結果顯示：女性就業單位之平均聲望的上限值，比男性就業單位之平均聲望的下限值還低，女性顯然未受公平的待遇。

第三節　直接篩選之一：截尾分布（Truncated Distribution）及截尾迴歸（Truncated Regression）

分析受限依變數的參數模型（parametric models），通常假定連續依變數爲常態分布（normal distribution），而其結構式爲線性迴歸。如第一節的說明，截尾因在抽樣階段母群即受限制，資料僅來自次母群（subpopulation），因此不僅依變數受限、連自變數也付諸闕如，其缺漏值最嚴重，與類別變數的關係也最弱。本節之所以先從截尾分布來討論這類受限依變數的迴歸，主要是因爲截尾迴歸以常態分布所設定的基本概念，可以奠定後續討論設限與選樣等其他參數模型的基礎。

壹、截尾分布之特性及對參數之影響

連續依變數 Y 若被截尾，原分布曲線下的機率總和不再等於 1.0，故必須將被截斷部分的機率補回未被截斷的區段（rescaling over the un-truncated range），使機率總和仍然維持爲 1.0。這樣做，馬上會影響分布的形狀，使得期望值朝截點的反方向移動，也就是下（左）方截尾（truncation from below）時，未被截掉的 Y 值條件期望值便向上（右）移動；而若是上（右）方截尾（truncation from above）時，條件期望值便向下（左）移動。至於變異數（variance），則不論自何方截尾，皆會因全距變小而縮減。圖 7.2 顯示下（左）方截尾的情形。圖中有四個曲線，最細線所繪的是完整的常態分布曲線。當該曲線的左方受到截尾後（以虛線表示截點），爲了維持曲線下機率總和等於 1.0，被截掉的部分就被「擠」向右邊。因此，被截尾的曲線就向上突起，期望值也就朝截點的反方向移動。圖中以粗線所繪的三個曲線顯示，當截掉的部分越多，曲線突起的也越高，期望值就距截點越遠。

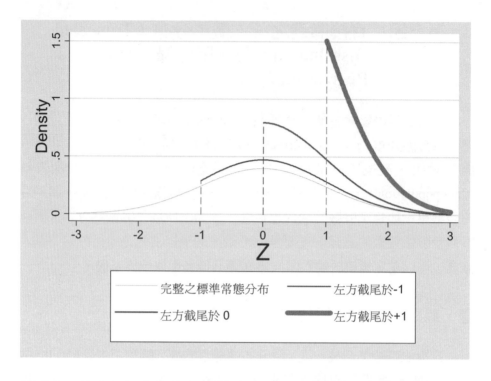

圖 7.2 下（左）方截尾之標準常態分布，截尾點分別為-1、0、+1

　　本節以較常見的下（左）方截尾來說明。連續依變數 Y 若自 c 點以下被截尾，則其下（左）方截尾之分布爲一條件分布（conditional distribution）（Amemiya, 1994: 28）：

$$f(y \mid y > c) = \frac{f(y)}{\Pr(y > c)} \tag{7.7}$$

上式中，小寫的 f 代表「機率密度函數」（probability density function，或 pdf）。

　　若進一步假定 Y 之完整分布爲常態，平均數爲 μ、變異數爲 σ^2，即 $Y \sim N(\mu, \sigma^2)$，前章已指出，習慣上常以小寫的 ϕ 代表標準常態分布的

機率密度函數，大寫的 Φ 代表其累積分布函數。自 c 點以下截尾後，Y 的截尾常態分布成爲：

$$f(y \mid y > c) = \frac{f(y)}{\Pr(y > c)} = \frac{\frac{1}{\sigma}\phi\left(\frac{c-\mu}{\sigma}\right)}{1-\Phi(\alpha)} = \frac{\frac{1}{\sigma}\phi(\alpha)}{1-\Phi(\alpha)} \tag{7.8}$$

其參數（平均數、變異數）成爲（Greene, 2012: 876）：

$$\begin{aligned} E(Y \mid \text{truncation}) &= \mu + \sigma \cdot \lambda(\alpha) \\ V(Y \mid \text{truncation}) &= \sigma^2 \left[1 - \delta(\alpha)\right] \end{aligned} \tag{7.9}$$

上式中的 $\alpha = \dfrac{(c-\mu)}{\sigma}$，測量截點 c 距離期望值 μ 有幾個標準差，也就是 c 的「標準分數」（standard score）。λ 和 δ 則是 α 的函數，若爲下（左）方截尾 $Y > c$，λ 和 δ 分別界定爲：

$$\lambda(\alpha) = \frac{\phi(\alpha)}{1-\Phi(\alpha)} \tag{7.10-1}$$

$$\delta(\alpha) = \lambda(\alpha)\left[\lambda(\alpha) - \alpha\right] \tag{7.10-2}$$

$\lambda(\alpha)$ 在相關文獻中舉足輕重，一般稱爲「Mills 比值之倒數」（inverse Mills ratio，或 IMR）[3]，在「存活分析法」（survival analysis）中也稱爲標準常態分布之「風險函數」（hazard function）。$\lambda(\alpha)$ 可解讀爲依變數「受限」之風險，其理論上之值域爲 $(0, +\infty)$，必爲正值，實際上則很少會大

---

[3]　John P. Mills（1926）表列「$1-\Phi(\alpha)$ 除 $\phi(\alpha)$」的數值，故稱「Mills比值」，參見Johnson and Kotz（1970: 278）。IMR則爲「Mills比值」之倒數。

於 4。當 $\alpha \approx 0.303$ 時，$\lambda(\alpha)$ 等於 1；當 $\alpha < 0.302$ 時，$\lambda(\alpha)$ 小於 1；當 $\alpha > 0.303$ 時，$\lambda(\alpha)$ 大於 1（參見圖 7.3）。換言之，下方截尾點 c 在原期望值 μ 左方時，距離 μ 越遠，α 值越小，$\lambda(\alpha)$ 也越接近 0，對截尾期望值的影響也越小；但隨著 c 點朝右方移動，依變數「受限」之風險上升，$\lambda(\alpha)$ 值變大，截尾期望值也隨著增大。此外，由於 $0 < \delta(\lambda) < 1$，因此截尾變異數必小於原變異數。

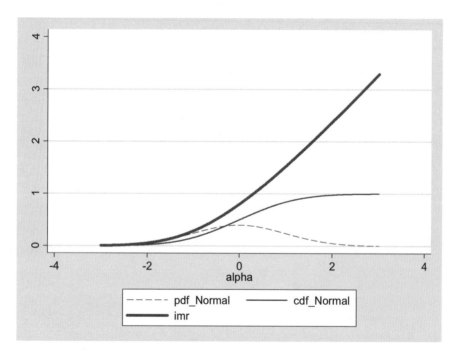

圖 7.3　標準常態分布之機率密度（pdf）、累積分布（cdf）、與「Mills 比值之倒數」（IMR）

倘若是上（右）方截尾，即 $Y < c$，則須將（公式 7.9）中之 $\lambda(\alpha)$ 調整為：

$$\lambda(\alpha) = \frac{-\phi(\alpha)}{\Phi(\alpha)} \tag{7.11}$$

上方截尾會使截尾期望值和截尾變異數都減小。

貳、截尾迴歸模型

　　如前所述，截尾的結果是樣本僅來自母群中的一部分，因此被截斷的部分不但依變數未觀測到，連自變數也未觀測到。其分析之迴歸模型，必須將此納入考慮，否則估計之迴歸係數便有偏誤。以圖 7.4 為例，假定橢圓形代表母群的分布，通過橢圓形兩頂端的直線為母群真實的迴歸線。但是如果該母群自門檻以下都缺漏了（即下方截尾），僅以未被截尾的資料估計出來的迴歸線（以虛線表示）就會變得較平坦，斜率小於母群真正的迴歸線，也就是迴歸係數產生了低估的偏誤。截尾迴歸模型則透過對母群常態分布的假定，校正此一偏誤。

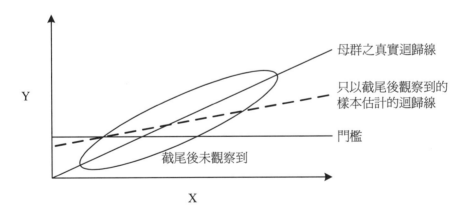

圖 7.4　下（左）方截尾對迴歸線之影響

資料來源：Brehm（1993: 102）。

一、截尾迴歸

假定在沒有截斷的情形下，其線性迴歸式為：

$$y_i = \mathbf{x}_i\boldsymbol{\beta} + \varepsilon_i, \quad \varepsilon_i \sim N(0, \sigma^2) \tag{7.12}$$

現若母群中依變數之分布自 c 以下均被截斷（左方截尾），則線性迴歸式為：

$$\begin{aligned} E(y_i \mid y_i > c, \mathbf{x}_i) &= E(\mathbf{x}_i\boldsymbol{\beta} + \varepsilon_i \mid \varepsilon_i > c - \mathbf{x}_i\boldsymbol{\beta}) \\ &= \mathbf{x}_i\boldsymbol{\beta} + E(\varepsilon_i \mid \varepsilon_i > c - \mathbf{x}_i\boldsymbol{\beta}) \\ &= \mathbf{x}_i\boldsymbol{\beta} + \sigma \cdot \lambda(\alpha_i) \end{aligned} \tag{7.13}$$

上式即為「截尾迴歸模型」，清楚顯示在截尾的情況下如仍採「一般最小平方法」（Ordinary Least Square，或 OLS）迴歸，形同忽略了重要的 IMR「變數」$\lambda(\alpha_i)$，造成模型之誤設（misspecification）；而「截尾迴歸模型」則是將截尾對條件期望值的影響納入原迴歸式之中，彷彿視 IMR 為「控制變數」一般，以獲得 $\boldsymbol{\beta}$ 之一致估計。至於 IMR 之設定，與前述截尾分布非常相似，只是以條件期望值 $\mathbf{x}_i\boldsymbol{\beta}$ 來取代 μ：

$$\begin{aligned} \alpha_i &= \frac{c - \mathbf{x}_i\boldsymbol{\beta}}{\sigma} \\ \lambda(\alpha_i) &= \frac{\phi(\alpha_i)}{1 - \Phi(\alpha_i)} \end{aligned} \tag{7.14}$$

截尾迴歸模型之估計，採最大或然估計法，其對數或然函數（log-likelihood function）為：

$$\ln L\left(\boldsymbol{\beta},\sigma \mid y_i,\mathbf{x}_i\right) = \sum_{i=1}^{n} \frac{\left(1/\sigma\right)\phi\left[\left(y_i - \mathbf{x}_i\boldsymbol{\beta}\right)/\sigma\right]}{1-\Phi\left(\alpha_i\right)} \tag{7.15}$$

將上式針對想估計之參數取其極大化，以數值法求解即可。對模型係數的解讀則端視研究者的研究興趣，

1. 如果研究者是對未截尾之完整母群感興趣，則自變數的效應就是係數的估計值 $\hat{\boldsymbol{\beta}}$。

2. 如果研究者是對左方截尾後之次母群感興趣，則自變數之邊際影響力（marginal effect）為：

$$\frac{\partial E\left(y_i \mid y_i > c\right)}{\partial \mathbf{x}_i} = \boldsymbol{\beta}\left(1-\delta_i\right) \tag{7.16}$$

上式中 $\delta_i = \delta\left(\alpha_i\right) = \lambda\left(\alpha_i\right)\left[\lambda\left(\alpha_i\right)-\alpha_i\right]$，$0 < \delta_i < 1$。換言之，自變數對截斷後之次母群的效應，小於對完整母群的效應，而其降低的幅度，正是截尾後次母群之條件變異數降低的幅度 δ_i，這也就是以最小平方法所求得的迴歸係數。

二、Stata的truncreg指令

Stata 內建的 truncreg 指令可以用來分析截尾迴歸，指令的句法結構為：

truncreg *depva*r [*indepvars*] [*if*] [*in*] [*weight*] [, *options*]

上述指令中，

- *depvar*：為依變數。
- *indepvars*：為自變數。
- *if* 與 *in*：為限制條件。

- *weight*：為加權值。
- *options*：為若干控制分析結果的選項，其中包括：
  - ll(#)：設定下方截尾的截尾點
  - ul(#)：設定上方截尾的截尾點

如果是兩方截尾，則同時以附屬指令 ll(#) 及 ul(#) 及設定下方及上方截尾點。

我們以 Stata 資料庫網頁提供的資料檔 laborsub.dta 為例（StataCorp, 2009: 1987-1988），來說明以 truncreg 指令進行下方截尾之迴歸分析。該資料檔是用來檢視什麼因素會影響婦女的工作時數。資料檔原有 250 位婦女之就業狀況的資料，其中有 100 位為沒有就業的婦女，所以其依變數「工作時數」（whrs）的值為 0。為了示範截尾迴歸，在這裡我們將這 100 位沒有就業的婦女排除在外，也就是說將這 100 位婦女的所有資料都視為缺漏值。這等於是在一開始選樣時，我們就僅選取有就業的婦女，而排除沒有就業的婦女。我們下面先以 drop 指令將 100 位沒有就業婦女的資料排除，指令執行的程式為：

1. 自 Stata 資料檔網頁下載資料檔 laborsub.dta。

   ```
   . use http://www.stata-press.com/data/r11/laborsub.dta
   ```

2. 自主選單 Data→Create or change data→Keep or drop observations，打開對話窗 drop - Drop or keep observations。然後自 Main 介面的 if 框中輸入 whrs==0。

3. 按下 OK 鍵。

   ```
   . drop if whrs==0
   (100 observations deleted)
   ```

這顯示 100 位沒有就業婦女的資料已被排除，新的資料檔則是一個在抽樣階段母群即受限制，資料僅來自次母群的截尾資料檔。我們然後用 describe 取得變數名與變數標籤，並以 summarize 取得各變數的描述統計資料。

```
. describe

Contains data from C:\Documents and Settings\HP_Administrator\Desktop\Data\labor
> sub.dta
  obs:            150
  vars:             6                          25 Sep 2004 18:36
  size:         1,650 (99.9% of memory free)

              storage  display    value
variable name   type   format     label     variable label

lfp           byte     %9.0g                 1 if woman worked in 1975
whrs          int      %9.0g                 Wife's hours of work
k16           byte     %9.0g                 # of children younger than 6
k618          byte     %9.0g                 # of children between 6 and 18
wa            byte     %9.0g                 Wife's age
we            byte     %9.0g                 Wife's educational attainment

Sorted by:
    Note:  dataset has changed since last saved

. summarize

    Variable |       Obs        Mean    Std. Dev.       Min        Max

         lfp |       150           1           0          1          1
        whrs |       150    1333.067    827.8706         12       4950
         k16 |       150   .1733333    .4449065          0          2
        k618 |       150    1.313333    1.356746          0          8
          wa |       150    42.78667    8.414263         30         60

          we |       150       12.64    2.137175          6         17
```

上面結果顯示，新的資料檔有 6 個變數，每一個變數都有 150 個有效的
樣本。依變數（whrs）的值距從 12 到 4950。如果我們以最小平方迴歸分
析，所得的結果會有偏誤而且不一致。在下文我們分別以最小平方迴歸
與截尾迴歸來分析，並將結果並列加以比較。

　　首先，我們以 regress 指令來分析，並將最小平方迴歸的分析結果以
estimates store 指令儲存在文件 OLS：

```
. regress  whrs k16 k618 wa we

      Source |       SS          df       MS              Number of obs =     150
                                                          F(  4,   145) =    2.80
       Model |  7326995.15        4   1831748.79          Prob > F      =  0.0281
    Residual |  94793104.2      145   653745.546          R-squared     =  0.0717
                                                          Adj R-squared =  0.0461
       Total | 102120099       149   685369.794          Root MSE      =  808.55

        whrs |      Coef.   Std. Err.       t    P>|t|     [95% Conf. Interval]

         k16 |  -421.4822   167.9734     -2.51   0.013    -753.4748   -89.48953
        k618 |  -104.4571   54.18616     -1.93   0.056    -211.5538    2.639668
          wa |  -4.784917   9.690502     -0.49   0.622    -23.9378    14.36797
          we |   9.353195   31.23793      0.30   0.765    -52.38731    71.0937
       _cons |   1629.817   615.1301      2.65   0.009     414.0371    2845.597

. estimates store OLS
```

　　因為新的資料檔一開始就將 100 位沒有就業的婦女排除在外，等於
是將下方截尾點設為 0，我們因此再以 truncreg 指令進行下方截尾之迴歸
分析，並以附屬指令 ll(#)設定截尾點為 0，並將結果以 estimates store 指
令儲存在 truncreg1 後為：

1. 自主選單 Statistics→Linear models and related→Truncated
   regression，打開對話窗 truncreg – Truncated regression。然後自
   Model 介面中選取變數，以 whrs 為依變數，並依序選自變數 kl6、
   k618、 wa 與 we。然後在 left truncation limit 框中在輸入 0，以
   設定截尾點為 0。

2. 按下 OK 鍵，即可得下方截尾的迴歸分析結果：

```
. truncreg whrs kl6 k618 wa we, ll(0)
(note: 0 obs. truncated)

Fitting full model:

Iteration 0:    log likelihood = -1205.6992
Iteration 1:    log likelihood = -1200.9873
Iteration 2:    log likelihood = -1200.9159
Iteration 3:    log likelihood = -1200.9157
Iteration 4:    log likelihood = -1200.9157

Truncated regression
Limit:    lower =          0                    Number of obs =      150
          upper =       +inf                    Wald chi2(4)  =    10.05
Log likelihood = -1200.9157                     Prob > chi2   =   0.0395
```

whrs	Coef.	Std. Err.	z	P>|z|	[95% Conf. Interval]	
kl6	-803.0042	321.3614	-2.50	0.012	-1432.861	-173.1474
k618	-172.875	88.72898	-1.95	0.051	-346.7806	1.030578
wa	-8.821123	14.36848	-0.61	0.539	-36.98283	19.34059
we	16.52873	46.50375	0.36	0.722	-74.61695	107.6744
_cons	1586.26	912.355	1.74	0.082	-201.9233	3374.442
/sigma	983.7262	94.44303	10.42	0.000	798.6213	1168.831

```
. estimates store truncreg1
```

　　我們再以 estimates table 指令將最小平方迴歸分析的結果與截尾迴歸
分析的結果排列在同一表中：

```
. estimates table OLS truncreg1, stats(N) drop(_cons) equations(1) b(%9.5g) se(%9.5g
> ) style(oneline)
```

Variable	OLS	truncreg1
kl6	-421.48	-803
	167.97	321.36
k618	-104.46	-172.88
	54.186	88.729
wa	-4.7849	-8.8211
	9.6905	14.368
we	9.3532	16.529
	31.238	46.504
N	150	150

legend: b/se

上面的結果中，每個變數有兩個數值，上面的數值為迴歸係數，下面的數值為標準誤。結果顯示，最小平方迴歸的係數，絕對值低估了母群真實迴歸係數的大小，也低估了標準誤。例如變數 kl6 的截尾迴歸係數是最小平方迴歸係數的 1.9 倍，兩者的標準誤也是 1.9 倍。最小平方迴歸明顯有偏誤。至於係數的解讀，如前所述，端視研究者之興趣而定：

1. 如果研究者是對未截尾之完整母群感興趣，則自變數對依變數的影響力就是截尾迴歸係數 $\hat{\beta}$。因為 kl6 統計上顯著，所以我們對 kl6 截尾迴歸係數的解釋為：

　　　　「在其他變數不變的情形下，就整個母群的潛在隱性變數 y^* 而言，婦女每多一個六歲以下的小孩，平均每年工作時數將會減少 803 小時」。

2. 如果研究者是對左方截尾後之次母群感興趣，則自變數之邊際影響力（marginal effect）即為以最小平方法所求得的迴歸係數。依照前面 OLS 的迴歸結果，kl6 係數的解釋為：

　　　　「在其他變數不變的情形下，有就業的婦女每多一個六歲以下的小孩，平均每年工作時數將會減少 421.48 小時」。

第四節　直接篩選之二：設限資料（Censored Data）及設限迴歸（Censored Regression）

壹、設限資料之特性及對參數之影響

　　如前所述，設限與截尾的差別，在於截尾資料在抽樣階段母群即受限制，資料僅來自次母群，因此依變數與自變數同時受到限制。在前一節中，我們新儲存的婦女就業狀況資料檔就是一個例子。在新的資料檔中，未就業婦女的所有資料都缺漏，因此不僅依變數受限、連自變數也付諸闕如，形同下方截尾。設限的資料則不同，其樣本仍來自整個母群，所以自變數之觀測完整，但是依變數則觀測不完整，凡低於（或高於）門檻值 c 者僅記錄成 c 值而非其真值，使其觀測受到了限制。此時我們若強將 c 值當成是真值，則會高估（或低估）設限之依變數；但若因而將記錄為 c 者一律捨棄，便形同截尾一般，捨棄代表完整母群的寶貴資訊而不用，甚為可惜。因此比較妥適的作法，是將設限與未設限的值均能「各如其份」，納入分析。這裡所謂「各如其『份』」，指的是機率的權重（weight），具體言之，就是將母群分布中未設限的部分保持原有的機率，但是將被設限區段（the censored regions）的機率完全都賦予門檻值 c，形成連續值與間斷值 c 的混合體（mixture），使兩者兼籌並顧。

貳、Tobin之機率單元模型（the Tobit Model）：下方設限迴歸之特例

　　如第一節之說明，理性選擇模型在分析最適行為時，有時正的解值之一為零，例如依變數為政治捐款的數額，往往研究對象之中有相當比例的人根本不捐（也就是政治捐款額為 0 元），其餘有捐的人其捐款額則為大於 0 之連續的正值；又例如有些公司企業完全沒有研究發展支出（R&D expenditures），其餘則有多寡不等的支出。這種依變數雖亦可視

為從 0 以下設限，但其設限值 0 卻不是武斷的值，而是有意義的真值（true and meaningful value），因此研究者不是觀察不到小於 0 的真值，而是學理上本來就對依變數為 0 的機率 $\Pr(y = 0|x)$ 及其條件平均數 $E(y|x)$ 感興趣，因此稱為「正解值包含零之模型」（corner solution model）（Wooldridge, 2009: Chapter 17; 2010: Chapter 17）。這類依變數若逕以線性迴歸分析，會有不合理的負數依變數預測值出現；如果將依變數採自然對數轉換（natural log transformation），則觀察值為 0 的案例均無法界定。「Tobin 之機率單元模型」（the Tobit model）就是專為處理「正解值包含零在內的依變數」而量身訂做的模型。

一、Tobit模型之設定

"Tobit"這個字就像"probit"一樣，是個合成字，其英文全稱為"*Tob*in's prob*it*"，取英文兩字之頭尾，簡稱為 Tobit 模型。此一模型最早由美國經濟學家 Tobin（1958）所提出，因其兩步驟估計法的第一步，是先以 probit 估算 $\lambda(\alpha_i)$，因此得名。

設若依變數 y 有些是 0 的值，其餘則皆為連續的正值，y 顯然不會是一般的常態分布，而適合的統計模型也不能有負數的預測值。Tobin 之機率單元模型設定：有一個隱性的（或潛在）變數（latent variable）y^*符合一般線性迴歸的所有條件（如常態分布、條件變異數相等），故假定潛在依變數 y^*在整個母群中與自變數的關係為線性迴歸式；但研究者實際觀察到的（顯性依變數 y）卻只限於包含 0 在內的正值。兩者的關係表示如下：

$$\text{隱性變數：} \quad y_i^* = \mathbf{x}_i\boldsymbol{\beta} + \varepsilon_i, \quad \varepsilon_i \sim N\left(0, \sigma^2\right) \tag{7.17}$$

$$\text{顯性變數：} \quad y_i = \max\left(0, y^*\right), \quad \text{i.e., } y_i = \begin{cases} 0 & \text{if } y_i^* \leq 0 \\ y_i^* & \text{if } y_i^* > 0 \end{cases} \tag{7.18}$$

準此，顯性依變數 y 的條件期望值為：

$$
\begin{aligned}
E\left(y_i \mid y_i^* > 0, \mathbf{x}_i\right) &= E\left(\mathbf{x}_i\boldsymbol{\beta} + \varepsilon_i \mid \varepsilon_i > -\mathbf{x}_i\boldsymbol{\beta}\right) \\
&= \mathbf{x}_i\boldsymbol{\beta} + E\left(\varepsilon_i \mid \varepsilon_i > -\mathbf{x}_i\boldsymbol{\beta}\right) \\
&= \mathbf{x}_i\boldsymbol{\beta} + \sigma \cdot \lambda\left(\alpha_i\right)
\end{aligned}
\tag{7.19}
$$

上式（7.19）其實就是前一節所討論的，把潛在變數 y^* 從 0 以下截斷後的截尾迴歸（7.13），其中 $\lambda\left(\alpha_i\right)$ 就是 IMR，界定為：

$$
\begin{aligned}
\alpha_i &= \frac{0 - \mathbf{x}_i\boldsymbol{\beta}}{\sigma} = \frac{-\mathbf{x}_i\boldsymbol{\beta}}{\sigma} \\
\lambda\left(\alpha_i\right) &= \frac{\phi\left(-\mathbf{x}_i\boldsymbol{\beta}/\sigma\right)}{1 - \Phi\left(-\mathbf{x}_i\boldsymbol{\beta}/\sigma\right)} = \frac{\phi\left(\mathbf{x}_i\boldsymbol{\beta}/\sigma\right)}{\Phi\left(\mathbf{x}_i\boldsymbol{\beta}/\sigma\right)}
\end{aligned}
\tag{7.20}
$$

因此，顯性依變數為 0 的機率 $\Pr(y=0|\mathbf{x})$、及大於 0 的機率 $\Pr(y>0|\mathbf{x})$ 各為：

$$
\begin{aligned}
\Pr\left(y_i = 0 \mid \mathbf{x}_i\right) &= \Pr\left(y_i^* < 0 \mid \mathbf{x}_i\right) = \Pr\left(\varepsilon_i < -\mathbf{x}_i\boldsymbol{\beta} \mid \mathbf{x}_i\right) \\
&= \Pr\left(\frac{\varepsilon_i}{\sigma} < \frac{-\mathbf{x}_i\boldsymbol{\beta}}{\sigma} \mid \mathbf{x}_i\right) = \Phi\left(\frac{-\mathbf{x}_i\boldsymbol{\beta}}{\sigma}\right) = 1 - \Phi\left(\frac{\mathbf{x}_i\boldsymbol{\beta}}{\sigma}\right)
\end{aligned}
\tag{7.21-1}
$$

$$
\Pr\left(y_i > 0 \mid \mathbf{x}_i\right) = \Phi\left(\frac{\mathbf{x}_i\boldsymbol{\beta}}{\sigma}\right)
\tag{7.21-2}
$$

以公式 7.21 的兩個機率為權重計算 y 的條件期望值，就構成了「Tobin 之機率單元模型」：

$$E\left(y_i \mid \mathbf{x}_i\right) = P\left(y_i = 0 \mid \mathbf{x}_i\right) \cdot E\left(y_i \mid y_i = 0, \mathbf{x}_i\right) + P\left(y_i > 0 \mid \mathbf{x}_i\right) \cdot E\left(y_i \mid y_i > 0, \mathbf{x}_i\right)$$

$$= P\left(y_i > 0 \mid \mathbf{x}_i\right) \cdot E\left(y_i \mid y_i > 0, \mathbf{x}_i\right)$$

$$= \Phi\left(\frac{\mathbf{x}_i \boldsymbol{\beta}}{\sigma}\right)\left[\mathbf{x}_i \boldsymbol{\beta} + \sigma \cdot \lambda\left(\alpha_i\right)\right]$$

$$= \Phi\left(\frac{\mathbf{x}_i \boldsymbol{\beta}}{\sigma}\right)\mathbf{x}_i \boldsymbol{\beta} + \sigma \cdot \phi\left(\frac{\mathbf{x}_i \boldsymbol{\beta}}{\sigma}\right) \quad > 0$$

$$(7.22)$$

上式顯示，在 Tobit 模型中，顯性依變數之條件期望值 $E(y|\mathbf{x})$ 是 $\mathbf{x}$ 和 $\boldsymbol{\beta}$ 的非線性函數、且必為正值（即 $E(y|\mathbf{x}) > 0$）。

　　Tobit 模型有兩種估計方法：兩步驟（two-step）估計法與最大或然估計法。我們分別說明如下：

（一）兩步驟（two-step）估計法

　　設限資料因有自變數的觀測值，因此可以分兩個步驟估計：

1. 先以第四章說明之機率單元模型（probit model）分析 y*未設限的機率，並以此來估算 IMR 值 $\lambda\left(\alpha_i\right)$。
2. 將估算之 $\lambda\left(\alpha_i\right)$ 當成「控制變數」代入 y*之截尾迴歸中，然後以最小平方迴歸估計參數值。

（二）最大或然估計法

　　現今 Tobit 迴歸模型大多採最大或然估計法一次完成估計，其或然之對數（log-likelihood）函數為：

$$\ln L\left(\boldsymbol{\beta}, \sigma \mid y_i, \mathbf{x}_i\right) = \sum_{y_i > 0} -\frac{1}{2}\left[\ln\left(2\pi\right) + \ln \sigma^2 + \frac{\left(y_i - \mathbf{x}_i \boldsymbol{\beta}\right)^2}{\sigma^2}\right] + \sum_{y_i = 0} \ln\left[1 - \Phi\left(\frac{\mathbf{x}_i \boldsymbol{\beta}}{\sigma}\right)\right]$$

$$(7.23)$$

顯然等號右側的第一項 $\displaystyle\sum_{y_i>0}$ 爲未設限之 y，第二項 $\displaystyle\sum_{y_i=0}$ 則爲設限之

y。以數值法解上式之極大值，即可估計其參數值。同樣的，Tobit 模型
參數估計值的解讀，要看研究的者關心的焦點而定。

1. 如果研究者所關心的是整個母群的隱性變數 y^*，則自變數之邊際
   效應就是 Tobit 模型係數的估計值 $\hat{\boldsymbol{\beta}}$。

2. 如果研究者關心的是隱性變數 y^* 之截尾後的正值（不含登錄爲門
   檻值 0 者），則連續自變數之邊際效應爲

$$\frac{\partial E\left(y_i \mid y_i > 0, \mathbf{x}_i\right)}{\partial \mathbf{x}_i} = \boldsymbol{\beta}\Big[1-\lambda\left(\alpha_i\right)\big[\lambda\left(\alpha_i\right)-\alpha_i\big]\Big] = \boldsymbol{\beta}\left(1-\delta_i\right) \quad (7.24)$$

上式中 $\delta_i = \delta\left(\alpha_i\right) = \lambda\left(\alpha_i\right)\big[\lambda\left(\alpha_i\right)-\alpha_i\big]$，其中 $0 < \delta_i < 1$。如前所

述，因爲 $\alpha_i = \dfrac{-\mathbf{x}_i\boldsymbol{\beta}}{\sigma}$，所以標準差 σ 的估計值也影響到自變數的邊

際效應值。這也是爲什麼應用 Tobit 模型時，需確認「y^* 爲常態
分布」及「條件變異數相等」的假定成立。

3. 如果研究者所關心的是所有實際觀測到的顯性 y（包含登錄爲門
   檻值 0 者），其自變數之邊際效應爲：

$$\begin{aligned}
\frac{\partial E\left(y_i \mid \mathbf{x}_i\right)}{\partial \mathbf{x}_i} &= \boldsymbol{\beta}\cdot\Phi\left(\frac{\mathbf{x}_i\boldsymbol{\beta}}{\sigma}\right) \\
&= \Phi\left(\frac{\mathbf{x}_i\boldsymbol{\beta}}{\sigma}\right)\cdot\frac{\partial E\left(y_i \mid y_i > 0, \mathbf{x}_i\right)}{\partial \mathbf{x}_i} + E\left(y_i \mid y_i > 0, \mathbf{x}_i\right)\cdot\frac{\partial}{\partial \mathbf{x}_i}\Phi\left(\frac{\mathbf{x}_i\boldsymbol{\beta}}{\sigma}\right)
\end{aligned}$$

$$(7.25)$$

上式的第一行是自變數之總邊際效應，而第二行則將總效應拆解
成兩個部分（McDonald and Moffitt, 1980）：

（1）對 y_i 正值之條件平均數的影響，以未被設限之機率 $\Phi\left(\dfrac{\mathbf{x}_i\boldsymbol{\beta}}{\sigma}\right)$

　　　爲權重；

（2）對未被設限之機率之影響，以 y_i 正值之條件平均數
　　　$E\left(y_i \mid y_i > 0, \mathbf{x}_i\right)$ 爲權重。

也就是說，第 k 個自變數 x_k 的效應若爲正，則 x_k 的增加有兩個效果：對未被設限者，有提升 y 之期望值的效果；對被設限者，則有提升其跨過門檻機率的效果。

二、Stata之tobit指令

Stata 內建的 tobit 指令可用來分析 tobit 迴歸模型，僅需以附屬指令 ll(0)宣告下方設限值於 0，指令的句法結構爲：

tobit *depvar* [*indepvars*] [*if*] [*in*] [*weight*] , ll[(#)] ul[(#)] [*options*]

上述指令中，

- *depvar*：爲依變數。
- *indepvars*：爲自變數。
- *if* 與 *in*：爲限制條件。
- *weight*：爲加權值。
- ll(#)：設定下方設限的設限點
- ul(#)：設定上方設限的設限點
- *options*：爲若干控制分析結果的選項。

我們在第三節以 laborsub.dta 資料檔說明截尾迴歸，純粹是爲了舉例的方便。其實依變數「工作時數」（whrs）既然有 100 位婦女因未就業而登錄爲 0，是個典型的「依變數爲包含零在內的正值、且 0 是有意義的真值」的情況，最適合採用 Tobit 模型。下面我們先以 describe 與 summarize 取得原資料檔各變數的描述統計資料：

```
. describe

Contains data from C:\Documents and Settings\HP_Administrator\Desktop\Data\laborsub.
> dta
  obs:           250
  vars:            6                           25 Sep 2004 18:36
  size:        2,750 (99.9% of memory free)
```

```
                storage  display   value
variable name   type     format    label     variable label

lfp             byte     %9.0g                1 if woman worked in 1975
whrs            int      %9.0g                Wife's hours of work
kl6             byte     %9.0g                # of children younger than 6
k618            byte     %9.0g                # of children between 6 and 18
wa              byte     %9.0g                Wife's age
we              byte     %9.0g                Wife's educational attainment
```

```
Sorted by:

. summarize

    Variable |       Obs        Mean    Std. Dev.       Min        Max

         lfp |       250          .6    .4908807          0          1
        whrs |       250      799.84    915.6035          0       4950
         kl6 |       250        .236    .5112234          0          3
        k618 |       250       1.364    1.370774          0          8
          wa |       250       42.92    8.426483         30         60

          we |       250      12.352    2.164912          5         17
```

上面的結果顯示，laborsub.dta 資料檔包含有 250 位婦女就業狀況的資料。我們在前面已說明，在 250 位樣本之中，150 位有就業、而另 100 位則沒有就業，所以後者之工作時數登錄為 0。因為這是「正解值包含零在內的依變數」，所以我們以 Tobit 模型來分析，相關的指令程式與結果為：

1. 自主選單 Statistics→Linear models and related→Censored regression→Tobit regression，打開對話窗 tobit – Tobit regression。然後自 Model 介面中依序選取變數，以 whrs 為依變數，並依序選自變數 kl6、k618、wa 與 we。然後在 Specify at least one censoring limit 框圈選 Specified left-censoring limit 並在框中輸入 0，以設定下方截尾點為 0。

2. 按下 OK 鍵，即可得下方設限的迴歸分析結果：

```
. tobit whrs k16 k618 wa we, ll(0)

Tobit regression                                Number of obs   =        250
                                                LR chi2(4)      =      23.03
                                                Prob > chi2     =     0.0001
Log likelihood = -1367.0903                     Pseudo R2       =     0.0084
```

whrs	Coef.	Std. Err.	t	P>|t|	[95% Conf. Interval]	
k16	-827.7657	214.7407	-3.85	0.000	-1250.731	-404.8008
k618	-140.0192	74.22303	-1.89	0.060	-286.2129	6.174547
wa	-24.97919	13.25639	-1.88	0.061	-51.08969	1.131317
we	103.6896	41.82393	2.48	0.014	21.31093	186.0683
_cons	589.0001	841.5467	0.70	0.485	-1068.556	2246.556
/sigma	1309.909	82.73335			1146.953	1472.865

```
Obs. summary:      100  left-censored observations at whrs<=0
                   150     uncensored observations
                     0 right-censored observations
```

報表的下端明顯標明有 100 個下方設限的樣本，沒有上方設限的樣本。所以這是一個下方設限的 Tobit 模型。迴歸結果中之 /sigma 即是標準差之估計值 $\hat{\sigma}$。至於係數的解讀，如前所述，端視研究者之興趣而定：

1. 如果研究者所關心的是整個母群的潛在隱性變數 y^*，則自變數之平均邊際效應（average marginal effect，簡稱 AME）就是上表中 Tobit 模型係數的估計值 $\hat{\beta}$。我們也可以用 Stata 的 margins, dydx(*) 指令得出相同的結果：

```
. margins, dydx(*)

Average marginal effects                        Number of obs   =        250
Model VCE    : OIM

Expression   : Linear prediction, predict()
dy/dx w.r.t. : k16 k618 wa we
```

	dy/dx	Delta-method Std. Err.	z	P>|z|	[95% Conf. Interval]	
k16	-827.7657	214.7407	-3.85	0.000	-1248.65	-406.8817
k618	-140.0192	74.22303	-1.89	0.059	-285.4936	5.455312
wa	-24.97919	13.25639	-1.88	0.060	-50.96124	1.00286
we	103.6896	41.82393	2.48	0.013	21.71621	185.663

以第一個自變數（k16）的係數為例，其解讀相對單純：

> 「在其他變數不變的情形下，就整個母群的隱性變數 y^* 而言，婦女每多一個六歲以下的小孩，平均每

年工作時數將會減少 827.77 小時」。

2. 但是如果研究者所關心的是依變數截尾後的正值（不含登錄爲門
   檻值 0 者），則連續自變數之平均邊際效應已屬於非線性函數，
   必須以 Stata 的 margins, dydx(*) predict(e(0, .))指令來計算，附屬
   指令 predict(e(0, .)指的是依變數條件平均數大於 0，也就是依變數
   截尾後的正值：

```
. margins, dydx(*) predict(e(0, .))

Average marginal effects                      Number of obs    =        250
Model VCE    : OIM

Expression  : E(whrs|whrs>0), predict(e(0, .))
dy/dx w.r.t. : kl6 k618 wa we

                        Delta-method
               dy/dx    Std. Err.       z    P>|z|     [95% Conf. Interval]
       kl6  -367.1414   96.36004    -3.81   0.000   -556.0036   -178.2792
      k618   -62.10311  33.03899    -1.88   0.060   -126.8583    2.652124
        wa   -11.07909   5.88995    -1.88   0.060    -22.62318    .4649956
        we    45.98976  18.59452     2.47   0.013     9.545174   82.43434
```

第一個自變數（kl6）係數的解釋爲：

「就已經在工作的婦女（$y > 0$）而言，在其他
條件不變的情形下，家中每多一個六歲以下的小孩
（kl6），平均每年工作時數將會減少 367.14 小時」。

3. 如果研究者關心的是所有實際觀測到的顯性 y（包含登錄爲門檻
   值 0 者），其自變數之平均邊際效應必須以 Stata 的 margins, dydx(*)
   predict(ystar(0, .))指令來計算，附屬指令 predict(ystar(0, .)指的是
   依變數實際觀測從 0 到最大的正值：

```
. margins, dydx(*) predict(ystar(0, .))

Average marginal effects                      Number of obs  =      250
Model VCE    : OIM

Expression  : E(whrs*|whrs>0), predict(ystar(0, .))
dy/dx w.r.t. : kl6 k618 wa we
```

	dy/dx	Delta-method Std. Err.	z	P>|z|	[95% Conf. Interval]
kl6	-512.4636	131.7306	-3.89	0.000	-770.6509　-254.2764
k618	-86.68482	45.8678	-1.89	0.059	-176.5841　3.214422
wa	-15.46443	8.175181	-1.89	0.059	-31.48749　.5586291
we	64.19347	25.67119	2.50	0.012	13.87886　114.5081

第一個自變數（kl6）係數的解釋爲：

> 「婦女不論有無就業（$y \geq 0$），在其他條件不
> 變的情形下，家中每多一個六歲以下的小孩（kl6），
> 平均每年工作時數將會減少 512.46 小時」。

參、設限迴歸模型之通例：左方、右方、或兩方固定值設限

　　Tobit 模型之所以是設限迴歸的特例，因爲 Tobit 專爲「依變數爲包含零在內的正值、且 0 是有意義的真值」量身打造。但社會科學研究中也常碰到依變數設限的值不一定是 0，而且設限的值往往是個武斷的值，純粹代表測量依變數時遭遇到的限制。這種情況適用一般之設限迴歸，其設限值可能是單方，不論是左（下）方或右（上）方設限均以 c 表示之。如果是兩方均有設限，則以 c_L 及 c_U 分別標示左（下）方、右（上）方設限值。

一、下（左）方設限

　　假定完整的潛在依變數爲常態 $y^* \sim N\left(\mu, \sigma^2\right)$，但實際觀測到的顯性依變數 y 則自 c 點以下被設限，也就是「下（左）方設限」（censoring from below, lower censoring, or left-censored）

$$y_i = \begin{cases} c & \text{if } y_i^* \le c \\ y_i^* & \text{if } y_i^* > c \end{cases} \qquad (7.26)$$

此時 y 的機率密度函數，是 c 這個間斷值與未設限之連續變數的混合體。如果設限部分的累積機率為 $\Phi(\alpha) = P(y^* \le c) = P(y = c)$，未設限部分的累積機率便為 $1-\Phi(\alpha)$，y 的條件期望值是下方設限值 c 與未設限觀察值之條件平均數 $\mu + \sigma \cdot \lambda(\alpha)$ 兩者之加權平均數：

$$E(y \mid \text{lower censoring}) = \Phi(\alpha)c + \left[1-\Phi(\alpha)\right]\left[\mu + \sigma \cdot \lambda(\alpha)\right], \quad (7.27)$$

上式中 α、$\lambda(\alpha)$ 及 $\delta(\alpha)$ 之界定，均與截斷分布相同。如果下方設限值 $c = 0$，此時 y 的條件期望值的第一項亦為 0，故只剩第二項，與前述之 Tobit 模型相同。這就是之前強調 Tobit 模型亦可視為下方設限迴歸 $c = 0$ 的特例之緣故。

二、上（右）方設限

倘若是上（右）方設限於 c，則：

$$y_i = \begin{cases} y_i^* & \text{if } y_i^* < c \\ c & \text{if } y_i^* \ge c \end{cases} \qquad (7.28)$$

此時 y 的機率密度函數仍是 c 這個間斷門檻值與未設限之連續變數的混合體。若設限部分的累積機率為 $1-\Phi(\alpha) = P(y^* \ge c) = P(y = c)$，未設限部分的累積機率便為 $\Phi(\alpha)$，y 的條件期望值便為：

$$E(y \mid \text{upper censoring}) = \Phi(\alpha)\left[\mu - \sigma \cdot \lambda(\alpha)\right] + \left[1-\Phi(\alpha)\right]c \qquad (7.29)$$

上（右）方設限除了在登錄資料時刻意隱密特大值之情況外（例如年收入超過百萬元），更常見的是研究者感興趣的事件至研究截止時，在某些案例中尚未發生，使觀測受到限制，故將研究截止的時間記錄為這些案例的右方設限值。例如醫學研究分析癌症病患從診斷至死亡的延續時間（duration），但至研究結束時仍存活的病人，則記錄為右方設限值，表示其存活期大於該右方設限值，但實際多長則未能觀測到。又例如黃紀、林佳旻（2007）研究臺灣區域立法委員競選連任之成敗因素，感興趣的事件為現任立委競選連任失敗，但因僅分析到 2004 年之第六屆立委選舉，故該年連任成功之 104 位立委均記錄為「尚未敗選而觀測受限」。這類的分析稱為「存活分析」（survival analysis）或「事件史分析」（event history analysis）。惟因存活分析超出本書範圍，故在此不予討論。

三、兩（雙）方設限

倘若是兩（雙）方設限（two-limit, or upper and lower censoring）於 c_L 及 c_U，則

$$y_i = \begin{cases} c_L & \text{if } y_i^* \leq c_L \\ y_i^* & \text{if } c_L < y_i^* < c_U \\ c_U & \text{if } y_i^* \geq c_U \end{cases} \tag{7.30}$$

此時 y 的機率密度函數也是這兩個間斷值 c_L 及 c_U 與未設限之連續變數的混合體。若下方設限部分的累積機率為 $\Phi(\alpha_L) = \Pr(y^* \leq c_L) = \Pr(y = c_L)$，上方設限部分的累積機率為 $1 - \Phi(\alpha_U) = \Pr(y^* \geq c_U) = \Pr(y = c_U)$，未設限部分的累積機率便為 $\Phi(\alpha_U) - \Phi(\alpha_L)$，$y$ 的條件期望值便為三者之加權平均數：

$E(y \mid \text{upper and lower censoring})$

$$= \Phi(\alpha_L)c_L + \left[\Phi(\alpha_U) - \Phi(\alpha_L)\right]\left[\mu + \sigma \cdot \frac{\phi(\alpha_L) - \phi(\alpha_U)}{\Phi(\alpha_U) - \Phi(\alpha_L)}\right] + \left[1 - \Phi(\alpha_U)\right]c_U$$

(7.31)

四、Stata 之 tobit 指令

Stata 內建的 tobit 指令也可用來分析一般之設限迴歸模型，僅需以附屬指令 ll(#)宣告下方設限值、ul(#)宣告上方設限值於某個固定值：

1. 若是下方設限，則以附屬指令 ll(#)宣告下方設限值於#。
2. 若是上方設限，則以附屬指令 ul(#)宣告上方設限值於#。
3. 若是兩方設限，則同時以附屬指令 ll(#)及 ul(#)及宣告下方及上方設限值。

例一：下（左）方設限迴歸

以第二節所舉之 Long（1997）研究為例（Stata 資料檔為 job1TOB. dta），其樣本為 408 位甫畢業之生物化學家，依變數為第一個學術工作的單位聲望，表面上是 1.0 至 5.0 的連續變數，不過 1.0 其實是指該校的研究所評鑑不合格或者根本沒有研究所。所以資料中登錄為 1.0 的 99 個案例（其中男性 45 人、女性 54 人），其任職單位真正的聲望值應該是介於 0 與 1.0 之間，但實際的值有缺漏，究竟是多少不得而知；不過自變數如性別（fem，女性=1）、獲得博士學位系所之聲望（phd）、論文指導教授著作被引述次數（ment）、是否有得到獎學金（fel，有領=1）、出版期刊論文數（art）、被引述次數（cit）等都沒有缺漏，所以是個典型的下（左）方設限資料，$c = 1.0$ 是個武斷的設限值，因此其迴歸模型宜採「下方設限迴歸」。我們先以 summarize 指令將所有變數之分布摘述如下：

```
. summarize jobcen1 fem phd ment fel art cit, separator(0)
```

Variable	Obs	Mean	Std. Dev.	Min	Max
jobcen1	408	2.233431	.9736029	1	4.8
fem	408	.3897059	.4882823	0	1
phd	408	3.200564	.9537509	1	4.8
ment	408	45.47058	65.52988	0	531.9999
fel	408	.6176471	.4865587	0	1
art	408	2.276961	2.256143	0	18
cit	408	21.71569	33.05988	0	203

執行左方設限迴歸，tobit 指令只需以附屬指令 ll(1)宣告左方設限值為 1 即可。其 Stata 報表如下：

```
. tobit jobcen1 fem phd ment fel art cit, ll(1)
```

Tobit regression

		Number of obs	=	408
		LR chi2(6)	=	89.20
		Prob > chi2	=	0.0000
Log likelihood = -560.25209		Pseudo R2	=	0.0737

jobcen1	Coef.	Std. Err.	t	P>|t|	[95% Conf. Interval]	
fem	-.2368486	.1165795	-2.03	0.043	-.4660302	-.0076669
phd	.3225846	.0639198	5.05	0.000	.1969258	.4482435
ment	.0013436	.0008875	1.51	0.131	-.0004011	.0030884
fel	.3252657	.1224516	2.66	0.008	.0845403	.5659912
art	.0339053	.0365	0.93	0.353	-.0378493	.10566
cit	.00509	.0024751	2.06	0.040	.0002243	.0099557
_cons	.6854061	.218261	3.14	0.002	.2563306	1.114482
/sigma	1.087237	.046533			.9957585	1.178715

```
Obs. summary:        99  left-censored observations at jobcen1<=1
                    309     uncensored observations
                      0 right-censored observations
```

左方設限迴歸模型的係數估計值顯示：在控制其他條件後，女性初次任職單位之聲望，平均而言比男性低 0.237，且此一差異達 0.05 之顯著水準（參考 Long, 1997: 191）。此一結論與第二節之無母數推論相似，而設限迴歸之所以能明確地識別（identify）單一數值的平均差，是因為設限迴歸模型設定了線性迴歸及 y^* 為常態分布等假定。

　　Wooldridge（2009: 602）認為，一般之設限迴歸，設限值反映的是實際觀測的困難，研究者多半是對潛在依變數 y^* 感興趣，因此僅需直接解讀其係數估計值 $\hat{\beta}$ 即可。這是一般設限與 Tobit 模型之 $y = 0$ 有特殊學理含意最大不同之處。因此也可以用 margins, dydx(*)指令計算各自變數

之平均邊際效應，其結果與用 tobit 指令計算所得相同：

```
. margins, dydx(*)

Average marginal effects                      Number of obs   =      408
Model VCE    : OIM

Expression   : Linear prediction, predict()
dy/dx w.r.t. : fem phd ment fel art cit
```

	dy/dx	Delta-method Std. Err.	z	P>|z|	[95% Conf. Interval]
fem	-.2368486	.1165795	-2.03	0.042	-.4653402 -.0083569
phd	.3225846	.0639198	5.05	0.000	.1973041 .4478651
ment	.0013436	.0008875	1.51	0.130	-.0003959 .0030831
fel	.3252657	.1224516	2.66	0.008	.085265 .5652664
art	.0339053	.0365	0.93	0.353	-.0376333 .105444
cit	.00509	.0024751	2.06	0.040	.000239 .009941

例二：兩（雙）方設限迴歸

　　王鼎銘（2007）研究第六屆（2004 年）立委選舉，參選區域及原住民立委的 386 位候選人募得之政治獻金多寡及其決定因素（Stata 資料檔為 polcon2TOB.dta）。作者除了將少數未募得款項的候選人視為是左方設限值 c_L 外，也將 2004 年「政治獻金法」的規定，八百萬元以上的獻金，需經職業會計師查核簽證，做為許多參選人短報政治獻金之右方設限門檻值 c_U，並以兩方設限迴歸模型分析之。該研究以候選人募得之政治獻金（newsum）為依變數，自變數則包括參選人之下列屬性：

1. 女性（female）：為二分類變數，女性受訪人編碼為 1，男性受訪人編碼為 0。

2. 年齡（age）：為連續變數，以年為單位。

3. 教育程度（education）：共分為六個類別，「國小或以下」編碼為 1、「國中」編碼為 2、「高中職與專科」編碼為 3、「大學與技術學院」編碼為 4、「碩士」編碼為 5、「博士」編碼為 6。

4. 現任立委（incumbent）：為二分類變數，現任立委編碼為 1，否則編碼為 0。

5. 國民黨提名（kmt）：為二分類變數，國民黨提名者編碼為 1，否

則編碼爲 0。

6. 民進黨提名（dpp）：爲二分類變數，民進黨提名者編碼爲 1，否則編碼爲 0。

7. 親民黨提名（psp）：爲二分類變數，親民黨提名者編碼爲 1，否則編碼爲 0。

8. 台聯提名（tsu）：爲二分類變數，台聯提名者編碼爲 1，否則編碼爲 0。

9. 無黨聯盟提名（nop）：爲二分類變數，無黨聯盟提名者編碼爲 1，否則編碼爲 0。

10. 山地與平地原住民選區（indigenous）：爲二分類變數，屬原住民選區者編碼爲 1，否則編碼爲 0。

11. 離島選區（outoftaiwan）：爲二分類變數，屬離島選區者編碼爲 1，否則編碼爲 0。

先將所有變數之分布，摘述於下：

```
. summarize newsum female age education incumbent kmt dpp psp tsu nop indigenous out
> oftaiwan

    Variable |     Obs        Mean    Std. Dev.       Min        Max
-------------+--------------------------------------------------------
      newsum |     343    6.988229    6.629974         0   62.82256
      female |     386    .1683938    .3747013         0          1
         age |     386    48.85751    8.971407        29         79
   education |     383     4.48564    1.053132         1          6
   incumbent |     386    .3782383    .4855769         0          1
-------------+--------------------------------------------------------
         kmt |     386    .1917098    .3941569         0          1
         dpp |     386     .238342    .4266223         0          1
         psp |     386    .1062176    .3085158         0          1
         tsu |     386    .0777202    .2680783         0          1
         nop |     386    .0673575    .2509654         0          1
-------------+--------------------------------------------------------
  indigenous |     386    .0466321    .2111233         0          1
 outoftaiwan |     386    .0259067    .1590633         0          1
```

執行兩方設限迴歸，tobit 指令只需以附屬指令 ll(0)及 ul(8)宣告左方設限值爲 0、右方設限值爲 8 百萬即可。其 Stata 報表如下：

```
. tobit newsum female age education incumbent kmt dpp psp tsu nop indigenous outofta
> iwan, ll(0) ul (8)

Tobit regression                              Number of obs    =        341
                                              LR chi2(11)      =     234.79
                                              Prob > chi2      =     0.0000
Log likelihood = -609.36078                   Pseudo R2        =     0.1615

     newsum |      Coef.   Std. Err.      t    P>|t|     [95% Conf. Interval]
------------+----------------------------------------------------------------
     female |   -.31126    .492346    -0.63   0.528    -1.279792    .6572725
        age | -.0139654    .0221244   -0.63   0.528     -.057488    .0295571
  education |   .5004505   .1859659    2.69   0.007     .1346224    .8662787
  incumbent |   3.093834   .4431899    6.98   0.000        2.222    3.965668
        kmt |   3.037999   .5654717    5.37   0.000     1.925615    4.150382
        dpp |    5.35166   .5696869    9.39   0.000     4.230984    6.472336
        psp |   4.517261   .7207585    6.27   0.000       3.0994    5.935122
        tsu |   2.956371   .7014776    4.21   0.000     1.576439    4.336303
        nop |   1.227367   .7579268    1.62   0.106    -.2636106    2.718344
 indigenous |  -3.797224   .8162026   -4.65   0.000     -5.40284   -2.191607
outoftaiwan |      -1.92   1.068132   -1.80   0.073    -4.021206    .1812063
      _cons |   .1966471   1.507953    0.13   0.896    -2.769765     3.16306
------------+----------------------------------------------------------------
     /sigma |   3.080479    .165122                     2.755654    3.405303

Obs. summary:          17  left-censored observations at newsum<=0
                      202      uncensored observations
                      122  right-censored observations at newsum>=8
```

我們以單尾檢定假設，結果顯示：除 female、age 與 nop 外，其餘自變數都統計上顯著，這表示性別、年齡與無黨聯盟提名對募款的多寡沒有影響。但是高學歷（education）與現任立委（incumbent），募款較多；幾個主要政黨提名之參選人（kmt，dpp，psp，tsu），也比獨立候選人募款具有優勢，其中尤以當時執政的民進黨參選人（dpp）為然。此外，原住民（indigenous）及離島選區（outoftaiwan）之參選人，募款則顯著地較低。

　　在 tobit 指令之後，亦可以 margins, dydx(*)計算各自變數之平均邊際效應：

```
. margins, dydx(*)

Average marginal effects                      Number of obs    =        341
Model VCE    : OIM

Expression   : Linear prediction, predict()
dy/dx w.r.t. : female age education incumbent kmt dpp psp tsu nop indigenous
               outoftaiwan

                          Delta-method
            |      dy/dx   Std. Err.      z    P>|z|     [95% Conf. Interval]
------------+----------------------------------------------------------------
     female |   -.31126    .492346    -0.63   0.527    -1.27624    .6537203
        age | -.0139654    .0221244   -0.63   0.528    -.0573284    .0293975
  education |   .5004505   .1859659    2.69   0.007     .1359641     .864937
  incumbent |   3.093834   .4431899    6.98   0.000     2.225198     3.96247
        kmt |   3.037999   .5654717    5.37   0.000     1.929694    4.146303
        dpp |    5.35166   .5696869    9.39   0.000     4.235094    6.468226
        psp |   4.517261   .7207585    6.27   0.000     3.104601    5.929922
        tsu |   2.956371   .7014776    4.21   0.000       1.5815    4.331242
        nop |   1.227367   .7579268    1.62   0.105    -.2581424    2.712876
 indigenous |  -3.797224   .8162026   -4.65   0.000    -5.396951   -2.197496
outoftaiwan |      -1.92   1.068132   -1.80   0.072     -4.0135    .1735001
```

第五節　直接篩選之三：區段設限迴歸模型（Interval Censored Regression Models）

第一節曾提到，區段資料（interval data）是指變數值的範圍分成若干個區段，雖未觀測到研究對象 Y 的真正數值，但卻知道其 Y 是落於某個已知的上下限區段之內。例如測量月薪，研究者僅將所得區分為「一千元以下、一至三千、三至五千、五千以上」四個類別讓受訪者選擇。其中落入「一千以下」者為「下（左）方設限」、落入「五千以上」者為「上（右）方設限」（也稱為「隱密大尾之資料登錄」（top coding），其餘則為「兩方設限」。

區段設限與第四節說明的單尾或雙尾設限，主要的差異在於區段設限有好幾個（三個或以上）設限值，而且各觀察單位的上下設限值會因人而異，例如張三的月薪落於一千至三千間，而李四則為五千以上。就此而言，區段設限很像有序多分類變數（ordinal variable），但又不盡相同，因為前者區段的切點為已知之實數值，而有序多分類變數的類別切點則為未知，需由模型（例如成長曲線迴歸）來估計。

壹、區段設限模型

區段設限模型一開始仍假定有個潛在的連續依變數 y^* 符合線性迴歸，但研究者無法測得 y^* 的數值，只能觀測到在（J+1）個互斥的區段 $(-\infty, c_1], (c_1, c_2], \cdots, (c_J, \infty)$ 之中，其研究對象是落入哪一段（J 個設限值 c_j 均為已知數）？因此觀察值落入 $(c_j, c_{j+1}]$ 區段的機率為（Cameron and Trivedi, 2005: 534-535）：

$$
\begin{aligned}
\Pr\left(c_j < y^* \le c_{j+1}\right) &= \Pr\left(y^* \le c_{j+1}\right) - \Pr\left(y^* \le c_j\right) \\
&= \Phi\left(c_{j+1}\right) - \Phi\left(c_j\right)
\end{aligned}
\tag{7.32}
$$

由於 n 個樣本每人 i 只能落入一區段 j，因此可以界定一個虛擬變數，第 i 人若落入 j 區段為 1，否則為 0：

$$d_{ij} = \begin{cases} 1 \text{ if } y_{ij} \in (c_j, c_{j+1}] \\ 0 \qquad \text{otherwise} \end{cases}$$

準此，則其對數或然函數便是：

$$\ln L(\boldsymbol{\beta}, \sigma) = \sum_{i=1}^{n} \sum_{j=0}^{J} d_{ij} \cdot \ln \left[\Phi\left(c_{j+1} \mid \mathbf{x}_i, \boldsymbol{\beta}, \sigma\right) - \Phi\left(c_j \mid \mathbf{x}_i, \boldsymbol{\beta}, \sigma\right) \right] \quad (7.33)$$

以數值法取其極大值，即可估計參數。

貳、Stata 之 intreg 指令

前面所討論的 tobit 指令是假定設限值為固定之常數。如果所搜集的資料為區段設限值，因為這些區段設限值會因不同案例而異，所以必須改用更有彈性的區段設限迴歸指令 intreg（為 *interval regression* 的縮寫），將各個案例之左、右方設限值 $(c_j, c_{j+1}]$ 在資料檔案中各登錄為一個欄位，彷彿有兩個依變數一般，故在 Stata 使用手冊中標示為 *depvar1 depvar2*。intreg 指令的句法結構為：

　　intreg *depvar1 depvar2* [*indepvars*] [*if*] [*in*] [*weight*] [*, options*]

上述指令中，

- *depvar1* 與 *depvar2*：為依變數的區段設限值。
- *indepvars*：為自變數。
- *if* 與 *in*：為限制條件。
- *weight*：為加權值。
- *options*：為若干控制分析結果的選項。

為了示範區段設限迴歸之應用，本節運用 2008 年「臺灣選舉與民主

化調查（簡稱 TEDS2008P）[4]的部分調研資料（Stata 資料檔爲 2008Pintreg.
dta），來檢視下面的研究問題：受訪人家庭月收入的高低是受到什麼因
素的影響？該調研問卷的第 s15 題詢問民眾每月家庭總收入，並依照 2007
年的臺灣所得統計區分爲 10 個區段供受訪者選擇回答，包括：

s15 選項編號	每月家庭所得區段（臺幣）
1	36,000 元以下
2	36,001 元～47,000 元
3	47,001 元～58,000 元
4	58,001 元～65,000 元
5	65,001 元～78,000 元
6	78,001 元～88,000 元
7	88,001 元～108,000 元
8	108,001 元～138,000 元
9	138,001 元～158,000 元
10	158,001 元以上

　　我們假設家庭月收入（s15）會受到下列因素的影響：受訪者的性別
（虛擬變數 male=1）、結婚與否（虛擬變數 married=1）、年齡（yage，
歲）、年齡的平方（yage2）、教育程度（educ 分五類：1 小學及以下、2
初國中、3 高中職、4 專科、5 大學及以上）。各變數的描述統計資料摘
述如下：

---

[4]　「臺灣選舉與民主化調查」（TEDS）多年期計畫總召集人為國立政治大學黃紀
　　教授，TEDS2008P計畫主持人為國立政治大學游清鑫教授；詳細資料請參閱TEDS
　　網頁：http://www.tedsnet.org。此處所用的資料僅為TEDS2008P的一小部分。有關
　　TEDS之起源與發展，參見黃紀（2012）。

```
. summarize
```

Variable	Obs	Mean	Std. Dev.	Min	Max
s15	1513	3.974884	2.950097	1	10
male	1513	.5042961	.5001469	0	1
married	1513	.6834104	.4652996	0	1
yage	1513	45.7462	15.82236	20	94
yage2	1513	2342.896	1574.771	400	8836
educ	1513	3.054197	1.431772	1	5

我們以 tab1 指令取得依變數 s15 的次數，顯示 s15 有十個數值（從 1 到 10，讀者可以 tab1 s15，nolabel 來驗證），每一個數值表示一個區段：

```
. tab1 s15

-> tabulation of s15
```

family monthly income	Freq.	Percent	Cum.
36000<	496	32.78	32.78
36001-47000	162	10.71	43.49
47001-58000	137	9.05	52.54
58001-65000	135	8.92	61.47
65001-78000	109	7.20	68.67
78001-88000	103	6.81	75.48
88001-108000	127	8.39	83.87
108001-138000	101	6.68	90.55
138001-158000	47	3.11	93.65
>1580001	96	6.35	100.00
Total	1,513	100.00	

在進行區段設限迴歸之前，我們以 generate 與 replace 指令將原依變數 s15 的十個值依序轉換爲區段之上下限值（inc1 及 inc2）。因爲 Stata 的 intreg 指令以符號「.」代表正負無窮大，所以第一個 generate 指令以「inc1=.」來設定其下界。同理，Stata 以「inc2=.」來設定最後一個區段的上限：

```
. generate inc1=. if s15==1
. generate inc2=36 if s15==1
. replace inc1=36 if s15==2
. replace inc2=47 if s15==2
```

……（依此類推）

```
. replace inc1=158 if s15==10
. replace inc2=. if s15==10
```

　　我們然後以 list 指令列出資料檔中前 15 個樣本的新舊依變數，比對參考。結果顯示，區段上下限值的轉換正確無誤：

```
. list s15 inc1 inc2 in 1/15, nolabel
```

	s15	inc1	inc2
1.	1	.	36
2.	1	.	36
3.	7	88	108
4.	4	58	65
5.	10	158	.
6.	8	108	138
7.	1	.	36
8.	3	47	58
9.	10	158	.
10.	4	58	65
11.	8	108	138
12.	7	88	108
13.	7	88	108
14.	5	65	78
15.	8	108	138

　　由於學理指出，所得分布為右偏，而區段迴歸模型與 Tobit 一樣，假定常態分布，因此宜先將區段設限值做對數轉換（log transformation）（Wooldridge, 2009: 191-192）。我們以 generate 指令建立新變數 log_inc1 與 log_inc2：

```
. generate log_inc1=log(inc1)
. generate log_inc2=log(inc2)
```

再以 list 指令列出資料檔中前 15 個樣本於對數轉換後之依變數，比對

參考：

```
. list s15 log_inc1 log_inc2 in 1/15, nolabel
```

	s15	log_inc1	log_inc2
1.	1	.	3.583519
2.	1	.	3.583519
3.	7	4.477337	4.682131
4.	4	4.060443	4.174387
5.	10	5.062595	.
6.	8	4.682131	4.927254
7.	1	.	3.583519
8.	3	3.850147	4.060443
9.	10	5.062595	.
10.	4	4.060443	4.174387
11.	8	4.682131	4.927254
12.	7	4.477337	4.682131
13.	7	4.477337	4.682131
14.	5	4.174387	4.356709
15.	8	4.682131	4.927254

此左、右設限值，就構成了區段迴歸 intreg 指令的依變數（即 log_inc1 與 log_inc2）。intreg 指令的執行程式結果如下。因爲教育程度（educ）乃是一個具有 5 個類別的變數，我們用 Stata 的 factor variable 指令，以類別 1（小學及以下）爲參照組建立四個虛擬變數（2 表示初國中、3 表示高中職、4 表示專科、5 表示大學及以上）：

1. 自主選單 Statistics→Linear models and related→Censored regression→Interval regression，打開對話窗 intreg – Tobit regression。然後自 Model 介面自 Dependent variable 1 與 Dependent variable 2 框中依序圈選 log_inc1 與 log_inc2，作爲區段迴歸的依變數。然後在 Independent variables 依序選自變數 male 、married、yage、與 yage2。然後按 Independent variables 框邊的按鈕，打開對話窗 Create varlist with factor or time-series variables，在 Variable 1 框中圈選 educ，並在 Base 框中圈選 Default（即以類別

　　1 為參照組），按下 Add to varlist。

2. 按下 OK 鍵，即可得分析結果：

```
. intreg log_inc1 log_inc2 male married yage yage2 i.educ

Fitting constant-only model:

Iteration 0:   log likelihood = -3363.9375
Iteration 1:   log likelihood = -3183.9147
Iteration 2:   log likelihood = -3174.8724
Iteration 3:   log likelihood = -3174.8553
Iteration 4:   log likelihood = -3174.8553

Fitting full model:

Iteration 0:   log likelihood = -3174.8651
Iteration 1:   log likelihood = -2971.6087
Iteration 2:   log likelihood = -2964.6098
Iteration 3:   log likelihood = -2964.5887
Iteration 4:   log likelihood = -2964.5887

Interval regression                      Number of obs   =      1513
                                         LR chi2(8)      =    420.53
Log likelihood = -2964.5887              Prob > chi2     =    0.0000
```

	Coef.	Std. Err.	z	P>|z|	[95% Conf. Interval]	
male	.0178307	.0365067	0.49	0.625	-.053721	.0893825
married	.1104218	.0475815	2.32	0.020	.0171638	.2036799
yage	.0315055	.0080116	3.93	0.000	.0158031	.0472079
yage2	-.000392	.0000807	-4.86	0.000	-.0005501	-.0002339
educ						
2	.058475	.0726349	0.81	0.421	-.0838869	.2008369
3	.3796111	.0637722	5.95	0.000	.25462	.5046023
4	.6696698	.071341	9.39	0.000	.529844	.8094957
5	.867205	.0700587	12.38	0.000	.7298925	1.004517
_cons	2.916731	.1861618	15.67	0.000	2.55186	3.281601
/lnsigma	-.4234484	.0256663	-16.50	0.000	-.4737534	-.3731434
sigma	.654785	.0168059			.6226608	.6885665

```
Observation summary:      496   left-censored observations
                            0         uncensored observations
                           96 right-censored observations
                          921          interval observations
```

上面結果除列出性別、已婚、年齡的係數外，同時也建立了四個教育程度的虛擬變數並估計係數。區段迴歸之報表顯示：已婚、年齡、與教育都對家庭月所得有顯著的影響。在係數的解讀上，我們以 educ 5 為例：

　　　　「在其他條件不變的情形下，大學及以上教育程度者的家
　　　庭月所得，比小學及以下者平均高約 86.7%」。

　　至於各自變數之平均邊際效應，亦可以 margins, dydx(*)指令計算如下：

```
. margins, dydx(*)

Average marginal effects                      Number of obs   =      1513
Model VCE     : OIM

Expression    : Linear prediction, predict()
dy/dx w.r.t.  : male married yage yage2 college associate seniorhi juniorhi
```

	dy/dx	Delta-method Std. Err.	z	P>|z|	[95% Conf.	Interval]
male	.0178307	.0365067	0.49	0.625	-.053721	.0893825
married	.1104218	.0475815	2.32	0.020	.0171638	.2036799
yage	.0315055	.0080116	3.93	0.000	.0158031	.0472079
yage2	-.000392	.0000807	-4.86	0.000	-.0005501	-.0002339
college	.867205	.0700587	12.38	0.000	.7298925	1.004517
associate	.6696698	.071341	9.39	0.000	.529844	.8094957
seniorhi	.3796111	.0637722	5.95	0.000	.25462	.5046023
juniorhi	.058475	.0726349	0.81	0.421	-.0838869	.2008369

第八章

間接篩選型受限依變數的分析：選樣校正模型與因果效應模型

　　第七章討論的截尾與設限，因為其樣本之篩選都直接取決於依變數本身的特定值 c，而且相同的一組自變數決定了隱性與顯性依變數，所以屬於直接篩選。本章所討論的模型，其依變數是否觀測到，是取決於另一個潛在變數 D^*，唯有該變數的值跨過了某個門檻，依變數才能觀測到，否則便為 0 或缺漏，故稱為間接篩選（incidental selection）（參見圖 7.1 右邊的路徑）。這種情形在社會科學研究中屢見不鮮，例如，母群中的個人自己選擇是否參與研究、計畫執行者選擇是否讓自願參與者受測、而參與者受測中途又可能選擇是否退出等（Maddala, 1983: 266，並參見圖 8.1）。

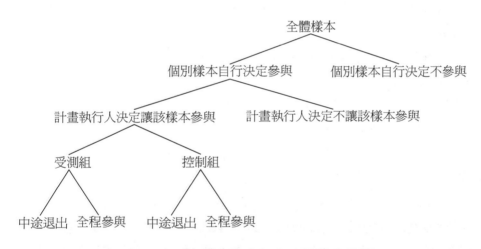

圖 8.1　社會科學研究常涉及的樣本選擇

資料來源：Maddala（1983: 266）。

　　除非篩選純屬隨機，否則就必須正視這個篩選機制，以免造成參數估計的偏誤。因此分析這類資料時，除了研究者最感興趣的「結果變數」（outcome variable，即是依變數 Y）的決定機制模型之外，還必須另外專為篩選機制建立「篩選變數」（selection variable）D 的模型。不過值得注意的是，同時將 Y 及 D 各建立一個結構式，就從單一的迴歸式，跨入

兩個式子以上組成的「結構式模型」（structural equation model，簡稱 SEM）
的範圍了。

第一節　間接篩選模型之共通架構

當依變數並沒有固定的門檻值 c 時，思考爲何有些人的依變數 Y 有
觀測到、但另一些人卻被設限或者根本沒被觀測到，一個很自然的想法，
就是設想有一道無形的柵欄（hurdle）或門檻（threshold）在暗中把關篩
選，而且這道柵欄的高低還可能因人而異，只有跨過柵欄的人才「入選」
成爲我們觀測到 Y 的樣本（selected sample），沒跨過的人 Y 就「落選」
（non-selection）而缺漏了。譬如分析投資行爲，投資人心中各有一把尺，
不能一概而論，但應可視爲兩個階段的選擇：先決定「是否」投資，唯
有跨越了這道障礙選擇要投資之後，下一步才決定投資「多少」。由於
我們無法直接觀察這道柵欄，研究者的要務就是先建構這道篩選機制的
模型，然後再分析跨欄成功的人 Y 值多寡變化的原因。所幸的是，雖然
有部分樣本的 Y 值有缺漏，但是所有樣本的自變數都完好無缺，因此研
究者可將 D 與 Y「各個擊破」，分別建立其模型。

本章討論的間接篩選模型都建立在這個思維上，所以共通的架構包
含兩個隱性連續變數（Cameron and Trivedi, 2005: 547）。第一個是反映
篩選機制（selection mechanism）的潛在變數 D^*，它與實際觀察到的二
分類虛擬變數 D 的關係爲：

$$D = \begin{cases} 1 & \text{if } D^* > 0 \\ 0 & \text{if } D^* \leq 0 \end{cases} \qquad (8.1)$$

第二個潛在變數是反映研究者最感興趣之潛在結果變數 y^*，它與實
際觀察到的 y 的關係爲：

$$y = \begin{cases} y^* & \text{if } D^* > 0 \\ 0\,/- & \text{if } D^* \leq 0 \end{cases} \tag{8.2}$$

將公式 8.1 與 8.2 兩者結合，意即 $D=1$ 時依變數有觀察值 $y=y^*$；但 $D=0$ 時 y 或者登錄為 0、或者 y 根本沒有觀察值（以 "-" 標示之）。$y=0$ 時，是第七章 Tobit 模型的延伸；y 如為缺漏值，就是典型的選樣模型。

若進一步設定兩個潛在變數的結構式都是線性迴歸，則可寫成下列聯立式：

$$\begin{cases} D^* = \mathbf{x}_1\boldsymbol{\beta}_1 + u \\ y^* = \mathbf{x}_2\boldsymbol{\beta}_2 + \varepsilon \end{cases} \tag{8.3}$$

自變數 $\mathbf{x}$ 與係數 $\boldsymbol{\beta}$ 的下標 1 與 2 分別代表第一式與第二式。

接著將顯性的依變數取代隱性的潛在依變數（Wooldridge, 2009: 609）：

$$\begin{cases} D = \mathbf{1}[\mathbf{x}_1\boldsymbol{\beta}_1 + u > 0] \\ y = y^* = \mathbf{x}_2\boldsymbol{\beta}_2 + \varepsilon \end{cases} \tag{8.4}$$

第一式等號右邊的 $\mathbf{1}[.]$ 為指標函數（indicator function），意指當中括弧[.]設定之條件為真時 $D=1$、否則 $D=0$，所以 D 其實就是二分類的虛擬變數，反映 y「是否入選」，可以採用第四章討論的二分類依變數模型，例如機率單元模型（probit）或勝算對數模型（logit）估計其入選之機率；第二式若 y 為連續變數，則仍維持第三章的線性迴歸。本章討論的幾個模型之間，主要差別是來自於對兩式誤差項 u 與 ε 之間關係的假定，以及兩組自變數的組成內容。為了便於讀者查考，這些模型及其 Stata

指令，均列於表 8.1。

表 8.1　間接篩選、因果效應模型及其 Stata 指令

LDV 模型	Stata 指令
兩段式模型	probit (logit) + regress
選樣模型（連續依變數）	heckman, select() [twostep]
選樣模型（二分類依變數）	heckprob, select();
內因選組效應模型 （連續依變數 ＋ 二分類內因選組變數）	treatreg, treat() [twostep]

資料來源：作者自行整理。

第二節　間接篩選之一：兩段式模型

如果研究者在學理上假定上述兩個機制各自爲政、各司其職（也就是除了自變數外，並沒有其他未觀察到的因素同時影響 D 的篩選機制與 Y 的決定機制，因此兩式之誤差項彼此獨立，其共變數爲 0），這類模型就稱爲「兩段式模型」（the two-part model），又稱爲「跨欄模型」（the hurdle model）。這類模型有兩個特色。第一個特色是放寬第七章「同一組自變數決定隱性與顯性變數」的假定，允許 D 與 Y 受不同的自變數影響；即使相同的自變數在兩個機制中都出現，也允許它發揮不同的作用而有不同的係數值，因此更有彈性。Cragg（1971: 831）率先提出此一模型時，就是把 Tobit 模型的單一機制放寬爲兩個不同的機制。跨欄模型的第二個特色是假定 D 與 Y 的機制在統計上相互獨立、各司其職，所以估計時可以兵分兩路，各個擊破：D 是以全體樣本 n 來估計入選 $y > 0$ 的機率；Y 則只針對已經入選的 $n_1 < n$ 個樣本來估計條件期望值，這就是「兩段式模型」一詞的由來。而兩個機制相互獨立的假定，必須兩式中的自變數都已充分解釋了兩個機制，才能成立，所以又稱爲「只根據觀察到

的自變數來篩選」（selection on observables），類似第七章第一節所說的「隨機缺漏」（MAR）。

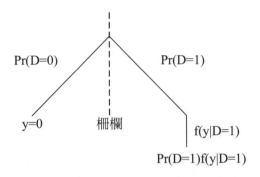

圖 8.2　兩段式（跨欄）模型示意圖

壹、兩段式模型的設定與估計

　　如第一節所述，兩段式模型設定的第一步是界定一個虛擬變數 D，凡依變數 $y > 0$ 者 $D = 1$、其餘 $D = 0$。兩段式模型先建立 $\Pr(D = 1|x_1)$ 的模型，接著再針對依變數有 $y > 0$ 觀察值者建立 y 的模型 $f(y|D = 1, x_1, x_2)$。準此，依變數 $y > 0$ 者的機率密度函數就是 $f(y|x_1, x_2) = f(y|D = 1, x_2) \times \Pr(D = 1|x_1)$。第一段與第二段模型的自變數可能完全相同，但也可能不同（Cameron and Trivedi, 2005: 544-546）。

　　$\Pr(D = 1|x_1)$ 的模型可以採用第四章討論的二分類依變數模型，例如機率單元模型（probit），以 Φ 代表累積之標準常態分布。連續依變數 y 一般仍設定為線性迴歸，則兩段式模型之結構式如下：

　　第一段（篩選機制）：$\Pr(D = 1 \mid \mathbf{x}_1) = \Phi(\mathbf{x}_1 \boldsymbol{\beta}_1)$　　　　　　　(8.5-1)

第二段（結果變數）： $f\left(y\,|\,D=1,\mathbf{x}_2\right)=\mathbf{x}_2\boldsymbol{\beta}_2+\varepsilon$ (8.5-2)

因此依變數 y 的條件期望值爲：

$$E\left(y\,|\,\mathbf{x}_1,\mathbf{x}_2\right)=\Phi\left(\mathbf{x}_1\boldsymbol{\beta}_1\right)\cdot\mathbf{x}_2\boldsymbol{\beta}_2$$ (8.6)

由於兩段式模型假定兩式的誤差項彼此相互獨立，其共變數爲 0
（ $\sigma_{\varepsilon u}=0$ ），因此估計十分單純，可以分別處理。第一段就全體樣本 n
以機率單元模型估計（Stata 之 probit 指令），第二段則僅就 $y>0$ 之 n_1 個
樣本以最小平方法（OLS）或最大或然法（MLE）估計線性迴歸（Stata
之 regression 指令）。如第二段模型亦以 MLE 估計，則該兩段式模型的
聯合對數或然值（joint log-likelihood），就是兩式各自之對數或然值的
加總（Cameron and Trivedi, 2010: 555）。

貳、以Stata之probit及regress指令執行兩段式模型之估計

我們沿用第七章第四節「下方設限」的例子來示範兩段式模型的估
計（資料檔爲 job1TOB.dta）。讀者應記得該例子的研究問題是：剛從學
校畢業的自然科學家是否能獲得好學校的聘任，究竟是受到哪些因素的
影響？其樣本爲 408 位生物化學家。依變數爲這些學者初次獲聘單位的
學術聲望，這是一個數值爲 1.0 至 5.0 的連續變數，但是 1.0 其實是指該
校的研究所評鑑不合格或者根本沒有研究所。我們這裡假定初次就業是
否能任職聲望較佳的單位，其實先要跨過一道無形的門檻，同一組自變
數對「能否跨越獲聘門檻」及「跨越後單位聲望之高低」影響力未必相
同。

爲了分析此一兩段式模型，我們先以 generate 指令建立篩選變數 D，
以 $D=0$ 代表原聲望值爲 1（依變數 $y=1$，即被設限），並以 $D=1$ 代表
原聲望值大於 1（依變數 $y>1$，即未被設限，有觀察值）。下面的結果

顯示共有 99 人歸入 $D=0$。

```
. gen d=( jobcen1>1) if  jobcen1<.
. tabulate d
```

d	Freq.	Percent	Cum.
0	99	24.26	24.26
1	309	75.74	100.00
Total	408	100.00	

接著，我們以篩選變數 D 為依變數（共 408 個案例），用 probit 指令執行「機率單元模型」。

```
. probit  d fem phd ment fel art cit

Iteration 0:   log likelihood = -226.07769
Iteration 1:   log likelihood = -201.51937
Iteration 2:   log likelihood = -200.38428
Iteration 3:   log likelihood =  -200.3713
Iteration 4:   log likelihood = -200.37129

Probit regression                           Number of obs   =       408
                                             LR chi2(6)      =     51.41
                                             Prob > chi2     =    0.0000
Log likelihood = -200.37129                  Pseudo R2       =    0.1137
```

d	Coef.	Std. Err.	z	P>|z|	[95% Conf. Interval]	
fem	-.4534281	.1472405	-3.08	0.002	-.7420142	-.1648421
phd	.1282671	.080552	1.59	0.111	-.0296119	.2861461
ment	.0010347	.0013323	0.78	0.437	-.0015766	.003646
fel	.2597757	.1553151	1.67	0.094	-.0446364	.5641877
art	.0526686	.0614045	0.86	0.391	-.067682	.1730192
cit	.010287	.0053733	1.91	0.056	-.0002444	.0208185
_cons	.0395206	.2666025	0.15	0.882	-.4830107	.5620519

然後再以原聲望值大於 1 的案例（即 jobcen1>1，共 408-99=309 個案例），用 regress 指令執行「線性迴歸」。

```
. regress jobcen1 fem phd ment fel art cit if jobcen1 >1
```

Source	SS	df	MS		
Model	37.6365095	6	6.27275158	Number of obs =	309
Residual	149.290989	302	.494341024	F(6, 302) =	12.69
				Prob > F =	0.0000
				R-squared =	0.2013
				Adj R-squared =	0.1855
Total	186.927499	308	.606907463	Root MSE =	.70309

jobcen1	Coef.	Std. Err.	t	P>|t|	[95% Conf. Interval]	
fem	.1014513	.0854827	1.19	0.236	-.0667658	.2696685
phd	.2973797	.0467477	6.36	0.000	.2053873	.3893722
ment	.0007784	.0006113	1.27	0.204	-.0004247	.0019814
fel	.1405303	.0897917	1.57	0.119	-.0361662	.3172269
art	.0058978	.0248279	0.24	0.812	-.0429598	.0547554
cit	.0021032	.0016553	1.27	0.205	-.0011542	.0053607
_cons	1.412782	.1621386	8.71	0.000	1.093718	1.731846

因為上述分析的結果是以兩段式模型來分析，所以相關的結果也應根據不同的的模型來解讀。從機率單元模型的估計結果來看，因為變數 fem 的係數統計上顯著，而且為負值，所以我們的解讀為：

　　「性別在跨門檻階段有顯著的影響，女性比男性更難進入聲望較佳之單位」。

再自 OLS 模型來看，其中僅有變數 phd 的係數統計上顯著，而且為正值，變數 fem 的係數統計不再顯著，所以我們的解讀為：

　　「一旦跨過了門檻後，決定任職單位的顯著因素就換成其獲得學位博士班之聲望，而性別則不再有顯著的差異」。

不過如前所述，兩段式模型假定這兩個機制各司其職、彼此獨立，此一假定實有待檢驗。

第三節　間接篩選之二：連續依變數之選樣模型（Sample Selection Models）

　　兩段式模型允許機制各司其職，兩式分開估計也很簡單。但是兩個機制相互獨立的假定，卻未必能成立。例如民意調查的受訪者基於某種考慮自行選擇（self-select）是否回答問卷的某些題目（如投票支持的對象，個人所得收入），或研究對象自行決定是否參與某些活動（如職業訓練）等，這批「入選」成有 y 觀察值的人，往往具備了某些特質（例如對該問卷題或該活動比較有興趣），並不構成研究母群的代表性樣本，因而造成「選樣偏誤」（sample selection bias）。從統計模型的角度來看，這些情況之所以棘手，是因為往往有未觀察到的異質性（unobserved heterogeneity）同時影響了選樣機制和研究者感興趣的依變數，使篩選變數 D 成了所謂「內因變數」（endogenous variable），分析時如果沒有將此異質性納入控制，便是忽略了應考慮的變數（omitted variables），造成第二段模型設定的錯誤。例如分析工資所得資料時，只有已經在工作的受訪者才會有工資的資料，沒有工作者的工資為缺漏值，但是決定是否工作，除了個人條件外，也可能取決於勞動市場提供的工作薪資對其是否有吸引力，而後者顯然又與依變數息息相關。

　　處理這類問題時，最常見的方式就是同時考量「樣本篩選（簡稱「選樣」）機制」的變數及研究者感興趣的「結果變數」兩者之間的關係，這就是 Heckman 選樣模型[1]，一般也稱為「雙變數選樣模型」（bivariate sample selection models）。概念上，選樣模型也是 Tobit 模型的推廣（generalized Tobit model），因為選樣模型不但入選門檻值可因人而異，同一個自變數的效應其正負方向與大小幅度，在兩個機制中也可能不同。

---

[1]　James Joseph Heckman為美國經濟學家，於2000年與Daniel L. McFadden共同獲得諾貝爾經濟學獎。

壹、Heckman選樣（偏誤校正）模型之設定

　　倘若決定選樣之機制 D^* 為連續之變數，唯有當 $D^* > 0$ 時才觀測得到 y，否則為缺漏。我們可據以設定兩個迴歸式：

$$\begin{cases} \text{選樣迴歸式：} D_i = 1[\mathbf{x}_{1i}\boldsymbol{\beta}_1 + u_i > 0] \\ \text{結果變數迴歸式：} y_i = \mathbf{x}_{2i}\boldsymbol{\beta}_2 + \varepsilon_i \end{cases} \tag{8.7}$$

選樣迴歸式其實就是分析二分類依變數的「機率單元模型」（binary probit model），其誤差項 u_i 為標準常態分布，期望值為 0、變異數 $\sigma_u^2 = 1$，而其自變數向量 $\mathbf{x}_1$ 除了包含依變數迴歸式中的所有自變數 $\mathbf{x}_2$ 之外，還可包括其它只影響選樣的自變數 $\mathbf{z}$（亦即 D 之自變數為 $\mathbf{x}_1 = [\mathbf{z}\ \mathbf{x}_2]$，見圖 8.3[2]）。Heckman（1976; 1979）假定以上兩式之誤差項呈雙變數常態分布（bivariate Normal, BVN），且相關度為 ρ：

$$\begin{bmatrix} u_i \\ \varepsilon_i \end{bmatrix} \sim \mathrm{BVN}\left(\begin{bmatrix} 0 \\ 0 \end{bmatrix}, \begin{bmatrix} 1 & \sigma_{u\varepsilon} = \rho \cdot 1 \cdot \sigma_\varepsilon \\ \sigma_{\varepsilon u} = \rho \cdot \sigma_\varepsilon \cdot 1 & \sigma_\varepsilon^2 \end{bmatrix} \right). \tag{8.8}$$

換言之，在 Heckman 的選樣模型裡，兩個誤差項各自為單變數常態分布：$u_i \sim N(0,1)$，$\varepsilon_i \sim N(0, \sigma_\varepsilon^2)$；但兩者之間的共變數為 $\sigma_{\varepsilon u} = \rho \cdot \sigma_\varepsilon$。準此，$y$ 的條件期望值為：

$$\begin{aligned} E[y_i \mid \mathbf{x}_{1i}, \mathbf{x}_{2i}, D_i = 1] &= E[y_i \mid u_i > -\mathbf{x}_{1i}\boldsymbol{\beta}_1] \\ &= \mathbf{x}_{2i}\boldsymbol{\beta}_2 + E[\varepsilon_i \mid u_i > -\mathbf{x}_{1i}\boldsymbol{\beta}_1] \\ &= \mathbf{x}_{2i}\boldsymbol{\beta}_2 + \sigma_{\varepsilon u} \cdot \lambda_i(\alpha_u) \\ &= \mathbf{x}_{2i}\boldsymbol{\beta}_2 + \rho \cdot \sigma_\varepsilon \cdot \lambda_i(\alpha_u) \end{aligned} \tag{8.9}$$

2　圖 8.3 及 8.5 採用 Pearl（2009）的符號：實線單向箭頭代表因果關係，虛線雙向箭頭代表箭頭所指的兩個變數間有相互關係（mutually dependent）。實心圓 ● 代表已觀測到的變數，空心圓 ○ 代表未觀測到的變數。

其中 $\alpha_u = \dfrac{-\mathbf{x}_{1i}\boldsymbol{\beta}_1}{\sigma_u} = -\mathbf{x}_{1i}\boldsymbol{\beta}_1$，

$$\lambda_i(\alpha_u) = \frac{\phi(-\mathbf{x}_{1i}\boldsymbol{\beta}_1)}{1-\Phi(-\mathbf{x}_{1i}\boldsymbol{\beta}_1)} = \frac{\phi(\mathbf{x}_{1i}\boldsymbol{\beta}_1)}{\Phi(\mathbf{x}_{1i}\boldsymbol{\beta}_1)}。$$

上式（8.9）有兩點值得特別注意。首先，$\lambda_i(\alpha_u)$ 與第七章第三節截尾迴歸中的「Mills 比值之倒數」（IMR）極為類似，代表「樣本未入選（亦即 y 無觀察值）之風險」（the non-selection hazard）。而 $\sigma_{\varepsilon u} = \rho\sigma_\varepsilon$ 的位置乍看之下似乎是 IMR $\lambda_i(\alpha_u)$ 的「係數」，故有時被稱為「選樣效應」（selectivity effect），但其實不然，解讀必須格外謹慎，將在下文說明。其次，y 的條件期望值清楚地顯示：若這兩個變數之間沒有相關，$\rho = \dfrac{\sigma_{\varepsilon u}}{\sigma_\varepsilon} = 0$，$y$ 的條件參數與 $y*$ 其實相同，此時即使逕以 y 取代 $y*$ 也不會有選樣偏誤（sample selection bias）的問題。但若 $\sigma_{\varepsilon u} = \rho\sigma_\varepsilon \neq 0$，表示有些因素同時在影響選樣機制及結果變數，$y$ 的條件參數便與 $y*$ 不同，若逕以 y 取代 $y*$ 來分析，就會產生偏誤。

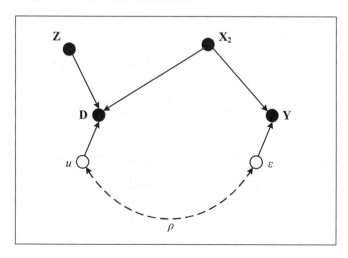

圖 8.3　雙變數選樣模型路徑圖

貳、Heckman選樣模型之估計

我們可以用兩種方法來估計 Heckman 選樣模型。第一種是兩步驟估計法（或稱 the Heckit estimator），第二種是一步到位最大或然法。分別說明如下。顧名思義，兩步驟估計法包括兩個步驟：第一步是以最大或然法估計選樣機制之「機率單元模型」，取得其係數估計值 $\hat{\boldsymbol{\beta}}_1$ 後，據以估算「未入選之風險」 $\hat{\lambda}_i = \dfrac{\phi\left(\mathbf{x}_{1i}\hat{\boldsymbol{\beta}}_1\right)}{\Phi\left(\mathbf{x}_{1i}\hat{\boldsymbol{\beta}}_1\right)}$ （亦即 IMR）以及 $\hat{\delta}_i = \hat{\lambda}_i\left(\hat{\lambda}_i + \mathbf{x}_{1i}\hat{\boldsymbol{\beta}}_1\right)$ ；接著把 $\hat{\lambda}_i$ 當成「控制變數」放入結果變數之迴歸式，以 OLS 估計 $y_i = \mathbf{x}_{2i}\boldsymbol{\beta}_2 + \sigma_{\varepsilon u}\cdot\hat{\lambda}_i + \varepsilon_i$ ，便可得到 $\boldsymbol{\beta}_2$ 及 $\sigma_{\varepsilon u} = \rho\cdot\sigma_{\varepsilon}$ 的一致估計值。

兩步驟估計法在概念上比較簡單，執行上也很容易，惟須注意者，步驟二 OLS 的誤差項 ε_i 有條件變異數不等（heteroscedasticity）的問題，也就是

$$V\left(\varepsilon_i \mid D_i = 1, \mathbf{x}_{1i}, \mathbf{x}_{2i}\right) = \sigma_{\varepsilon}^2\left(1 - \rho^2\delta_i\right) \tag{8.10}$$

而上式中 $\delta_i = \lambda_i\left(\lambda_i + \mathbf{x}_{1i}\boldsymbol{\beta}_1\right)$ 會因自變數向量 $\mathbf{x}_{1i}$ 的值而異，故 OLS 之標準誤有偏誤。正確之標準誤請參見 Heckman（1979）。

Heckman 針對其選樣模型提出之兩步驟估計法，像極了第七章 Tobit 模型的兩步驟估計法，因此學界模仿 "Tobin's probit" 二字合成 "Tobit" 一字，也常將 "Heckman's probit" 簡稱為 the "Heckit" estimator（Greene, 2012: 916）。

不過，現今選樣迴歸模型，多採一步到位的最大或然法，也就是以最大或然法一次估計或然之對數（log-likelihood）：

$$\ln L(\boldsymbol{\beta}_1, \boldsymbol{\beta}_2, \sigma_\varepsilon, \rho | y_i, D_i, \mathbf{x}_{1i}, \mathbf{x}_{2i})$$

$$= \sum_{D_i=1} \left\{ -\frac{1}{2} \left[\ln(2\pi) + \ln \sigma_\varepsilon^2 \right] + \ln \Phi \left[\frac{\mathbf{x}_{1i}\boldsymbol{\beta}_1 + (y_i - \mathbf{x}_{2i}\boldsymbol{\beta}_2)\rho / \sigma_\varepsilon}{\sqrt{1-\rho^2}} \right] \right\}$$

$$+ \sum_{D_i=0} \ln \left[\Phi(-\mathbf{x}_{1i}\boldsymbol{\beta}_1) \right] \tag{8.11}$$

顯然上式(8.11)中的第一項 $\sum_{D_i=1}\{\}$ 為入選之 y，第二項 $\sum_{D_i=0} \ln\{.\}$ 則為未入選之 y。

上述選樣模型的估計，因選樣迴歸屬於非線性、而結果變數迴歸式則為線性，故純就學理而言，即使兩式的自變數均相同（也就是 $\mathbf{x}_1 = \mathbf{x}_2$），也不會發生共線性的參數識別問題。不過實際上，機率單元模型的 S 狀曲線的中間一段非常接近線性，因此通常都會強烈建議選樣迴歸式的自變數 $\mathbf{x}_1$ 至少要包含一個 $\mathbf{x}_2$ 以外的自變數 z（如圖 8.3 所示）做為工具變數（instrumental variable, IV），即 $\mathbf{x}_1 = [\mathbf{z}\,\mathbf{x}_2]$；也就是說，選樣迴歸式之中的自變數 $\mathbf{x}_1$，至少有一個要從結果變數迴歸式的 $\mathbf{x}_2$ 中排除，故稱為「排除限制」（exclusion restriction）。

在係數的解讀上，有幾點值得特別注意：

（一）相關係數 ρ

相關係數 ρ 代表兩個迴歸式的自變數向量無法解釋的誤差項間之相關度（見圖 8.3），這也是「選樣偏誤」的來源。若檢定的結果不拒斥 $H_0: \rho = 0$，則表示結果變數迴歸式裡的自變數已經充分解釋了依變數，相當於「根據觀察到的外因變數來選樣」（selection on observables，或 exogenous selection），沒有所謂選樣偏誤的問題，因此兩個迴歸式可以「各自為政」，分開單獨估計，回到前一節的兩段式模型。

（二）「未入選之風險」 $\hat{\lambda}_i = \dfrac{\phi\left(\mathbf{x}_{1i}\hat{\boldsymbol{\beta}}_1\right)}{\Phi\left(\mathbf{x}_{1i}\hat{\boldsymbol{\beta}}_1\right)}$ （亦即 IMR）

　　如第七章第三節之說明，IMR $\hat{\lambda}_i$ 必為正值，估計值越高表示該案例未中選（即依變數有缺漏值）的風險也越高；反之， $\hat{\lambda}_i$ 估計值越低表示該案例未中選的風險也越低（即依變數沒有缺漏的機率越高）。

（三）「選樣效應」 $\hat{\sigma}_{\varepsilon u}$

　　所謂「選樣效應」 $\hat{\sigma}_{\varepsilon u}$ 其實根本不應解讀為未入選風險 $\hat{\lambda}_i$ 的「效應」，因為在 Heckman 的選樣模型中， $\sigma_{\varepsilon u} = \rho \cdot \sigma_{\varepsilon}$。其中 σ_{ε} 為標準差，必為正值，因此估計值 $\hat{\sigma}_{\varepsilon u}$ 的正負號，其實只是反映相關係數 ρ 的正負號。若 $\rho > 0$ 且顯著，表示凡是會提高「入選機率 $\Phi\left(\mathbf{x}_{1i}\boldsymbol{\beta}_1\right)$」的未觀察因素（unobservables），也會提高依變數 y 的值；若 $\rho < 0$ 且顯著，則表示凡是會提高「入選機率」的未觀察因素，反而會減低依變數的值（DeMaris, 2004: 337）。研究者若不明就裡，逕將 $\hat{\sigma}_{\varepsilon u}$ 解讀為 λ_i 的「效果」，便會誤以為 $\hat{\sigma}_{\varepsilon u} > 0$ 表示「落選之風險」 λ_i 越高，依變數 y 的值也越大，與實際正好背道而馳，不可不慎。總之，所謂「選樣效應」 $\hat{\sigma}_{\varepsilon u}$ 不應解讀為未入選風險 $\hat{\lambda}_i$ 的「效應」。

（四）邊際效應

　　Heckman 選樣模型與截尾迴歸、設限迴歸最大的差異，在於有兩個迴歸式，選樣迴歸式有一組自變數 $\mathbf{x}_1$、結果變數迴歸式有一組自變數 $\mathbf{x}_2$，而 $\mathbf{x}_2$ 中的自變數也都出現在 $\mathbf{x}_1$ 之中，但 $\mathbf{x}_1$ 則通常至少有一個 $\mathbf{x}_2$ 以外的自變數 z（如圖 8.3）。不過研究者往往是對結果變數迴歸式最感興趣，因此以下針對在 $\mathbf{x}_1$ 和 $\mathbf{x}_2$ 中都有出現的第 k 個自變數 x_k 的邊際效應來討論。

1. 若研究者關心的是整個母群的潛在依變數 $y*$，則自變數之邊際效應就是 β_{2k}。
2. 若研究者關心的是實際觀察到的依變數 y，其邊際效應為

$$\frac{\partial E\left(y_i \mid D_i = 1\right)}{\partial x_{ki}} = \beta_{2k} - \beta_{1k} \cdot \rho \cdot \sigma_\varepsilon \cdot \delta_i \tag{8.12}$$

上式中 $\delta_i = \lambda_i\left(\lambda_i + \mathbf{x}_{1i}\boldsymbol{\beta}_1\right)$，$0 < \delta_i < 1$；$\sigma_\varepsilon > 0$。

參、Stata之heckman指令

Stata 內建的 heckman 指令可用來分析 Heckman 選樣模型：

heckman *depvar* [*indepvars*], select (*indepvars_s*) [*twostep*]

上述指令中，

- *depvar*：就是連續結果變數 y。
- *indepvars*：為自變數。
- select()：宣告選樣迴歸式之自變數於()內。
- *twostep*：heckman 指令會自動採一步到位最大或然估計法；若要採兩步驟估計法，則須在附屬指令 select()之後加上 twostep 的選項。

我們延續第二節的例子，仍以 job1TOB.dta 為資料檔，但放寬兩個機制相互獨立的假定，也就是設想除了自變數外，還有其他未觀測到的因素（如個人資質、口才等）會同時影響到「能否跨欄成功」D 及「跨欄後受那個單位青睞」y 兩者，故允許篩選機制與結果變數迴歸式的誤差項間有相關。此處以性別（fem）為 z，也就是我們假設性別只影響篩選機制 D 但對 y 並無影響。我們以 heckman 指令執行選樣偏誤校正模型，步驟如下。首先，以 generate 指令建一個新變數 prestige，凡原聲望值為 1

者改爲缺漏值（Stata 以符號「.」來表示缺漏值），但原聲望值大於 1 者則維持其原觀測值。因此有 99 個案例在此一新變數爲缺漏。

```
. gen prestige=jobcen1 if  jobcen1>1
(99 missing values generated)
```

　　其次，我們先用 heckman 指令設定「結果變數迴歸式」，以 prestige 爲結果變數（共 309 個案例）。再於附屬指令 select 之( )內加入「篩選迴歸式」之自變數（共 408 個案例）：

1. 自主選單 Statistics→Sample-selection models →Heckman selection model (ML)，打開對話窗 heckman － Heckman selection model。然後自 Model 介面中選取變數，在 Dependent variable 框中以 prestige 爲依變數，並在 Independent variables 框中以依序選自變數 phd，ment，fel，art 與 cit。然後在 Selection independent variables 框中依序選自變數 fem，phd，ment，fel，art 與 cit。

2. 按下 OK 鍵，即可得 heckman 模型迴歸分析結果：

```
. heckman prestige phd ment fel art cit, select(fem phd ment fel art cit)

Iteration 0:   log likelihood = -525.48726
Iteration 1:   log likelihood = -524.31092
Iteration 2:   log likelihood = -523.76643
Iteration 3:   log likelihood = -523.76153
Iteration 4:   log likelihood = -523.76152

Heckman selection model                       Number of obs    =       408
(regression model with sample selection)      Censored obs     =        99
                                              Uncensored obs   =       309

                                              Wald chi2(5)     =     89.73
Log likelihood = -523.7615                    Prob > chi2      =    0.0000
```

prestige	Coef.	Std. Err.	z	P>|z|	[95% Conf. Interval]	
prestige						
phd	.3272447	.0520833	6.28	0.000	.2251633	.4293262
ment	.0011423	.0007092	1.61	0.107	-.0002477	.0025322
fel	.2659681	.1027924	2.59	0.010	.0644987	.4674375
art	.0260907	.0290571	0.90	0.369	-.0308602	.0830417
cit	.0036298	.0019594	1.85	0.064	-.0002105	.00747
_cons	.8716421	.1967596	4.43	0.000	.4860005	1.257284
select						
fem	-.3068203	.1377866	-2.23	0.026	-.5768771	-.0367636
phd	.2149774	.0755309	2.85	0.004	.0669395	.3630152
ment	.0011018	.0012034	0.92	0.360	-.0012567	.0034604
fel	.1886776	.1438333	1.31	0.190	-.0932306	.4705858
art	.0240145	.0536874	0.45	0.655	-.0812109	.12924
cit	.0097748	.004665	2.10	0.036	.0006314	.0189181
_cons	-.1843738	.2484531	-0.74	0.458	-.671333	.3025853
/athrho	1.466141	.4209095	3.48	0.000	.641174	2.291109
/lnsigma	-.1652984	.0708872	-2.33	0.020	-.3042346	-.0263621
rho	.8988388	.080852			.5656984	.9797429
sigma	.8476408	.0600868			.7376878	.9739823
lambda	.7618924	.1166691			.5332251	.9905597

```
LR test of indep. eqns. (rho = 0):   chi2(1) =      6.78   Prob > chi2 = 0.0092
```

　　上面的結果中，選樣模型報表的倒數第四列 rho，就是兩式誤差項之相關度估計值 $\hat{\rho}$ =0.899，顯示兩式高度正相關。報表最後一列即是或然比檢定（likelihood ratio test）：$G^2 = 6.78$, $p < 0.01$，拒斥 $H_0 : \rho = 0$。這些結果表示：第一，兩式若以「兩段式模型」的方式分開單獨估計，會有偏誤。第二，由於 $\rho > 0$ 且統計上顯著，凡是會提高「入選機率」的未觀測到的因素，也會提高依變數「聲望」的值。再者，報表倒數第三列的 sigma，就是「結果變數迴歸式」誤差項之估計值 $\hat{\sigma}_\varepsilon$ =0.848。而倒數第二列的 lambda 則是共變數之估計值 $\hat{\sigma}_{\varepsilon u} = \hat{\rho} \times \hat{\sigma}_\varepsilon$ =0.762。我們在前面已說明，此一乘積不應解讀為選樣效應。相較於兩段式模型，選樣模型在結果變數迴歸式中顯著的估計係數增加了，也就是甫畢業者除了其畢業博

士班聲望外，若領有獎學金者（fel=1），也比較可能獲得聲望較高之單位聘任。如前所述，如果研究者關心的是整個母群的潛在依變數 $y*$，則自變數之邊際效應就是 Heckman 選樣模型的迴歸係數。以 fel 為例，因為這是一個二分類變數，所以我們的解讀為：

> 「其他條件不變，就整個母群的隱性變數 $y*$ 而言，讀博班時領有獎學金的生物學家比沒有領獎學金者，其初聘單位的聲望平均高出 0.266」。

若研究者關心的，是自變數對實際觀察到的依變數 $1 < y < 5$ 的邊際效應，則以 margins, dydx(*) predict(e(1,5)) 指令計算如下：

```
. margin, dydx(*) predict(e(1,5))

Average marginal effects                      Number of obs   =        408
Model VCE    : OIM

Expression   : E(prestige|1<prestige<5), predict(e(1,5))
dy/dx w.r.t. : phd ment fel art cit fem
```

	dy/dx	Delta-method Std. Err.	z	P>|z|	[95% Conf. Interval]	
phd	.2421939	.0395437	6.12	0.000	.1646896	.3196983
ment	.0008454	.0005225	1.62	0.106	-.0001787	.0018694
fel	.1968431	.0741091	2.66	0.008	.0515919	.3420943
art	.0193098	.0213252	0.91	0.365	-.0224868	.0611063
cit	.0026864	.0014367	1.87	0.062	-.0001295	.0055022
fem	(omitted)					

我們對 fel 的解讀為：

> 「其他條件不變，能獲得聲望值超過 1 的單位初聘的生物學家，讀博班時領有獎學金者，其初聘單位的聲望比沒領獎學金者平均高出 0.197」。

第四節　間接篩選之三：二分類依變數之選樣模型

第三節討論的選樣偏誤校正模型，適用於依變數爲連續變數的情況。本節則將選樣模型延伸至依變數也是二分類的質變數（Dubin and Rivers, 1989/1990），也就是依變數爲二擇一，例如把票投給兩位候選人之一。

壹、雙變數選樣模型

延續第一節的間接篩選模型架構，先假定隱性之篩選變數 $D*$ 及結果變數 $y*$ 均爲連續變數，兩者呈雙變數常態分布（BVN）。但實際上，我們僅測得兩者的正負值，故 y 和 D 兩者均係登錄爲 0 與 1 的二分類虛擬變數。這可以下列公式來表示：

$$
\begin{cases}
\text{隱性篩選變數} D_i^*; \text{實際觀測到的虛擬變數}: D_i = \begin{cases} 1, & \text{if } D_i^* > 0 \\ 0, & \text{if } D_i^* \leq 0 \end{cases} \\[4mm]
\text{隱性結果變數} y_i^*; \text{實際觀測到的二分類結果變數}: y_i = \begin{cases} 1, & \text{if } y_i^* > 0 \\ 0, & \text{if } y_i^* \leq 0 \end{cases}
\end{cases}
$$

$$(8.13)$$

也就是實際上僅 $D = 1$ 時，依變數 y 才觀測到 0 或 1 的值，否則 y 爲缺漏：

$$
y = \begin{cases} 1 \text{ or } 0 & \text{if } D = 1 \\ \text{missing} & \text{if } D = 0 \end{cases}
$$

$$(8.14)$$

選樣機制與依變數均爲二分類時，以樹狀圖來表示更爲清楚：

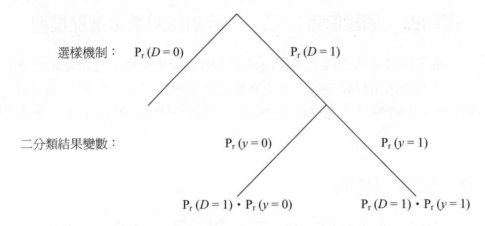

選樣機制： $P_r(D=0)$　　　　　　　　$P_r(D=1)$

二分類結果變數：　　　　　　$P_r(y=0)$　　　　　　$P_r(y=1)$

　　　　　　$P_r(D=1)\cdot P_r(y=0)$　　　　$P_r(D=1)\cdot P_r(y=1)$

圖 8.4　依變數為二分類變數之選樣模型

我們可據以設定兩個聯立之「機率單元模型」（probit models）：

$$\begin{cases} \text{選樣迴歸式}: \Pr(D_i=1|\mathbf{x}_{1i}) = \Phi(\mathbf{x}_{1i}\boldsymbol{\beta}_1) \\ \text{結果變數迴歸式}: \Pr(y_i=1|D_i=1,\mathbf{x}_{1i},\mathbf{x}_{2i}) = \Phi(\mathbf{x}_{2i}\boldsymbol{\beta}_2) \end{cases} \tag{8.15}$$

上式中，Φ 代表單變數常態分布之累積分布函數。以上兩個迴歸式的誤差項各為標準常態分布，期望值為 0、變異數為 1；而兩者呈雙變數常態分布，相關度為 ρ：

$$\begin{bmatrix} \varepsilon_i \\ u_i \end{bmatrix} \sim \text{BVN}\left(\begin{bmatrix} 0 \\ 0 \end{bmatrix}, \begin{bmatrix} 1 & \rho \\ \rho & 1 \end{bmatrix} \right). \tag{8.16}$$

「二分類依變數之選樣模型」與連續依變數的選樣模型一樣，倘若兩式誤差項之相關度 $\rho=0$，則無選樣偏誤的問題，兩式可分開單獨估計，有如第二節討論之兩段式模型。

貳、估計間斷變數之聯合機率

從樹狀圖 8.4 可知，二分類依變數的選樣模型其實有下列三種可能的狀況：

一、依變數 y 有「入選」，亦即有觀測到（ $D=1$ ）。這又可以分為兩種情況：

    1. 研究對象選擇了我們感興趣的那一類（ $y=1,\ D=1$ ）

    2. 研究對象選擇了另一類（ $y=0,\ D=1$ ）。

二、依變數 y 沒「入選」，亦即沒有被觀測到（ $D=0$ ）。

準此，上述三種狀況的機率如下：一、依變數 y 有「入選」的機率為

$$\Pr(D_i = 1 \mid \mathbf{x}_{1i}, \mathbf{x}_{2i}) = \Phi(\mathbf{x}_{1i}\boldsymbol{\beta}_1) \tag{8.17}$$

其中：

1. 研究對象選擇了我們感興趣的那一類的聯合機率

$$\Pr(y_i = 1, D_i = 1 \mid \mathbf{x}_{1i}, \mathbf{x}_{2i}) = \Phi_B(\mathbf{x}_{1i}\boldsymbol{\beta}_1, \mathbf{x}_{2i}\boldsymbol{\beta}_2, \rho) \tag{8.18}$$

上式中 Φ_B 之下標 B 代表雙變數（bivariate）常態分布之累積分布函數

2. 研究對象選擇了另一類的聯合機率為

$$\Pr(y_i = 0, D_i = 1 \mid \mathbf{x}_{1i}, \mathbf{x}_{2i}) = \Phi(\mathbf{x}_{1i}\boldsymbol{\beta}_1) - \Phi_B(\mathbf{x}_{1i}\boldsymbol{\beta}_1, \mathbf{x}_{2i}\boldsymbol{\beta}_2, \rho) \tag{8.19}$$

三、依變數 y 沒「入選」，亦即沒有觀測到的機率則為

$$\Pr(D_i = 0 \mid \mathbf{x}_{1i}, \mathbf{x}_{2i}) = 1 - \Phi(\mathbf{x}_{1i}\boldsymbol{\beta}_1) \tag{8.20}$$

綜合前述之三種機率，可推導出以下之對數或然函數：

$$\ln L(\boldsymbol{\beta}_1, \boldsymbol{\beta}_2, \rho \mid \mathbf{y}, \mathbf{D}, \mathbf{x}_{1i}, \mathbf{x}_{2i})$$

$$= \sum_{i=1}^{n} D_i \left\{ y_i \cdot \ln \boldsymbol{\Phi}_B(\mathbf{x}_{1i}\boldsymbol{\beta}_1, \mathbf{x}_{2i}\boldsymbol{\beta}_2, \rho) + (1 - y_i) \cdot \ln \left[\Phi(\mathbf{x}_{1i}\boldsymbol{\beta}_1) - \boldsymbol{\Phi}_B(\mathbf{x}_{1i}\boldsymbol{\beta}_1, \mathbf{x}_{2i}\boldsymbol{\beta}_2, \rho) \right] \right\}$$

$$+ (1 - D_i) \cdot \ln \left[1 - \Phi(\mathbf{x}_{1i}\boldsymbol{\beta}_1) \right]$$

$$(8.21)$$

顯然大括弧內是依變數有入選的觀察值，而最後一項則為依變數未入選的觀察值。個別針對三組參數 $\boldsymbol{\beta}_1, \boldsymbol{\beta}_2, \rho$ 取上式之最大化，即可得參數之最大或然估計。

參、Stata之heckprob指令

Stata 內建的 heckprob 指令可用來分析二分類依變數之選樣模型，

heckprob *depvar* [*indepvars*], select ([*depvars_s=*] *varlist_s*)

heckprob 的語法結構與第三節之 heckman 指令類似，也是以附屬指令 select()宣告選樣迴歸式之自變數於( )內；但不同的是 heckprob 只有最大或然估計，而沒有兩步驟估計的選項。在估計後，可以用 predict 指令估算不同的機率，這些機率內建的名稱如下：

一、邊緣機率（marginal probabilities）[3]

1. psel：「入選」的機率，$\Pr(D_i = 1 \mid \mathbf{x}_{1i}, \mathbf{x}_{2i})$。

---

[3]　marginal probability是將多變數之聯合機率加總，常呈現在聯合分布圖表的邊緣（margins），故譯為「邊緣機率」。坊間多譯為「邊際機率」，但為了避免與「邊際效應」（marginal effect，指自變數微量變化對依變數的影響）的概念混淆，故不採用。

2. pmargin：依變數 y 屬於感興趣那一類的機率，$\Pr(y_i = 1 \mid \mathbf{x}_{1i}, \mathbf{x}_{2i})$。

二、聯合機率（joint probabilites）

1. p11：有「入選」、且研究對象選擇了研究者感興趣的那一類的聯合機率 $\Pr(y_i = 1, D_i = 1 \mid \mathbf{x}_{1i}, \mathbf{x}_{2i})$。
2. p01：有「入選」、且研究對象選擇了另一類的聯合機率 $\Pr(y_i = 0, D_i = 1 \mid \mathbf{x}_{1i}, \mathbf{x}_{2i})$。

三、條件機率（conditional probability）

Pcond：在有「入選」的條件下，依變數 $y = 1$ 之條件機率 $\Pr(y_i = 1 \mid D_i = 1, \mathbf{x}_{1i}, \mathbf{x}_{2i})$。

我們以「臺灣選舉與民主化調查」2008 年選舉的民調資料為例（資料檔為 choice.dta），示範以「二分類依變數選樣模型」分析有無投票及投票抉擇。我們的研究問題是：臺灣民眾在 2008 年總統選舉的投票行為是受到哪些因素的影響？我們以 describe 與 summarize 指令取得資料庫各變數的描述統計資料：

```
. describe

Contains data from C:\Documents and Settings\HP_Administrator\Desktop\Data\cho
> ice.dta
  obs:          1,515
  vars:            11                          7 Apr 2011 16:02
  size:        49,995 (99.9% of memory free)

              storage  display    value
variable name   type   format     label       variable label

turnout        float   %20.0g     turnout     vote in the election
preschoice     float   %14.0g     prechoice
                                              vote for Ma=1
perfsat        byte    %8.0g                  performance satisifaction
panblue        byte    %8.0g                  pan-blue parties
pangreen       byte    %8.0g                  pan-green parties
taiwanese      byte    %8.0g                  taiwanese identity
chinese        byte    %8.0g                  chinese identity
yage           float   %9.0g                  age
female         float   %9.0g
educ           float   %9.0g                  education level
concern        float   %16.0g     concern     concern about next election
                                              process

Sorted by:
```

```
. summarize

    Variable |       Obs        Mean    Std. Dev.       Min        Max
-------------+--------------------------------------------------------
     turnout |      1515    .8831683    .3213257          0          1
  preschoice |      1338    .6240658    .4845443          0          1
     perfsat |      1515    .2838284    .4510034          0          1
     panblue |      1515    .4310231    .4953829          0          1
    pangreen |      1515    .3240924    .4681893          0          1
-------------+--------------------------------------------------------
   taiwanese |      1515    .5254125    .4995187          0          1
     chinese |      1515    .0587459    .2352261          0          1
        yage |      1515    44.96568    15.84203         20         94
      female |      1515    .4831683    .4998816          0          1
        educ |      1515    3.155776    1.418699          1          5
-------------+--------------------------------------------------------
     concern |      1515    3.088449    .7963539          1          4
```

上面結果顯示，該資料檔共有 11 個變數。除了一個變數（preschoice）
有 1,338 個有效案例外，其餘每一個變數都有 1,515 個有效案例：

1. 投票與否（turnout）：為二分類變數，有投票者編碼為 1，未投
   票者編碼為 0。

2. 所支持的候選人（preschoice）：為二分類變數，支持馬英九的受
   訪人編碼為 1，而支持謝長廷的受訪人編碼為 0。

3. 施政滿意與否（perfsat）：為二分類變數，對陳水扁施政滿意的
   受訪人編碼為 1，否則編碼為 0。

4. 泛藍陣營認同者（panblue）：為二分類變數，認同泛藍陣營者編
   碼為 1，否則編碼為 0。

5. 泛綠陣營認同者（pangreen）：為二分類變數，認同泛綠陣營者
   編碼為 1，否則編碼為 0。

6. 臺灣人認同者（taiwanese）：為二分類變數，具有「臺灣人認同」
   者編碼為 1，否則編碼為 0。

7. 中國人認同者（chinese）：為二分類變數，具有「中國人認同」
   者編碼為 1，否則編碼為 0。

8. 年齡（yage）：為連續變數，以「年」為單位。。

9. 教育水準（educ）：為編碼 1 到 5 的多分類變數，以 1 表示小學
   及以下水準，以 5 表示大學及以上水準。

10.女性受訪人（female）：為二分類變數，女性受訪人編碼為 1，男

性受訪人編碼為 0。

11. 關心競選過程（concern）：為編碼 1 到 4 的多分類變數，以 1 表示「毫不關心」，以 4 表示「非常關心」。

我們進一步以 tabulate 取得投票與否（turnout）與所支持的候選人（preschoice）的次數。在 1,515 個有效樣本中，有 177 位表示沒去投票，而 1,338 位回答有去投票者之中，835 位表示投給國民黨提名的馬英九、503 位表示投給民進黨提名的謝長廷。

```
. tab1  turnout  preschoice, nolabel

-> tabulation of turnout

vote in the
  election   |     Freq.      Percent        Cum.
-------------+-----------------------------------
           0 |       177        11.68       11.68
           1 |     1,338        88.32      100.00
-------------+-----------------------------------
       Total |     1,515       100.00

-> tabulation of preschoice

   vote for
      Ma=1   |     Freq.      Percent        Cum.
-------------+-----------------------------------
           0 |       503        37.59       37.59
           1 |       835        62.41      100.00
-------------+-----------------------------------
       Total |     1,338       100.00
```

一般分析投票抉擇，多半直接以這 1,338 位回答有投票者為樣本進行分析。下面是以二分類機率單元（probit）模型分析的步驟與結果。因為教育程度（educ）乃是一個具有 5 個類別的變數，我們用 Stata 的 factor variable 語法，以類別 1（小學及以下）為參照組建立四個虛擬變數：

1. 自主選單 Statistics→Binary outcomes→Probit regression，打開對話窗 probit - Probit regression。然後自 Model 介面中依序選取變數，以 prechoice 為依變數，然後依序選自變數 perfsat, panblue, pangreen, taiwanese, chinese, yage, 與 female。然後按 Independent

variables 框邊的按鈕⋯，打開對話窗 Create varlist with factor or
time-series variables，在 Variable 1 框中圈選 educ，並在 Base 框
中圈選 Default（即以類別 1 為參照組），按下 Add to varlist。
2. 按下 OK 鍵，即可得二分機率單元分析結果：

```
. probit preschoice perfsat panblue pangreen taiwanese chinese yage female i.educ

Iteration 0:   log likelihood = -885.80765
Iteration 1:   log likelihood = -314.15613
Iteration 2:   log likelihood = -295.61892
Iteration 3:   log likelihood = -294.84638
Iteration 4:   log likelihood = -294.83938
Iteration 5:   log likelihood = -294.83938

Probit regression                               Number of obs   =       1338
                                                LR chi2(11)     =    1181.94
                                                Prob > chi2     =     0.0000
Log likelihood = -294.83938                     Pseudo R2       =     0.6672
```

preschoice	Coef.	Std. Err.	z	P>|z|	[95% Conf. Interval]	
perfsat	-.6872075	.1303915	-5.27	0.000	-.9427702	-.4316448
panblue	1.490237	.1703247	8.75	0.000	1.156407	1.824067
pangreen	-1.814995	.1284842	-14.13	0.000	-2.06682	-1.563171
taiwanese	-.4744145	.1264188	-3.75	0.000	-.7221907	-.2266382
chinese	1.426989	.5407412	2.64	0.008	.3671558	2.486822
yage	.0025868	.0051838	0.50	0.618	-.0075734	.0127469
female	.1470572	.1171218	1.26	0.209	-.0824974	.3766118
educ						
2	-.2293607	.2165613	-1.06	0.290	-.6538131	.1950916
3	-.2193557	.2000513	-1.10	0.273	-.6114491	.1727377
4	.1940145	.2324771	0.83	0.404	-.2616322	.6496611
5	-.0526469	.2362219	-0.22	0.824	-.5156333	.4103395
_cons	.8780234	.3704951	2.37	0.018	.1518664	1.60418

上面結果顯示，2008 年總統大選選民投票抉擇的主要決定因素在於政黨
認同及族群認同：認同泛藍陣營者（panblue）及具有中國人認同者
（chinese）比較可能投給馬英九；而滿意當時總統陳水扁施政者
（perfsat），認同泛綠陣營者（panblue）及具有臺灣人認同者（taiwanese），
則比較不會投票給馬英九。至於人口特徵變數如性別（female）、年齡
（yage）、與教育程度（educ），則均無顯著之影響。

　　但是有學者認為，只分析投票抉擇，有欠完整，應該先分析選民是
否投票的決定，再分析投票抉擇。此一觀點言之成理，不過選民之是否
投票及投票給誰，未必是分開而互不相干的決定，可能有一些未觀察到
的因素同時影響是否投票及投票給誰的決定。例如無政黨偏好的中立選

民可能比較不會去投票，而即使去投，也可能比較傾向支持在野黨。果若如此，兩段式機率單元模型的估計就會產生偏誤，因此可將是否投票（turnout）視爲一種非隨機之選樣機制，接著再分析那些自行選擇去投票的人（即 turnout 編碼爲 1 者）對兩組總統候選人的抉擇，並檢定兩式誤差項間之相關是否爲 0，$H_0 : \rho = 0$。

　　Stata 內建的 Probit Model with Selection 指令可以用來分析這類「二分類依變數選樣模型」。下例在「是否投票」的選樣迴歸式中，增加了一個「關心競選過程」（concern）的自變數，其估計的步驟與結果如下。同樣的，因爲教育程度（educ）與關心競選過程（concern）都是具有多個類別的多分類變數，我們沿用 Stata 的 factor variable 指令，以類別 1 爲參照組建立若干個虛擬變數：

1. 自主選單 Statistics→Binary outcomes→Probit regression，打開對話窗 heckprob - Probit model with sample selection。然後自 Model 介面中選取變數，以 prechoice 爲依變數，然後依序選自變數：perfsat, panblue, pangreen, taiwanese, chinese, yage, 與 female。

2. 然後按 Independent variables 框邊的按鈕⋯，打開對話窗 Create varlist with factor or time-series variables，在 Variable 1 框中圈選 educ，並在 Base 框中圈選 Default（即以類別 1 爲參照組），按下 Add to varlist。然後按下 OK 鍵，這會帶回 Model 介面。

3. 在 Model 介面中，圈選 Selection DV 並選取依變數 turnout，然後在 Selection independent varialbe 框中選自變數：perfsat, panblue, pangreen, taiwanese, chinese, yage, 與 female。

4. 重複步驟 2，建立 educ 與 concern 相關的虛擬變數。

5. 爲避免遞迴之對數或然值報表過長，在 Maximization 介面中的 Iteration log 點選 Suppress。

6. 按下 OK 鍵，即可得二分類依變數選樣模型的分析結果：

```
. heckprob preschoice perfsat panblue pangreen taiwanese chinese yage female i.educ
> ,select(turnout=perfsat panblue pangreen taiwanese chinese yage female i.educ i.c
> oncern) nolog
```

```
Probit model with sample selection              Number of obs    =      1515
                                                 Censored obs     =       177
                                                 Uncensored obs   =      1338

                                                 Wald chi2(11)    =    472.90
Log likelihood = -758.7133                       Prob > chi2      =    0.0000
```

	Coef.	Std. Err.	z	P>|z|	[95% Conf. Interval]	
preschoice						
perfsat	-.6779821	.1323165	-5.12	0.000	-.9373176	-.4186466
panblue	1.51782	.1781444	8.52	0.000	1.168664	1.866977
pangreen	-1.787162	.1465205	-12.20	0.000	-2.074337	-1.499987
taiwanese	-.4808156	.1265207	-3.80	0.000	-.7287917	-.2328395
chinese	1.418402	.540883	2.62	0.009	.3582913	2.478514
yage	.0032382	.0053699	0.60	0.546	-.0072866	.013763
female	.1510389	.1170775	1.29	0.197	-.0784289	.3805066
educ						
2	-.2308008	.2162357	-1.07	0.286	-.6546149	.1930133
3	-.2118028	.2006147	-1.06	0.291	-.6050003	.1813948
4	.2009255	.2324416	0.86	0.387	-.2546518	.6565027
5	-.0425887	.2369772	-0.18	0.857	-.5070555	.4218782
_cons	.7917669	.4189133	1.89	0.059	-.029288	1.612822
turnout						
perfsat	.1775408	.1145953	1.55	0.121	-.0470619	.4021435
panblue	.4874205	.1203125	4.05	0.000	.2516124	.7232286
pangreen	.4121903	.1166174	3.53	0.000	.1836243	.6407563
taiwanese	-.1648861	.1061656	-1.55	0.120	-.3729669	.0431947
chinese	-.1181103	.2177452	-0.54	0.588	-.544883	.3086625
yage	.0102041	.0041155	2.48	0.013	.0021378	.0182704
female	.2030983	.0942345	2.16	0.031	.018402	.3877945
educ						
2	-.1463776	.1811459	-0.81	0.419	-.5014169	.2086618
3	.035688	.1721649	0.21	0.836	-.3017489	.373125
4	.0734896	.1970193	0.37	0.709	-.3126611	.4596403
5	.0965885	.1976426	0.49	0.625	-.2907838	.4839608
concern						
2	.4299595	.19651	2.19	0.029	.044807	.8151121
3	.9359476	.1889408	4.95	0.000	.5656305	1.306265
4	1.543508	.2185693	7.06	0.000	1.11512	1.971896
_cons	-.5154484	.3345589	-1.54	0.123	-1.171172	.1402751
/athrho	.1376838	.305105	0.45	0.652	-.460311	.7356787
rho	.1368204	.2993935			-.4303376	.6265272

```
LR test of indep. eqns. (rho = 0):   chi2(1) =    0.20   Prob > chi2 = 0.6556
```

　　上面的結果顯示，就「是否投票」之選樣迴歸式而言，有政黨認同、女性、年齡較高，以及關心競選過程者，比較可能去投票。因爲兩式誤差項之相關度 $\hat{\rho}$ =0.137，或然比檢定統計上不顯著（ $G^2 = 0.20, df$ =1, $p = 0.656$ ），不拒斥 H_0，表示兩式可以「兩段式模型」的方式分開單獨估計。不過兩式以聯立的方式一起估計，可以運用 Stata 內建的

margins 指令直接計算自變數對各種投票機率的平均邊際效應（AME），
解讀起來頗爲方便。例如自變數對投票給馬英九的邊緣機率之影響如下：

```
. margins, dydx(*)

Average marginal effects                        Number of obs   =       1515
Model VCE      : OIM

Expression     : Pr(preschoice=1), predict()
dy/dx w.r.t.   : perfsat panblue pangreen taiwanese chinese yage female 2.educ
                 3.educ 4.educ 5.educ 2.concern 3.concern 4.concern

                           Delta-method
                  dy/dx     Std. Err.      z     P>|z|    [95% Conf. Interval]

     perfsat   -.0894243    .0169095    -5.29    0.000   -.1225663   -.0562823
     panblue    .2001971    .0249199     8.03    0.000    .1513549    .2490392
    pangreen   -.2357227    .0126545   -18.63    0.000   -.2605251   -.2109202
   taiwanese   -.0634185    .0165713    -3.83    0.000   -.0958977   -.0309393
     chinese    .1870841    .0710888     2.63    0.008    .0477525    .3264156
        yage    .0004271     .000711     0.60    0.548   -.0009665    .0018207
      female    .0199217    .0154486     1.29    0.197    -.010357    .0502003

        educ
           2   -.0304262    .0283593    -1.07    0.283   -.0860094    .0251571
           3   -.0279047    .0260617    -1.07    0.284   -.0789846    .0231753
           4     .026332    .0306777     0.86    0.391   -.0337953    .0864593
           5   -.0055887     .031037    -0.18    0.857     -.06642    .0552426

     concern
           2   (omitted)
           3   (omitted)
           4   (omitted)

Note: dy/dx for factor levels is the discrete change from the base level.
```

以 panblue 爲例，我們的解讀爲；

　　　「在其他變數不變的情形下，泛藍陣營認同者投給馬英九
的機率，平均要比中立無政黨認同者高 0.20」。

如果研究者關心的是在有「入選」的條件下，而且研究對象又選擇了研
究者感興趣的那一類的聯合機率，例如受訪人既有去投票、又把票投給
馬英九的聯合機率，我們可以下列指令計算其影響力：

```
. margins, dydx(*) predict(p11)

Average marginal effects                      Number of obs   =      1515
Model VCE     : OIM

Expression    : Pr(preschoice=1,turnout=1), predict(p11)
dy/dx w.r.t.  : perfsat panblue pangreen taiwanese chinese yage female 2.educ
                3.educ 4.educ 5.educ 2.concern 3.concern 4.concern
```

	dy/dx	Delta-method Std. Err.	z	P>|z|	[95% Conf. Interval]	
perfsat	-.0567097	.0180338	-3.14	0.002	-.0920553	-.021364
panblue	.2094699	.020489	10.22	0.000	.1693121	.2496276
pangreen	-.1546907	.0169251	-9.14	0.000	-.1878632	-.1215182
taiwanese	-.0673332	.0168851	-3.99	0.000	-.1004274	-.0342391
chinese	.1422632	.0620841	2.29	0.022	.0205806	.2639458
yage	.0013014	.0006864	1.90	0.058	-.000044	.0026468
female	.0352598	.0155372	2.27	0.023	.0048073	.0657122
educ						
2	-.0392625	.0296744	-1.32	0.186	-.0974232	.0188982
3	-.0194569	.0273313	-0.71	0.477	-.0730253	.0341115
4	.0289478	.0323305	0.90	0.371	-.0344188	.0923144
5	.0044083	.0320987	0.14	0.891	-.058504	.0673207
concern						
2	.0837235	.041801	2.00	0.045	.001795	.1656519
3	.1517675	.0420604	3.61	0.000	.0693307	.2342044
4	.1927492	.0449255	4.29	0.000	.1046969	.2808016

Note: dy/dx for factor levels is the discrete change from the base level.

我們對 panblue 係數的解讀爲：

> 「在其他變數不變的情形下，泛藍陣營認同者既有去投
> 票、又把票投給馬英九的機率，平均要比中立無政黨認同者高
> 0.21」。

第五節　連續依變數之因果效應模型
（Treatment Effects Model）

值得特別注意的是，有另一種稱爲「內因效應」（endogenous treatment）的模型，與第三節的「選樣模型」結構上頗爲相似，但有個重要的差別，不論 D 是否跨過了柵欄或門檻，依變數 Y 都有觀測值，並無缺漏，故也可視爲是選樣模型進一步的延伸。這種情況通常發生在研究者亟欲分析 D 對 Y 是否有因果效應（treatment effect，或 causal effect），

但卻苦於無法隨機分派研究對象到 $D = 1$（受測組 treatment group）或 $D = 0$（控制組 control group），使得兩組在施測前並不對等而有組間異質性（heterogeneity），或因為 D 的分組往往取決於研究對象自身的某些特徵（self-selection，或「內因性」endogeneity）。例如在分析抽煙、酗酒對健康的影響時，因為研究對象是否抽煙、酗酒並非隨機分派，而是基於他們自身一些未觀測到的特徵（如個人性格與基因等因素）。更有甚者，這些未觀測到的特徵又同時影響了 D 和 Y，使 D 成了所謂「內因變數」。這一點與間接篩選類似，但差別在於，不論研究對象落入 D 的哪一組，依變數 Y 都有觀測值，因此可以將虛擬變數 D 納入結果變數迴歸式估計其效應係數。但棘手的是，D 是內因變數，其係數估計有偏誤且不一致。因此「內因效應模型」的焦點不在處理缺漏值，而在建立非隨機選組的模型，以校正內因變數 D 的係數估計所產生之偏誤。由於這類模型關心的是樣本無形中自行選組（selection on unobservables，或 endogenous switching）所產生的效應，因此也常稱為「效應模型」（treatment effects models）（Heckman and Robb, 1985; Maddala, 1983; Miranda and Rabe-Hesketh, 2006；黃紀，2008：13-15）。

　　在因果推論的方法上，「比較法」無疑扮演舉足輕重的角色，但運用時卻需謹慎，除非拿來比較的各組是隨機（random）產生，確保「因」發生之前各組在各方面都相同或很類似，否則光憑組間「果」之異同驟下論斷，往往容易誤導。例如在評估政府某個職業訓練方案的成效時，若發現受過訓的人的平均薪資，比起沒受過訓者還低，不宜驟下論斷認定該方案成效適得其反，因為很可能當初自己選擇（self-select）去受訓者本來就有工作能力上的困難，因此薪資較低也許只是反映原先能力上的差異，並非職訓造成反效果。換言之，逕行比較有受訓和沒受訓這兩群人的事後薪資，太過於直觀（naive），尚不足以斷定職訓方案的效果。唯有確保這兩組人在職訓開始之前的工作能力等諸多因素的分布都相當（equivalent），之後受完訓者薪資仍較低，我們才能排除其它可能的干擾因素，推論係職訓方案本身成效不彰。同理，制度的效應評估，也不

宜逕行比較實行兩種制度的國家或地區在依變數上的差異，就驟然歸因是制度的不同所造成的差異，因為可能有其它歷史及社會經濟因素形塑了不同的制度，而這些因素也造就了依變數的差異。由於因與果之間的關係受到其它因素干擾，不易清楚識別，因此拿來比較的兩組，其組別形成的篩選機制（以下簡稱「選組機制」），就成了因果推論的關鍵（黃紀，2008，2010）。這與「選樣機制」在選樣模型中扮演的角色，頗有異曲同工之妙。

壹、反事實因果模型

本節聚焦於二分類之「原因變數」（causal variable）D，也就是在研究者所感興趣的母群中分成兩組，以 1 代表有施測「因」的受測組（treatment group），並以 0 代表未施測的控制組（control group）。[4]簡單來說，「反事實之因果模型」（counterfactual model of causality）的基本設想是，母群中的每一份子 i 在施測前，其連續依變數 Y 都有兩種可能的結果（potential outcomes）：若有施測則結果為 Y^1，若未施測則為 Y^0。至於施測後實際發生並觀察到的是 Y^1 或是 Y^0，其實是這兩種可能的值的事後體現（realization），端視該份子「選入」（或被歸入）D 的那一組而定，即：

$$Y_i = \begin{cases} Y_i^1 \text{ if } D_i = 1, \\ Y_i^0 \text{ if } D_i = 0. \end{cases}$$
$$= D_i Y_i^1 + \left(1 - D_i\right) Y_i^0 \qquad\qquad (8.22)$$
$$= Y_i^0 + \left(Y_i^1 - Y_i^0\right) D_i$$

---

[4]　相關文獻使用的符號系統十分多樣，本文基本上是採Angrist and Pischke（2009）及Morgan and Winship（2007）較為簡易的符號。將因果推論問題稍加符號化，目的只在求追本溯源的過程中，推理清晰且敘述簡明。

由於 D_i 的作用就好像電閘開關（switch）一樣：按 $D_i=1$ 是開，看到 Y_i^1；按 $D_i=0$ 則是關，看到 Y_i^0，因此上式也稱為「開關機制」（switching process）（Manski, 1995: 38-39）。

依照比較法「同中求異」的原則，原因變數 D 對母群中某一個分子 i 產生的效應（individual-level treatment effect or unit causal effect），就反映在該分子兩種可能結果的差：

$$\delta_i = Y_i^1 - Y_i^0 \tag{8.23}$$

但棘手的是，同一個人在同一時間點，要不然是在受測組 $D_i=1$，只觀察到 Y_i^1（也就是 $Y_i\,|\,D_i=1$）卻觀察不到 Y_i^0；要不然就是在控制組 $D_i=0$，只觀察到 Y_i^0（也就是 $Y_i\,|\,D_i=0$）卻觀察不到 Y_i^1，無法一人同時分飾二角，因此難以計算個人層次的因果效應。Holland（1986: 947）將這個挑戰稱為「因果推論的根本問題」，如表 8.2 所示。

表 8.2　事實 vs.反事實

可能的結果 Potential Outcomes

組別 Group	Y^1	Y^0
受測組(D=1) Treatment Group $\Pr(D=1)=\pi$	可觀察到的事實 Y Observable as Y $(Y^1\,|\,D=1)=(Y\,|\,D=1)$ （受測組的本尊）	觀察不到的「反事實」 Counterfactual $(Y^0\,|\,D=1)$ （受測組的分身）
控制組(D=0) Control Group $\Pr(D=0)=1-\pi$	觀察不到的「反事實」 Counterfactual $(Y^1\,|\,D=0)$ （控制組的分身）	可觀察到的事實 Y Observable as Y $(Y^0\,|\,D=0)=(Y\,|\,D=0)$ （控制組的本尊）

資料來源：黃紀（2010：106），修改補充自 Morgan and Winship（2007: 35）。

　　於是從事因果分析的學者，便常將焦點放在母群之中受測組與控制組這兩群人的相互比較上，也就是「總平均（因果）效應」（average treatment effect，簡稱 ATE）$E(\delta)=E(Y^1-Y^0)=E(Y^1)-E(Y^0)$。若屬於受測組的機率爲 $\Pr(D=1)=\pi$、控制組的機率爲 $\Pr(D=0)=1-\pi$，則依照「期望值總和律」（the Law of Total Expectations）：

$$
\begin{aligned}
\text{ATE} = E(\delta) &= E(Y^1-Y^0)=E(Y^1)-E(Y^0) \\
&= \left[\pi E(Y^1\mid D=1)+(1-\pi)\underbrace{E(Y^1\mid D=0)}_{\text{反事實}}\right] \\
&\quad -\left[\pi \underbrace{E(Y^0\mid D=1)}_{\text{反事實}}+(1-\pi)E(Y^0\mid D=0)\right]
\end{aligned}
\tag{8.24}
$$

總平均效應推論的標的是，母群之中雖有人屬於受測組，也有人屬於控制組，但研究者卻想知道「若整個母群都在受測組，比起若整個母群都在控制組，其 Y 的平均差別爲何」（Manski, 1995: 37-38）？不過在評估型研究（evaluation research）中，最關心的往往是受到某個政策或方案影響的人，也就是「受測組之平均效應」（average treatment effect on the treated，簡稱 ATT）$E(\delta\mid D=1)=E(Y^1-Y^0\mid D=1)=E(Y^1\mid D=1)-\underbrace{E(Y^0\mid D=1)}_{\text{反事實}}$。

ATT 推論的標的是：「受測組觀察到的施測結果，比起他們當初如果沒受測的可能結果，在 Y 的平均差別爲何」。[5]

　　如果不由分說，直觀地拿兩個可觀察到的組相互比較，並逕以兩者依變數的差來歸因於 D，不論是想估計 ATE 還是 ATT，都可能會產生偏誤。就 ATE 而言，直觀估計式有兩種偏誤，如下式（8.25）所示（Gangl,

---

[5]　本節聚焦於最常見之ATE及ATT。關於因果推論的其他參數，詳見Heckman, Tobias, and Vytlacil（2001, 2003）。

2010: 25; Morgan and Winship, 2007: 46）：

$$\delta_{Naive} = E(Y \mid D=1) - E(Y \mid D=0)$$
$$= E(Y^1 \mid D=1) - E(Y^0 \mid D=0)$$
$$= \underbrace{E(\delta)}_{\text{ATE}} + \underbrace{\left[E(Y^0 \mid D=1) - E(Y^0 \mid D=0) \right]}_{\substack{\text{組間異質Heterogeneity} \\ \text{（兩組在施測前本來就有的差異）}}} \tag{8.25}$$
$$+ (1-\pi) \underbrace{\left[E(\delta \mid D=1) - E(\delta \mid D=0) \right]}_{\substack{\text{內因效應差異Endogeneity} \\ \text{（因受測者自行選組所造成之偏誤）}}}$$
$$\neq E(\delta)$$

棘手的是，$E(Y^0 \mid D=1)$ 及 $E(Y^1 \mid D=0)$ 兩者是觀察不到的「反事實」
（見表 8.2），無法觀測後代入（8.25）。即使我們將焦點縮小到受測組，
用直觀估計值 δ_{Naive} 推論「受測組之平均效應」ATT 仍然會因為兩組間本
來就存在的異質性，造成估計 ATT 的選組偏誤（selection bias）（Angrist
and Pischke, 2009: 14）：

$$\delta_{Naive} = E(Y \mid D=1) - E(Y \mid D=0)$$
$$= E(Y^1 \mid D=1) - E(Y^0 \mid D=1) + E(Y^0 \mid D=1) - E(Y^0 \mid D=0)$$
$$= \underbrace{E(\delta \mid D=1)}_{\text{ATT}} + \underbrace{\left[E(Y^0 \mid D=1) - E(Y^0 \mid D=0) \right]}_{\text{組間異質 Heterogeneity}} \tag{8.26}$$
$$\neq E(\delta \mid D=1)$$

因此從「反事實因果模型」的角度來看，以非隨機分派實驗之觀察資料
推論「受測組平均因果效應」ATT 的要務，就是消除選組偏誤。棘手的
是，估算 ATT 雖然不須知道 $E(Y^1 \mid D=0)$，但仍須用到 $E(Y^0 \mid D=1)$ 這
個觀察不到的「反事實」。但如果對此一問題視而不見，硬是用直觀的
$\delta_{Naive} = E(Y \mid D=1) - E(Y \mid D=0)$ 來估計，就形同強加了「外因選組」的

假定。

貳、最強勢的假定：外因選組（Exogenous Treatment Selection）

如果研究者假定：決定選組的因素都與 Y 無關，表示為 $(Y^1, Y^0) \perp D$，這也稱為「外因選組」（exogenous treatment selection, ETS），那麼事情單純，因為這表示反事實的缺漏為隨機，$E(Y^1)$ 及 $E(Y^0)$ 不會因 D 的組別而異，亦即

$$
\begin{aligned}
E\left(Y^1 \mid D=1\right) &= E\left(Y^1 \mid D=0\right) \\
E\left(Y^0 \mid D=1\right) &= E\left(Y^0 \mid D=0\right)
\end{aligned}
\tag{8.27}
$$

故代入上式 8.24 後，「總平均因果效」ATE 就簡化為：

$$
ATE = E(\delta) = E(Y^1) - E(Y^0) = E(Y|D=1) - E(Y|D=0)
\tag{8.28}
$$

同理，「受測組之平均因果效應」ATT 便簡化為：

$$
\begin{aligned}
ATT = E(\delta|D=1) &= E(Y^1|D=1) - E(Y^0|D=1) \\
&= E(Y^1|D=1) - E(Y^0|D=0)
\end{aligned}
\tag{8.29}
$$

這個定點識別的式子，就是直觀的因果效應估計式。換言之，直觀上想當然爾的估計 $\delta_{Naive} = E(Y \mid D=1) - E(Y \mid D=0)$，其實形同強加了「外因選組」的假定，如果這個假定成立，δ_{Naive} =ATE=ATT。衡諸實際，除非研究者採隨機分派之實驗設計（randomized experiment），否則此一假定恐難以服眾（參見 Druckman, Green, Kuklinski, and Lupia, 2011）。

參、以觀察研究推論因果效應的罩門：選組偏誤（Selection Bias）

社會科學研究基於法律、道德、成本等的考慮，往往無法隨機分派研究對象到各組，而必須仰賴「觀察研究」（observational study）來推論因果。換言之，研究的對象究竟屬於受測組還是控制組，往往非研究者所能掌控，而是取決於其它未觀測到（unobserved）的因素之影響，稱為「內因選組」（endogenous treatment selection or choice），使得選組的機制「不可忽視」（non-ignorable），這正是「觀察研究」與「隨機分派實驗」最大的差異（Rosenbaum, 2002）。研究者如對此「選組機制」之影響視而不見，或不由分說強加外因選組之假定，則會產生因果效應估計之「選組偏誤」（Barnow, Gain, and Goldberger, 1981），形成了社會科學研究做因果推論的罩門（黃紀，2008：8-9）。當下的文獻中提出了幾種因應之道，包括最典型的工具變數（instrumental variable，簡稱 IV）及其延伸（參見 Jackson, 2008），以及同時建立選組方程式（selection equation）和結構方程式（structural equation）的「因果效應模型」（Heckman, 1978）等。不過第七章第二節討論的 Manski 上下限推論法的邏輯，也可以應用在因果推論上。

肆、Manski之區段上下限推論法

總平均效應及受測組之平均效應的區段，當然和 Y 的值域（range）息息相關。設若 Y^1 與 Y^0 的值域已知為有限（bounded），也就是必然介於其最小及最大值$[y^l, y^u]$之間，則無法觀察到的反事實當然也在此值域內。這可以下列公式來表示：$y^l \leq E(Y^0 \mid D=1) \leq y^u$ 及 $y^l \leq E(Y^1 \mid D=0) \leq y^u$。

一、總平均效應ATE之上下限

總平均效應 ATE 既為 $E(\delta) = E(Y^1) - E(Y^0)$，則依照公式 8.24，其

下限 B^L 等於「$E(Y^1)$ 之下限」減去「$E(Y^0)$ 之上限」：

B^L=[$E(Y^1)$ 之下限]-[$E(Y^0)$ 之上限]

$$=\left[\pi \times E(Y|D=1)+(1-\pi)\times y^l\right]-\left[\pi \times y^u+(1-\pi)\times E(Y|D=0)\right]<0 \quad (8.30)$$

而其上限 B^U 等於「$E(Y^1)$ 之上限」減去「$E(Y^0)$ 之下限」：

B^U=[$E(Y^1)$ 之上限]-[$E(Y^0)$ 之下限]

$$=\left[\pi \times E(Y|D=1)+(1-\pi)\times y^u\right]-\left[\pi \times y^l+(1-\pi)\times E(Y|D=0)\right]>0 \quad (8.31)$$

此一區段 B 的寬度為 B^U-B^L=y^u-y^l。雖然仍很寬，且必然包含 0 在內，尚不足以識別平均效應的正負號，但已比尚無資料時之區段寬度 $2\times(y^u-y^l)$ 縮窄一半，有用得多。若依變數 Y 為比例，必介於 0 與 1 之間，則 $y^l=0, y^u=1$，ATE $E(\delta)$ 的上下限便簡化為：

$$\left[\pi \times E(Y|D=1)-(1-\pi)\times E(Y|D=0)\right]-\pi \leq E(\delta)$$
$$\leq \left[\pi \times E(Y|D=1)-(1-\pi)\times E(Y|D=0)\right]+(1-\pi)$$

$$(8.32)$$

二、受測組平均效應ATT之上下限

同理，受測組之平均效應 ATT = $E(\delta|D=1)=E(Y^1|D=1)-E(Y^0|D=1)$，再小也小不過「$E(Y^1|D=1)$ 減去 $E(Y^0|D=1)$ 的上限 y^u」、再大也大不過「$E(Y^1|D=1)$ 減去 $E(Y^0|D=1)$ 的下限 y^l」。換言之，處理組之平均效應 ATT 的最窄（sharp）區段為：

$$E\left(Y\mid D=1\right)-y^{u}\leq E\left(\delta\mid D=1\right)\leq E\left(Y\mid D=1\right)-y^{l} \tag{8.33}$$

此一區段的寬度爲 y^{u}-y^{l}。

如果依變數 Y 爲比例，必介於 0 與 1 之間，則 $y^{l}=0$, $y^{u}=1$，ATT= $E\left(\delta\mid D=1\right)$ 的上下限便簡化爲：

$$E\left(Y\mid D=1\right)-1\leq E\left(\delta\mid D=1\right)\leq E\left(Y\mid D=1\right) \tag{8.34}$$

區段的寬度爲 1（即 100%）。

總之，在未引入其它訊息或加上學理假定（如線性迴歸及機率分布等）前，ATE 及 ATT 真值可能落入的區段（參見表 8.3）寬度均爲 y^{u}-y^{l}，仍然很寬。

表 8.3　Y 爲介於 y^{l} 與 y^{u} 間之連續變數時，ATE 及 ATT 之上下限

平均效應	下限 $\mathbf{B}^{L}$	上限 $\mathbf{B}^{U}$
總平均效應 ATE	$\left[\pi\times E\left(Y\mid D=1\right)+\left(1-\pi\right)\times y^{l}\right]-$ $\left[\pi\times y^{u}+\left(1-\pi\right)\times E\left(Y\mid D=0\right)\right]$	$\left[\pi\times E\left(Y\mid D=1\right)+\left(1-\pi\right)\times y^{u}\right]-$ $\left[\pi\times y^{l}+\left(1-\pi\right)\times E\left(Y\mid D=0\right)\right]$
受測組平均效應 ATT	$E\left(Y\mid D=1\right)-y^{u}$	$E\left(Y\mid D=1\right)-y^{l}$

資料來源：黃紀（2010：117）。

伍、Heckman的效應模型

　　Heckman 從結構方程式（structural equation model，或 SEM）的角度，將第三節的選樣模型進一步延伸至因果效應之分析，也就是除了原本最感興趣的結果變數方程式（outcome equation）外，也正視選組機制，專門為之建立選組方程式（treatment selection/choice equation），兩者結合成「因果效應模型」（treatment effects model）（Heckman, 1978）。此一模型的目的，在把反事實模型結合傳統迴歸分析方法，以處理「無法觀察到的變數造成選組偏誤」（selection on unobservables）的問題。

　　如前所述，本節與選樣模型的差別，在於不論研究對象落入 D 的哪一組，依變數 Y 都有觀測值，因此直覺的做法，就是將二分類內因變數 D 納入結果變數迴歸式，以其係數 γ 來估計 D 對 y 產生之效應。不過因為 D 是內因變數，$E(D_i \varepsilon_i) \neq 0$，違反線性迴歸的假定，若逕以 OLS 估計結果變數迴歸式，則係數 γ 估計值有偏誤且不一致。

一、Heckman效應模型的設定

　　效應模型則是延續第三節選樣模型的結構式，設定如下：

$$\begin{cases} 選組迴歸式：D_i^* = 1[\mathbf{x}_{1i}\boldsymbol{\beta}_1 + u_i > 0] \\ \\ 結果變數迴歸式：y_i = \mathbf{x}_{2i}\boldsymbol{\beta}_2 + \gamma D_i + \varepsilon_i \end{cases} \tag{8.35}$$

效應模型之路徑圖如圖 8.5 所示。其中，選組迴歸式仍是分析二分類依變數的「機率單元模型」，其誤差項 u_i 為標準常態分布，期望值為 0、變異數 $\sigma_u^2 = 1$，其自變數向量 $\mathbf{x}_1$ 除了包含結果變數迴歸式中的自變數 $\mathbf{x}_2$ 之外，還可包括其它只影響選組的自變數 $\mathbf{z}$（亦即 D 之自變數為 $\mathbf{x}_1 = [\mathbf{z}\ \mathbf{x}_2]$，見圖 8.5）。而 $\Pr(D_i = 1 | \mathbf{x}_{1i}) = \Phi(\mathbf{x}_{1i}\boldsymbol{\beta}_1)$，正是樣本入選受測組之條件機率（conditional probability of selection into treatment），又稱「入選機率」

（propensity score）（Guo and Fraser, 2010; Rosenbaum and Rubin, 1983; Sekhon, 2008）。

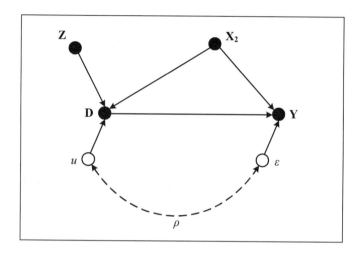

圖 8.5　因果效應模型路徑圖

　　效應模型和選樣模型最大的差別在結果變數迴歸式中多出了原因變數 D，反映在圖 8.5 路徑圖上多了一個從 D 到 Y 的箭頭（$D{\rightarrow}Y$）。其實公式 8.35 中的結果變數迴歸式是由以下兩個式子合併而成：

$$\begin{cases} y_i^1 = \mathbf{x}_{2i}\boldsymbol{\beta}_2 + \gamma + \varepsilon_i & \text{if } D_i = 1 \\[2mm] y_i^0 = \mathbf{x}_{2i}\boldsymbol{\beta}_2 \quad\ \ + \varepsilon_i & \text{if } D_i = 0 \end{cases} \tag{8.36}$$

這是「開闔迴歸」（switching regression）中最簡單的一種，假定 D 只對結果變數迴歸式的截距（intercept）產生 γ 的變化。若 $\gamma > 0$ 則迴歸線平行上升 γ，若 $\gamma < 0$ 則迴歸線平行下降 γ。依照這個設定，ATE$= E\left(y_i^1 - y_i^0 \mid \mathbf{x}_{1i}, \mathbf{x}_{2i}\right) = \gamma$。但棘手的是，$D$ 若是「內因自變數」（endogenous regressor），其誤差項 u 和結果變數迴歸式的誤差項 ε 相

關，則 γ 之一般最小平方估計不一致，必須另闢蹊徑。Heckman（1978, 1979）沿用選樣模型的方法，亦假定兩個誤差項呈雙變數常態分布（bivariate Normal, BVN），且相關度為 ρ：

$$\begin{bmatrix} u_i \\ \varepsilon_i \end{bmatrix} \sim \text{BVN}\left(\begin{bmatrix} 0 \\ 0 \end{bmatrix}, \begin{bmatrix} 1 & \sigma_{u\varepsilon} = \rho \cdot 1 \cdot \sigma_\varepsilon \\ \sigma_{\varepsilon u} = \rho \cdot \sigma_\varepsilon \cdot 1 & \sigma_\varepsilon^2 \end{bmatrix} \right). \tag{8.37}$$

依此設定，選組迴歸式誤差項 u 的條件期望值，在 D 的兩組中分別為：

$$E\left(u_i \mid \mathbf{x}_{1i}, D_i = 1\right) = E\left(u_i \mid u_i > -\mathbf{x}_{1i}\boldsymbol{\beta}_1\right) = \frac{\phi\left(-\mathbf{x}_{1i}\boldsymbol{\beta}_1\right)}{1 - \Phi\left(-\mathbf{x}_{1i}\boldsymbol{\beta}_1\right)} = \frac{\phi\left(\mathbf{x}_{1i}\boldsymbol{\beta}_1\right)}{\Phi\left(\mathbf{x}_{1i}\boldsymbol{\beta}_1\right)} = \lambda_i\left(\alpha_u\right)$$

$$\tag{8.38-1}$$

$$E\left(u_i \mid \mathbf{x}_{1i}, D_i = 0\right) = E\left(u_i \mid u_i \le -\mathbf{x}_{1i}\boldsymbol{\beta}_1\right) = \frac{-\phi\left(\mathbf{x}_{1i}\boldsymbol{\beta}_1\right)}{\Phi\left(-\mathbf{x}_{1i}\boldsymbol{\beta}_1\right)} = \frac{-\phi\left(\mathbf{x}_{1i}\boldsymbol{\beta}_1\right)}{1 - \Phi\left(\mathbf{x}_{1i}\boldsymbol{\beta}_1\right)}$$

$$\tag{8.38-2}$$

公式 8.38 的兩個式子顯示：（1）誤差項 u 在受測組（$D=1$）的條件期望值，其實就是第三節選樣模型中的「Mills 比值之倒數」（IMR）；（2）效應模型與選樣模型最大的差別，在於 y 在 $D=0$ 時也有觀察值，因此比選樣模型多出了誤差項 u 在控制組（$D=0$）的條件期望值。公式 8.38 的兩個條件期望值就是效應模型之「選組偏誤校正式」（the selectivity correction），Stata 軟體統稱為「風險」（hazard），採兩步驟估計時可視同為「控制變數」，加入結果變數迴歸式，故 Heckman and Robb（1985）稱之為「控制函數」（control functions）。

　　接著，我們將選組迴歸式誤差項 u 在兩組的條件期望值當成「控制變數」代入結果變數迴歸式，以校正選組偏誤，即可推導出 y 的條件期

望值分別爲：

$$E\left(y_i \mid \mathbf{x}_{1i}, \mathbf{x}_{2i}, D_i = 1\right) = \mathbf{x}_{2i}\boldsymbol{\beta}_2 + \gamma + E\left(\varepsilon_i \mid u_i > -\mathbf{x}_{1i}\boldsymbol{\beta}_1, \mathbf{x}_{1i}, \mathbf{x}_{2i}\right)$$

$$= \mathbf{x}_{2i}\boldsymbol{\beta}_2 + \gamma + \rho\sigma_\varepsilon \frac{\phi\left(\mathbf{x}_{1i}\boldsymbol{\beta}_1\right)}{\Phi\left(\mathbf{x}_{1i}\boldsymbol{\beta}_1\right)} \qquad (8.39\text{-}1)$$

$$E\left(y_i \mid \mathbf{x}_{1i}, \mathbf{x}_{2i}, D_i = 0\right) = \mathbf{x}_{2i}\boldsymbol{\beta}_2 + E\left(\varepsilon_i \mid u_i \le -\mathbf{x}_{1i}\boldsymbol{\beta}_1, \mathbf{x}_{1i}, \mathbf{x}_{2i}\right)$$

$$= \mathbf{x}_{2i}\boldsymbol{\beta}_2 + \rho\sigma_\varepsilon \left(\frac{-\phi\left(\mathbf{x}_{1i}\boldsymbol{\beta}_1\right)}{1-\Phi\left(\mathbf{x}_{1i}\boldsymbol{\beta}_1\right)}\right) \qquad (8.39\text{-}2)$$

二、Heckman效應模型的估計

　　就像估計選樣模型一樣，我們也可以用兩種方法來估計 Heckman 效應模型。第一種是兩步驟估計法，第二種是一步到位的最大或然法。關於第一種估計法，亦如第三節選樣模型之兩步驟估計法，也可將選組迴歸式誤差項 u 在兩組的條件期望值，當成「控制變數」代入結果變數迴歸式，以校正選組偏誤。不再贅述。

　　現今公式 8.35 之因果效應模型，多採最大或然法一次完成估計，其或然之對數（log-likelihood）爲：

$$\ln L\left(\boldsymbol{\beta}_1, \boldsymbol{\beta}_2, \gamma, \sigma_\varepsilon, \rho \mid y_i, D_i, \mathbf{x}_{1i}, \mathbf{x}_{2i}\right)$$

$$= \sum_{D_i=1}\left\{-\frac{1}{2}\left[\ln(2\pi) + \ln\sigma_\varepsilon^2\right] + \ln\Phi\left[\frac{\mathbf{x}_{1i}\boldsymbol{\beta}_1 + \left(y_i - \mathbf{x}_{2i}\boldsymbol{\beta}_2 - \gamma\right)\rho/\sigma_\varepsilon}{\sqrt{1-\rho^2}}\right]\right\}$$

$$+ \sum_{D_i=0}\left\{-\frac{1}{2}\left[\ln(2\pi) + \ln\sigma_\varepsilon^2\right] + \ln\Phi\left[\frac{-\mathbf{x}_{1i}\boldsymbol{\beta}_1 + \left(y_i - \mathbf{x}_{2i}\boldsymbol{\beta}_2\right)\rho/\sigma_\varepsilon}{\sqrt{1-\rho^2}}\right]\right\}$$

$$(8.40)$$

顯然上式 8.40 中的第一項 $\sum\limits_{D_i=1}\{.\}$ 為受測組（$D=1$）之 y，第二項 $\sum\limits_{D_i=0}\{.\}$ 則

為控制組（$D=0$）之 y。

在係數的解讀上，如果 Heckman 效應模型的假定都成立，則原因變數 D 之迴歸係數 γ 與「反事實因果模型」之 ATE 參數有清楚之對應關係（Heckman and Vytlacil, 2007; Heckman, Tobias and Vytlacil, 2001, 2003），解讀起來清晰易懂。依照上述效應模型的設定，可以得知[6]：

總平均效應：$\text{ATE} = E\left(y_i^1 - y_i^0 \,|\, \mathbf{x}_{1i}\right) = \gamma$ \hfill (8.41)

至於受測組平均效應 ATT 之估算，則因公式 8.39-1 中之 IMR 值會因自變數的值而異，故需分成兩個步驟：先推導受測組（$D_i = 1$）中，自變數具有某特徵組合值 x_{1i} 者之條件效應（treatment effect on the treated，簡稱 TT）；然後再據以計算受測組內所有 n_1 人的平均值：

$$\text{TT}(x_{1i}) = E\left(y_i^1 - y_i^0 \,|\, \mathbf{x}_{1i} = x_{1i}, D_i = 1\right)$$

受測組條件效應： $$= \gamma + E\left(\varepsilon_i \,|\, u_i > -\mathbf{x}_{1i}\boldsymbol{\beta}_1\right) \hspace{1cm} (8.42\text{-}1)$$

$$= \gamma + \rho\sigma_\varepsilon \frac{\phi\left(\mathbf{x}_{1i}\boldsymbol{\beta}_1\right)}{\Phi\left(\mathbf{x}_{1i}\boldsymbol{\beta}_1\right)}$$

受測組平均效應： $$\text{ATT} = \frac{1}{n_1}\sum_{i=1}^{n_1}\text{TT}\left(x_{1i}\right) \hspace{1cm} (8.42\text{-}2)$$

由公式 8.42-1 可知，如果效應模型中兩式的誤差項 u 與 ε 間之相關為零（即 $\rho = 0$），則無「內因選組」問題，亦即圖 8.5 之虛線雙向箭頭並不

---

[6]　由於自變數向量 $\mathbf{x}_1$ 包含結果變數迴歸式中的自變數 $\mathbf{x}_2$，因此公式 8.41 及 8.42 均僅標示 $\mathbf{x}_1$。

存在，此時 ATE=ATT=γ。但是如果 $\rho > 0$ 且統計上顯著，則 ATE<ATT。由於 ρ 在效應模型中扮演舉足輕重的角色，故檢定 $H_0 : \rho = 0$ 亦稱為「D 之外因假設檢定」（a test of the null hypothesis of exogeneity of D）。

倘若未加入「控制函數」，直觀想當然爾的逕以最小平方法估計結果變數 y 之迴歸式，其係數估計值將為公式 8.39-1 減公式 8.39-2 之差：

$$E\left(y_i \mid \mathbf{x}_{1i}, \mathbf{x}_{2i}, D_i = 1\right) - E\left(y_i \mid \mathbf{x}_{1i}, \mathbf{x}_{2i}, D_i = 0\right) = \gamma + \rho\sigma_\varepsilon\left(\frac{\phi(\mathbf{x}_{1i}\boldsymbol{\beta})}{\Phi(\mathbf{x}_{1i}\boldsymbol{\beta})\left[1 - \Phi(\mathbf{x}_{1i}\boldsymbol{\beta})\right]}\right)$$

$$(8.43)$$

上式中 $\rho\sigma_\varepsilon\left(\dfrac{\phi(\mathbf{x}_{1i}\boldsymbol{\beta})}{\Phi(\mathbf{x}_{1i}\boldsymbol{\beta})\left[1 - \Phi(\mathbf{x}_{1i}\boldsymbol{\beta})\right]}\right)$ 就是以 OLS 估計總平均效應 ATE 之偏誤（Greene, 2012: 930-931），如果 $\rho > 0$，則最小平方估計值會高估總平均效應；反之，若 $\rho < 0$，則最小平方估計值會低估總平均效應。若 $\rho = 0$，才無「內因選組」問題。

三、Stata之指令treatreg

Stata 的內建指令 treatreg 可以估計連續依變數 Y 的 Heckman「因果效應模型」：

treatreg *depvar* [*indepvars*], treat(*depvar_t* = *indepvars_t*) hazard (*newvar*)

上述指令中，

- *depvar*：是結果變數迴歸式中的連續[7]結果變數 y；

---

[7] 若結果變數y也是二分類，參見Freedman and Sekhon（2010）的討論，Stata第11 版尚無內建指令，必須下載公用程式**ssm**及GLLAMM（Miranda and Rabe-Hesketh,

- *indepvars*：是結果變數迴歸式中的自變數；
- treat：設定選組迴歸式；
- *depvar_t*：是選組迴歸式二分類之原因變數 *D*；
- *indepvars_t*：是選組迴歸式二分類之自變數。
- hazard(*newvar*)：是計算 IMR 值，儲存於分析者命名的變數欄位 *newvar*

　　我們以日本選舉制度特有之政黨重複提名（dual candidacy）為例，來說明因果效應模型之應用（參見郭銘峰、黃紀、王鼎銘，2012）。日本自1994年起改採「單一選區兩票制」（日本稱之為「小選舉區比例代表並立制」），選民在眾議院選舉時可以投兩票：一票投單一選區（single-member district, SMD）之候選人、一票投比例代表（proportional representation, PR）選區之政黨名單。但日本選制獨特之處，在允許政黨將候選人同時在 SMD 及 PR 重複提名。日本大多數政黨均充分運用此一機會重複提名，一方面讓在單一選區落選者，仍有機會依惜敗率（best-loser provisions）在比例代表選區復活，一方面也藉此鼓勵候選人衝高得票率。不過學界對於重複提名究竟能否衝高政黨比例票，頗多辯論，例如 Cox and Schoppa（2002）等人認為可以，而 Maeda（2008）等人則不以為然。本節的目的不在為辯論定調，而僅是舉日本社會民主黨（Social Democratic Party, SDP）在2000年眾院選舉為例，說明如何以效應模型校正內因選組偏誤，以一致估計 ATE 及 ATT。使用的資料檔為SDP2000.dta，分析單元為各單一選區。首先，我們循例以 describe 取得變數名與變數標籤，再以 summarize 取得各變數的描述統計資料[8]：

2006; Rabe Hesketh, Skrondal and Pickles, 2004）。

[8]　由於社民黨於前屆（1996年）眾院選舉，在北海道PR選區沒有提政黨名單，故其北海道13個小選區沒有PR得票率，登錄為0。以下範例僅分析其餘287個小選區，故指令中加入了if sdp_prrell>0。

```
. describe
Contains data from D:\data\Heckman treatment effects model\SDP2000.dta
  obs:            300
  vars:             8                              10 Apr 2011 15:57
  size:         9,300 (99.9% of memory free)
              storage  display    value
variable name   type   format     label      variable label
sdp_prrel       float  %9.0g                  SDP PR vote (%)
sdp_prrell      float  %9.0g                  SDP previous election PR vote (%)
urban           float  %9.0g                  urbanization
sdpdua          float  %9.0g                  dual candidacy
sdp_smdnoml     byte   %8.0g                  nomination in previous election
openseat        byte   %8.0g                  open seat
sdpsmdmargin    float  %9.0g                  vote differential (%)
dpjincum        byte   %8.0g                  DPJ incumbent

Sorted by:

. summarize if sdp_prrell>0

    Variable |     Obs        Mean   Std. Dev.        Min        Max
    sdp_prrel |     287    .0945159   .0370792   .0443988   .2691143
   sdp_prrell |     287    .0676998   .0323313   .0293617   .2810298
        urban |     287    .5750523   .3017558        .07          1
       sdpdua |     287    .2439024   .4301847          0          1
  sdp_smdnoml |     287    .1498258    .357524          0          1

     openseat |     287    .1533101   .3609155          0          1
 sdpsmdmargin |     287    -.433226   .1439438   -.8478382   .2740969
     dpjincum |     287    .0383275   .1923211          0          1
```

　　上面的結果顯示資料檔中共有 8 個變數。每一個變數都有 287 個有效案例：

1. 社民黨選區 PR 得票率（%）（sdp_prrel）：為連續變數。

2. 社民黨前屆選區 PR 得票率（%）（sdp_prrell）：為連續變數。

3. 都市化程度（%）（urban）：為連續變數。

4. 政黨 SMD 重複提名（sdpdua）：為二分類變數，有重複提名者編碼為 1，否則編碼為 0。

5. 前屆 SMD 提名（sdp_smdnoml）：為二分類變數，候選人在前屆曾被提名者編碼為 1，否則編碼為 0。

6. 開放選區（openseat）：為二分類變數，候選人所在選區為開放選區者編碼為 1，否則編碼為 0。

7. 政黨前屆 SMD 競爭實力落差(%)（sdpsmdmargin）：為連續變數。

8. 民主黨 SMD 現任者參選（dpjincum）：為二分類變數，有民主黨

現任者參選的選區編碼為 1，否則編碼為 0。

我們先以 OLS 估計，然後再以因果效應模型估計，以比較兩者的差異。

```
. regress sdp_prrel sdp_prrell urban sdpdua if sdp_prrell>0
```

Source	SS	df	MS		Number of obs =	287
					F(3, 283) =	423.14
Model	.321532133	3	.107177378		Prob > F =	0.0000
Residual	.071680446	283	.000253288		R-squared =	0.8177
					Adj R-squared =	0.8158
Total	.393212579	286	.001374869		Root MSE =	.01592

sdp_prrel	Coef.	Std. Err.	t	P>|t|	[95% Conf. Interval]	
sdp_prrell	.7945069	.0315661	25.17	0.000	.7323728	.856641
urban	-.0041351	.0031285	-1.32	0.187	-.0102932	.002023
sdpdua	.0318999	.0023659	13.48	0.000	.027243	.0365569
_cons	.0353254	.0029406	12.01	0.000	.0295371	.0411136

上面的結果顯示，如果逕以 OLS 估計，則社民黨重複提名（sdpdua）對其在單一選區政黨票 PR 得票率（sdp_prrel）之影響為增加約 0.0319，或 3.19%，的政黨票，而且統計上顯著。不過政黨之所以會選擇在某些單一選區重複提名，很可能和該政黨在這些選區的既有實力息息相關，也就是兩式之誤差項可能相關。故必須以「因果效應模型」估計後檢定相關度。我們假設社民黨重複提名的決定是受到下列因素的影響：社民黨前屆選區 PR 得票率（sdp_prrell），候選人在前屆 SMD 是否受到提名（sdp_smdnoml），是否是開放選區（openseat），政黨前屆 SMD 競爭實力落差（%）（sdpsmdmargin），以及民主黨 SMD 現任者是否參選（dpjincum）。我們以 treatreg 指令來分析，相關的指令程式與結果為：

1. 自主選單 Statistics→Sample-selection models→Treatment-effects model (ML)，打開對話窗 treatreg-Treatment-effects model。然後自 Model 介面中選取變數，在 Dependent variable 框中以 sdp_prrel 為依變數，然後在 Independent variables 框中依序選自變數：sdp_prrell 與 urban。

2. 在 Treatment variable 選取依變數 sdpdua，然後在 Treatment

independent variables 依序選取 sdp_prrell，sdp_smdnoml，
openseat，sdpsmdmargin 與 dpjincum。

3. 然後到 by/if/in 介面，在 if 欄位元輸入 sdp_prrell>0

4. 然後到 Reporting 介面，在 Generate new variable-Treatment hazard
variable:欄位元輸入 IMR

5. 按下 OK 鍵，即可得因果效應模型的分析結果：

```
. treatreg sdp_prrel sdp_prrell urban if sdp_prrell>0, treat(sdpdua= sdp_prrell
> sdp_smdnoml openseat sdpsmdmargin dpjincum) hazard(IMR)

Iteration 0:    log likelihood =  629.32488
Iteration 1:    log likelihood =  648.70484
Iteration 2:    log likelihood =  653.66286
Iteration 3:    log likelihood =  653.75327
Iteration 4:    log likelihood =  653.75364
Iteration 5:    log likelihood =  653.75364

Treatment-effects model -- MLE            Number of obs   =        287
                                          Wald chi2(3)    =    1033.33
Log likelihood =  653.75364               Prob > chi2     =     0.0000
```

	Coef.	Std. Err.	z	P>|z|	[95% Conf. Interval]	
sdp_prrel						
sdp_prrell	.8540793	.0381445	22.39	0.000	.7793175	.9288411
urban	-.0049193	.0031617	-1.56	0.120	-.0111161	.0012775
sdpdua	.0200286	.0046137	4.34	0.000	.0109859	.0290713
_cons	.0346387	.0030198	11.47	0.000	.0287201	.0405574
sdpdua						
sdp_prrell	8.697395	3.337361	2.61	0.009	2.156289	15.2385
sdp_smdnoml	1.322618	.2684215	4.93	0.000	.7965218	1.848715
openseat	-.0385793	.2368913	-0.16	0.871	-.5028777	.4257191
sdpsmdmargin	-.4074451	.7083707	-0.58	0.565	-1.795826	.9809361
dpjincum	-.2945158	.5105027	-0.58	0.564	-1.295083	.7060511
_cons	-1.672382	.4476653	-3.74	0.000	-2.54979	-.7949746
/athrho	.4833995	.1708547	2.83	0.005	.1485304	.8182686
/lnsigma	-4.104784	.0524813	-78.21	0.000	-4.207645	-4.001922
rho	.448962	.1364161			.1474477	.6741264
sigma	.0164936	.0008656			.0148814	.0182805
lambda	.007405	.0025059			.0024935	.0123165

```
LR test of indep. eqns. (rho = 0):   chi2(1) =      7.73   Prob > chi2 = 0.0054
```

上面的結果顯示，兩式的誤差項之相關度 $\hat{\rho}$ =0.449，或然比檢定統計上顯著（ $p = 0.0054$ ），拒斥 H_0，表示僅以 OLS 估計社民黨重複提名對其在單一選區政黨票 PR 得票率之影響，會高估其效應。在校正選組偏誤後，社民黨重複提名對所有單一選區政黨票得票率之總平均效應（見

公式 8.41）ATE=$\hat{\gamma}$=.02，也就是 2000 年社民黨若每個選區都重複提名，平均各選區增加約 2%（而非 3.19%）的政黨票。

如只對實際有重複提名的單一選區政黨票得票率之受測組平均效應感興趣，則可以下列 Stata 指令，依照公式 8.42-2 估算

$$\text{ATT}=\frac{1}{n_1}\sum_{i=1}^{n_1}\left(\hat{\gamma}+\hat{\rho}\hat{\sigma}_\varepsilon\frac{\phi\left(\mathbf{x}_{1i}\hat{\boldsymbol{\beta}}_1\right)}{\Phi\left(\mathbf{x}_{1i}\hat{\boldsymbol{\beta}}_1\right)}\right)=\hat{\gamma}+\hat{\rho}\hat{\sigma}_\varepsilon\frac{1}{n_1}\sum_{i=1}^{n_1}\left(\frac{\phi\left(\mathbf{x}_{1i}\hat{\boldsymbol{\beta}}_1\right)}{\Phi\left(\mathbf{x}_{1i}\hat{\boldsymbol{\beta}}_1\right)}\right):$$

1. 先利用前述 hazard(IMR)副指令新建之變數 IMR，以 summarize 指令計算有重複提名之選區的「Mills 比值之倒數」（IMR）$\frac{\phi\left(\mathbf{x}_{1i}\hat{\boldsymbol{\beta}}_1\right)}{\Phi\left(\mathbf{x}_{1i}\hat{\boldsymbol{\beta}}_1\right)}$ 的樣本平均數 $\frac{1}{n_1}\sum_{i=1}^{n_1}\left(\frac{\phi\left(\mathbf{x}_{1i}\hat{\boldsymbol{\beta}}_1\right)}{\Phi\left(\mathbf{x}_{1i}\hat{\boldsymbol{\beta}}_1\right)}\right)$，該平均值會暫存於記憶位址 r(mean)中：

```
. summarize IMR if sdpdua==1
```

Variable	Obs	Mean	Std. Dev.	Min	Max
IMR	70	1.060102	.515638	.128563	2.166027

2. 然後用 treatreg 指令報表中，sdpdua 的係數估計值 $\hat{\gamma}$=.0200286、以及 lambda=$\hat{\rho}\cdot\hat{\sigma}_\varepsilon$=.007405 的估計值（暫存於記憶位址 e(lambda) 中）計算 ATT=$\hat{\gamma}+\hat{\rho}\hat{\sigma}_\varepsilon\frac{1}{n_1}\sum_{i=1}^{n_1}\left(\frac{\phi\left(\mathbf{x}_{1i}\hat{\boldsymbol{\beta}}_1\right)}{\Phi\left(\mathbf{x}_{1i}\hat{\boldsymbol{\beta}}_1\right)}\right)$=0.0279：

```
. display .0200286+e(lambda)*r(mean)
.02787865
```

　　換言之，就 2000 年社民黨在北海道之外有重複提名的 70 個 SMD 小選區而言，社民黨在這 70 個小選區獲得的政黨票比起若不重複提名，平均提升了約 2.79%。

References

參考書目

Agresti, Alan. 2002. *Categorical Data Analysis*. 2nd ed. New Jersey: John Wiley & Sons Inc.

———. 2007. *An Introduction to Categorical Data Analysis*. 2nd ed. Hoboken: John Wiley & Sons Inc.

———. 2010. *Analysis of Ordinal Categorical Data*. 2nd ed. Hoboken: Wiley.

Akaike, Hirotogu. 1973. "Information Theory and an Extension of the Maximum Likelihood Principle." In *Second International Symposium on Information Theory*, ed. B. N. Petrov and F. Csaki. Budapest: Akademiai Kiado, pp. 267-81.

Amemiya, Takeshi. 1994. *Introduction to Statistics and Econometrics*. Cambridge: Harvard University Press.

Anderson, J. A. 1984. "Regression and Ordered Categorical Variables." *Journal of the Royal Statistical Society, Series B (Methodological)* 46 (1): 1-30.

Angrist, Joshua D., and Jörn-Steffen Pischke. 2009. *Mostly Harmless Econometrics: An Empiricist's Companion*. Princeton: Princeton University Press.

Barnow, Burt S., Glen G. Cain, and Arthur S. Goldberger. 1981. "Issues in the Analysis of Selectivity Bias." In *Evaluation Studies Review Annual*. Volume 5, ed. E. W. Stromsdorfer and G. Farkas. Beverly Hills: Sage, pp. 43-59.

Beresteanu, Arie, and Charles F. Manski. 2000. "*Bounds* for STATA: Draft Version 1.0." Mimeo. Available at http://faculty.wcas.northwestern.edu/~cfm754/

Berkson, Joseph. 1944. "Application of the Logistic Function to Bio-Assay." *Journal of the American Statistical Association* 39 (227): 357-65.

Biblarz, Timothy J., and Greg Gottainer. 2000. "Family Structure and

Children's Success: A Comparison of Widowed and Divorced Single-Mother Families." *Journal of Marriage and Family* 62 (2): 533-48.

Breen, Richard. 1996. *Regression Models: Censored, Sample Selected, or Truncated Data.* Thousand Oaks: Sage.

Brehm, John. 1993. *The Phantom Respondents: Opinion Surveys and Political Representation.* Ann Arbor: The University of Michigan Press.

Cameron, A. Colin, and Pravin K. Trivedi. 2005. *Microeconometrics: Methods and Applications.* Cambridge: Cambridge University Press.

————. 2010. *Microeconometrics Using Stata.* Revised ed. College Station: Stata Press.

Cox, Karen, and Leonard J. Schoppa. 2002. "Interaction Effects in Mixed-Member Electoral Systems: Theory and Evidence from Germany, Japan, and Italy." *Comparative Political Studies* 35 (9): 1027-53.

Craft, Cassady, and Joseph P. Smaldone. 2002. "The Arms Trade and the Incidence of Political Violence in Sub-Saharan Africa, 1967-97." *Journal of Peace Research* 39 (6): 693-710.

Cragg, John G. 1971. "Some Statistical Models for Limited Dependent Variables with Application to the Demand for Durable Goods." *Econometrica* 39 (5): 829-44.

Cragg, John G., and Russell S. Uhler. 1970. "The Demand for Automobiles." *Canadian Journal of Economics* 3 (3): 386-406.

DeMaris, Alfred. 2004. *Regression with Social Data: Modeling Continuous and Limited Response Variables.* Hoboken: Wiley.

Dobson, Annette J., and Adrian G. Barnett. 2008. *An Introduction to Generalized Linear Models.* 3rd ed. Boca Raton: CRC Press.

Druckman, James N., Donald P. Green, James H. Kuklinski, and Arthur Lupia. 2011. "Experiments: An Introduction to Core Concepts." In

Cambridge Handbook of Experimental Political Science, ed. R. J. Sternberg and S. B. Kaufman. Cambridge: Cambridge University Press, pp. 15-26.

Dubin, Jeffrey A., and Douglas Rivers. 1989/1990. "Selection Bias in Linear Regression, Logit and Probit Models." *Sociological Methods and Research* 18 (2&3): 360-90.

Efron, Bradley. 1978. "Regression and ANOVA with Zero-One Data: Measures of Residual Variation." *Journal of the American Statistical Association* 73 (361): 113-21.

Fahrmeir, Ludwig, and Gerhard Tutz. 2001. *Multivariate Statistical Modelling Based on Generalized Linear Models*. 2nd ed. New York: Springer-Verlag.

Fox, John. 1991. *Regression Diagnostics*. Newbury Park, Calif.: Sage.

Francis, Brian, Mick Green, and Clive Payne, eds. 1993. *GLIM 4: The Statistical System for Generalized Linear Interactive Modeling*. Oxford: Clarendon Press.

Freedman, David A., and Jasjeet S. Sekhon. 2010. "Endogeneity in Probit Response Models." *Political Analysis* 18 (2): 138-50.

Freese, Jeremy, and J. Scott Long. 2000. "Sg155: Tests for the multinomial Logit Model." *Stata Technical Bulletin* 58:19-25. In *Stata Technical Bulletin Reprints* 10: 247-55. College Station, TX: Stata Press.

Gangl, Markus. 2010. "Causal Inference in Sociological Research." *Annual Review of Sociology* 36:21-47.

Gill, Jeff. 2001. *Generalized Linear Models: A Unified Approach*. Thousand Oaks: Sage.

Goldberger, Arthur S. 1981. "Linear Regression after Selection." *Journal of Econometrics* 15 (3): 357-66.

Goodman, Leo A. 1970. "The Multivariate Analysis of Qualitative Data:

Interactions among Multiple Classifications." *Journal of the American Statistical Association* 65 (329): 226-56.

Gourieroux, Christian, and Alain Monfort. 1993. "Pseudo-Likelihood Methods." In *Handbook of Statistics. Volume 11: Econometrics*, ed. G. S. Maddala, C. R. Rao and H. D. Vinod. Amsterdam: North-Holland, pp. 335-63.

Greene, William H. 2012. *Econometric Analysis*. 7th ed. Upper Saddle River: Prentice Hall.

Guo, Shenyang, and Mark W. Fraser. 2010. *Propensity Score Analysis: Statistical Methods and Applications*. Thousand Oaks: Sage.

Hanushek, Eric A., and John E. Jackson. 1977. *Statistical Methods for Social Scientists*. New York: Academic Press.

Hausman, Jerry, and Daniel L. McFadden. 1984. 'Specification Tests for the Multinomial Logit Model." *Econometrica* 52 (5): 1219-40.

Heckman, James J. 1976. "The Common Structure of Statistical Models of Truncation, Sample Selection and Limited Dependent Variables and a Simple Estimator for Such Models." *Annals of Economic and Social Measurement* 5 (4): 475-92.

———. 1978. "Dummy Endogenous Variables in a Simultaneous Equation System." *Econometrica* 46 (6): 931-59.

———. 1979. "Sample Selection Bias as a Specification Error." *Econometrica* 47 (1): 153-61.

Heckman, James J., and Richard Jr. Robb. 1985. "Alternative Methods for Evaluating the Impact of Interventions." In *Longitudinal Analysis of Labor Market Data*, ed. J. J. Heckman and B. Singer. Cambridge: Cambridge University Press, pp. 156-246.

Heckman, James J., Justin L. Tobias, and Edward Vytlacil. 2001. "Four Parameters of Interest in the Evaluation of Social Programs." *Southern*

Economic Journal 68 (2): 210-23.

———. 2003. "Simple Estimators for Treatment Parameters in a Latent-Variable Framework." *The Review of Economics and Statistics* 85 (3): 748-55.

Heckman, James J., and Edward Vytlacil. 2007. "Econometric Evaluation of Social Programs, Part I: Causal Models, Structural Models and Econometric Policy Evaluation." In *Handbook of Econometrics.* Volume 6B, ed. J. J. Heckman and E. E. Leamer. Amsterdam: North Holland, pp. 4779-874.

Hilbe, Joseph M. 2007. *Negative Binomial Regression.* Cambridge: Cambridge University Press.

Holland, Paul W. 1986. "Statistics and Casual Inference." *Journal of the American Statistical Association* 81 (396): 945-60.

Huang, Chi, Woosang Kim, and Samuel Wu. 1992. "Conflicts across the Taiwan Strait: 1951-1978." *Issues and Studies* 28 (6): 35-58.

Huang, Chi, and Todd G. Shields. 1994. "Modeling and Interpreting Interactions in Logit Analysis." *Journal of Electoral Studies* 1 (1): 171-96.

———. 2000. "Interpretation of Interaction Effects in Logit and Probit Analyses: Reconsidering the Relationship between Registration Laws, Education, and Voter Turnout." *American Politics Research* 28 (1): 80-95.

Jackson, John E. 2008. "Endogeneity and Structural Equation Estimation in Political Science." In *The Oxford Handbook of Political Methodology*, ed. J. M. Box-Steffensmeier, H. E. Brady and D. Collier. Oxford: Oxford University Press.

Johnson, Norman L., and Samuel Kotz. 1970. *Continuous Univariate Distributions-2: Distributions in Statistics.* Boston: Houghton Mifflin.

Johnson, Norman L., Samuel Kotz, and Adrienne W. Kemp. 1992. *Univariate Discrete Distributions*. 2nd ed. New York: Wiley.

King, Gary. 1998. *Unifying Political Methodology: The Likelihood Theory of Statistical Inference*. Ann Arbor: The University of Michigan Press.

Little, Roderick J. A., and Donald B. Rubin. 2002. *Statistical Analysis with Missing Data*. 2nd ed. Hoboken: Wiley.

Long, J. Scott. 1997. *Regression Models for Categorical and Limited Dependent Variables*. Thousand Oaks: Sage.

Long, J. Scott, and Jeremy Freese. 2006. *Regression Models for Categorical Dependent Variables Using Stata*. 2nd ed. College Station, TX: Stata Corporation.

Maddala, G. S. 1983. *Limited-Dependent and Qualitative Variables in Econometrics*. Cambridge: Cambridge University Press.

Manski, Charles F. 1995. *Identification Problems in the Social Science*. Cambridge: Harvard University Press.

———. 2003. *Partial Identification of Probability Distributions*. New York: Springer.

———. 2007. *Identification for Prediction and Decision*. Cambridge: Harvard University Press.

———. 2008. "Partial Identification Econometrics." In *The New Palgrave Dictionary of Econometrics. Volume 6*, ed. S. N. Durlauf and L. E. Blume. New York: Palgrave Macmillan, pp. 300-6.

McCullagh, Peter, and John A. Nelder. 1989. *Generalized Linear Models*. 2nd ed. Cambridge: Chapman and Hall.

McDonald, John F., and Robert A. Moffitt. 1980. "The Uses of Tobit Analysis." *Review of Economics and Statistics* 62 (2): 318-21.

McFadden, Daniel L. 1973. "Conditional Logit Analysis of Qualitative Choice Behavior." In *Frontiers in Econometrics*, ed. P. Zarembka. New

York: Academic Press, pp. 105-42.

———. 1987. "Regression-Based Specification Tests for the Multinomial Logit Model." *Journal of Econometrics* 34 (1-2): 63-82.

McKelvey, Richard D., and William Zavoina. 1975. "A Statistical Model for the Analysis of Ordinal Level Dependent Variables." *Journal of Mathematical Sociology* 4 (1): 103-20.

Mills, John P. 1926. "Table of the Ratio: Area to Bounding Ordinate, for Any Portion of Normal Curve." *Biometrika* 18 (3-4): 395-400.

Miranda, Alfonso, and Sophia Rabe-Hesketh. 2006. "Maximum Likelihood Estimation of Endogenous Switching and Sample Selection Models for Binary, Ordinal, and Count Variables." *The Stata Journal* 6 (3): 285-308.

Morgan, Stephen L., and Christopher Winship. 2007. *Counterfactual and Casual Inference: Method and Principles for Social Science*. Cambridge: Cambridge University Press.

Nelder, John A., and R.W.M. Wedderburn. 1972. "Generalized Linear Models." *Journal of the Royal Statistical Society, Series A, 135(Part 3):* 370-84.

Olsson, Ulf. 2002. *Generalized Linear Models: An Applied Approach*. Sweden: Studentlitteratur.

Pampel, Fred C. 2000. *Logistic Regression: A Primer*. Thousand Oaks: Sage.

Pampel, Fred C., and Richard G. Rogers. 2004. "Socioeconomic Status, Smoking, and Health: A Test of Competing Theories of Cumulative Advantage." *Journal of Health and Social Behavior* 45 (3): 306-21.

Pearl, Judea. 2009. *Causality: Models, Reasoning, and Inference*. 2nd ed. Cambridge: Cambridge University Press.

Peterson, Bercedis, and Frank E. Jr. Harrell. 1990. "Partial Proportional Odds Models for Ordinal Response Variables." *Applied Statistics* 39 (2):

205-17.

Plane, Dennis L., and Joseph Gershtenson. 2004. "Candidates' Ideological Locations, Abstention, and Turnout in U.S. Midterm Senate Elections." *Political Behavior* 26 (1): 69-93.

Powers, Daniel, and Yu Xie. 2008. *Statistical Methods for Categorical Data Analysis*. 2nd ed. United Kingdom: Emerald.

Pregibon, Daryl. 1981. "Logistic Regression Diagnostics." *Annuals of Statistics* 9 (4): 705-24.

Rabe-Hesketh, Sophia, and Anders Skrondal. 2010. "Generalized Linear Mixed Models." In *International Encyclopedia of Education*. Volume 7, 3rd ed. Ed. P. Peterson, E. Baker and B. McGaw. Oxford: Elsevier, pp. 171-7.

Rabe-Hesketh, Sophia, Anders Skrondal, and Andrew Pickles. 2004. *GLLAMM Manual*. Available at http://www.bepress.com/ucbbiostat/paper160.

Raftery, Adrian. 1996. "Bayesian Model Selection in Social Research." In *Sociological Methodology*. Volume 25, ed. P. V. Marsden. Oxford: Basil Blackwell, pp. 111-63.

Rodríguez, Germán. 2008. "Multilevel Generalized Linear Models." In *Handbook of Multilevel Analysis*, ed. J. de Leeuw and E. Meijer. New York: Springer, pp. 335-76.

Rosenbaum, Paul R. 2002. *Observational Studies*. 2nd ed. New York: Springer.

Rosenbaum, Paul R., and Donald B. Rubin. 1983. "The Central Role of the Propensity Score in Observational Studies for Casual Effects." *Biometrika* 70 (1): 41-55.

Sekhon, Jasjeet S. 2008. "The Neyman-Rubin Models of Causal Inference and Estimation via Matching Methods." In *The Oxford Handbook of*

Political Methodology, ed. J. M. Box-Steffensmeier, H. E. Brady and D. Collier. Oxford: Oxford University Press, pp. 271-99.

Sexton, Edwin A., and Terence N. Decker. 1992. "US Foreign Aid: Is It for Friends, Development or Politics?" *The Journal of Social, Political and Economic Studies* 17 (3): 303-15.

Shields, Todd G., and Chi Huang. 1995. "Presidential Vetoes: An Event Count Model." *Political Research Quarterly* 48 (3): 559-72.

———. 1997. "Executive Vetoes: Testing Presidency versus President-Centered Perspectives of Presidential Behavior." *American Politics Quarterly* 25 (4): 431-57.

Simonoff, Jeffrey S. 2003. *Analyzing Categorical Data*. New York: Springer.

Songer, Donald, and Kelley A. Crews-Meyer. 2000. "Does Judge Gender Matter? Decision Making in State Supreme Courts." *Social Science Quarterly* 81 (3): 750-62.

StataCorp. 2009. *Stata: Release 11. Statistical Software*. College Station, TX: StataCorp LP.

Stokes, Maura E., Charles S. Davis, and Gary G. Koch. 1995. *Categorical Data Analysis Using the SAS System*. NC: SAS Institute Inc.

Theil, Henri. 1969. "A Multinomial Extension of the Linear Logit Model." *International Economic Review* 10 (3): 251-9.

Tobin, James. 1958. "Estimation of Relationships for Limited Dependent Variables." *Econometrica* 26 (1): 24-36.

Wang, T.Y. 1998. "Arms Transfers and Coups *d'État*: A Study on Sub-Saharan Africa." *Journal of Peace Research* 35 (6): 659-75.

Wang, T.Y., William J. Dixon, Edward N. Muller, and Mitchell A. Seligson. 1993. "Inequality and Violence Revisited." *American Political Science Review* 87 (4): 979-94.

Williams, Richard. 2006. "Generalized Ordered Logit/Partial Proportional

Odds Models for Ordinal Dependent Variables." *The Stata Journal* 6 (1): 58-82.

Winkelmann, Rainer. 2008. *Econometric Analysis of Count Data*. 5th ed. New York: Springer.

Wooldridge, Jeffrey M. 2009. *Introductory Econometrics: A Modern Approach*. 4th ed. Canada: South-Western.

———. 2010. *Econometric Analysis of Cross Section and Panel Data*. 2nd ed. Cambridge: The MIT Press.

王鼎銘，2007，〈臺灣政治獻金法及參選人政治獻金資料之實證分析〉，《選舉研究》，14(2): 121-41。

王德育，2007，《政治學定量分析入門》，北京：中國人民大學出版社。

黃紀，2000，〈質變數之計量分析〉，載於謝復生、盛杏湲主編，《政治學的範圍與方法》，臺北：五南圖書出版公司，頁387-411。

———2008，〈因果推論與觀察研究：「反事實模型」之思考〉，《社會科學論叢》，2(1): 1-21。

———2010，〈因果推論與效應評估：區段識別法及其於「選制效應」之應用〉，《選舉研究》，17(2): 103-34。

———2012，〈臺灣選舉與民主化調查：為臺灣的民主歷程作見證〉，載於廖炳惠主編，《臺灣及其脈絡》，第3章，臺北：臺大出版中心。（付印中）

黃紀、王鼎銘、郭銘峰，2008，〈「混合選制」下選民之一致與分裂投票：1996年日本眾議員選舉自民黨選票之分析〉，《選舉研究》，15(2): 1-35。

黃紀、林佳旻，2007，〈影響區域立委連任成敗之因素：事件史分析〉，《政治學報》，43: 1-41。

郭銘峰、黃紀、王鼎銘，2012，〈日本眾議院選舉政黨重複提名策略與效應：選區層次之分析〉，《政治科學論叢》，51: 165-221。

Index

漢英對照索引

英文名詞

Akaike 訊息標準：Akaike's Information Criterion／139-40, 143

Mills 比值之倒數：inverse Mills ratio, IMR／265-6, 268, 276-7, 311-4, 342, 350

S 狀成長曲線迴歸：logistic regression／14, 24, 84, 87, 99, 107fn, 119-20fn, 130-1, 163, 156, 158, 164, 313

Tobin 之機率單元模型：the Tobit model／30, 247, 250, 274-90, 292, 296, 303-4, 309, 312

一劃

一致投票：straight-ticket voting／205-9, 214, 219-20, 222-6, 228-9, 232-4

一般文字格式：plain text／38

一般最小平方法：ordinary least squares, OLS／24-5, 60, 63, 65, 73, 244-5, 268-9, 271-3, 277, 306, 308, 312, 340, 342, 345, 348-9

二劃

二分勝算對數模型：binary logit model／29-30, 81-2, 84-6, 92, 94-6, 98-9, 101, 103, 106, 113-4, 116, 119-20, 129-30, 135, 201-3, 218

二分機率單元模型：binary probit model／29, 84-6, 101-3, 120, 326

二分類變數：binary variable／3, 6, 9, 19, 28-9, 69-72, 81, 85, 98, 108, 125, 127, 138-9, 155, 161-2, 182, 187-9, 191, 195, 207, 228, 260, 262, 288-9, 318, 320, 324, 347

二項分布：binomial distribution／9, 12-5, 17-9

入選機率（入選受測組之條件機率）：propensity score (or conditional probability of selection into treatment)／314, 317, 340-1

三劃

上（右）方截尾：truncation from above／247, 267, 270

上限：upper bound／73, 91, 107, 131, 167, 243, 254-5, 258, 262, 294, 337-9

下（左）方截尾：truncation from below／247, 264, 266-9, 273-4, 280

下限：lower bound／73, 107, 131, 255, 258, 262, 294, 337-9

工具變數：instrumental variable, IV／313, 337

已觀測到的：observed／244, 310fn

干擾：disturbance／22, 331-2

四劃

不可忽略的（分組機制）：nonignorable／245

不相關誤差：uncorrelated errors／64-5

中央極限定理：central limit theorem／65, 104, 166-7

互動模式：interactive mode／47, 56

內因迴歸自變數：endogenous regressor／341

內因性：endogeneity／331

內因效應：endogenous treatment／247, 330-1, 335

內因變數：endogenous variable／309, 331, 340

分布尺度參數：scale parameter／10-1, 13, 17-8

分布變異程度：dispersion／10

分析結果解讀：post-estimation interpretation／53

分界點：cutpoint／83, 91, 154-5, 157, 163, 187, 189-91

分裂投票：split-ticket voting／205-7, 209, 212, 214, 220, 222-4, 226, 228, 234

反事實之因果模型：counterfactual model of causality／332-40, 344

反應函數：response function／10, 12-4, 16, 18, 22-3, 93, 157

五劃

六劃

共線：collinear／63, 250, 313

共變數：covariance／16, 21, 24, 65, 304, 306, 317

向量：vector／14-6, 20, 59, 189, 310, 312-3, 340, 344

回顧視窗：review window／36-7

因果效應：treatment effect (or causal effect)／330, 333, 337

因果效應模型：treatment effects model／30, 247, 299, 304, 330, 337, 340-1, 343, 345-6, 348-9

因果推論：causal inference／331-4, 337

多重插補：multiple imputation, MI／244

多項分布：multinomial distribution／9, 14, 16-7, 19, 22, 201

多項勝算對數：multinomial logit, MNL／201-5, 208, 210-2, 216, 218

多項勝算對數模型：multinomial logit model／21, 77, 113, 189, 201-5, 208, 210-2, 216, 218-9, 222, 226-7, 232, 234, 236-8

存活分析：survival analysis／247, 265, 285

收斂：convergence／28, 99

有序多分類變數：ordinal variable／3-4, 6, 9, 19, 28, 35, 151, 153, 155-6, 159, 161-2, 187-9, 196, 249, 291

有序勝算對數模型：ordered logit model／53, 113, 153-4, 156-60, 162-4, 166, 170-1, 183, 187-90, 192, 194-6, 205, 214, 218

有序機率單元模型：ordered probit model／153-4, 156, 164, 166, 170

有意義的真值：true and meaningful value／275

次母群：subpopulation／263

次函數：subfunctions／10

自由民主黨（日本）：Liberal Democratic Party, LDP／201, 205-7, 210, 216-7, 222-8, 232-4

自然連結函數（標準連結函數）：natural link (canonical link)／11, 13, 86

自然對數：natural logarithm, *ln*／90-1, 157, 275

自然對數轉換：natural log transformation／275

自選：self-selection／250

自變數與依變數均發生缺漏：jointly missing／246

七劃

完全線性關係：perfect linear relationship／63

完全隨機之缺漏：missing completely at random, MCAR／244

局部識別：partial identification／254

系統部分：systematic component／20, 22, 24, 28, 60, 75, 85-6, 93, 156, 201

貝氏訊息標準：Bayesian Information Criterion／139-43

八劃

事件史分析：event history analysis／247, 285

事後體現：realization／332

兩（雙）方設限：two-limit censoring (or upper and lower censoring)／247, 249, 286, 288-9, 291

兩步驟估計法（或 Heckit 估計法）：two-step estimation (or the Heckit estimator)／275, 277, 312, 315, 322, 342-3

兩段式模型：the two-part model／247, 249, 304-6, 308-9, 313, 317, 320, 327-8

受限依變數：limited dependent variable, LDV (or limited outcome or limited response)／3, 5, 6, 21, 29-30, 59, 63, 75, 77, 90, 146, 239, 241, 243-5, 247, 251, 255, 263

受限變數：limited variables／3-7, 9, 18-9, 29-30, 35, 54, 59, 69, 75

受測組：treatment group／301, 331-40, 342, 344, 350

九劃

十一劃

十三劃

十四劃

十五劃

十六劃

十七劃

Index

英漢對照索引

A

B

C

D

E

F

file extension：副檔名／37, 47

full model：包含所有自變數的完整模型／236

G

generalized linear models, GLM：廣義之線性模型／7, 20-1, 25, 59, 63, 75, 82, 85-6, 154, 156, 201

Generalized Linear Interactive Modeling, GLIM：廣義之線性互動模型（GLIM 軟體）／28

generalized ordered logit model, gologit：廣義之有序勝算對數模型／53-4, 189-97

generalized Tobit model：廣義之 Tobit 模型／309

Goodness of fit：模型的符合度／81, 85, 134-6, 140, 142-3

gradient：斜度／28

H

hazard function：風險函數／265

heterogeneity：異質性／309, 331, 335

heteroscedasticity：條件變異數不等／65, 73, 312

homoscedasticity：條件變異數相等／14, 64-5, 72-5, 275, 278

the hurdle model：跨門檻模型（或跨欄模型）／30, 247, 249, 302, 304-6, 308, 315, 330

I

identification problem：識別問題／252, 313

J

L

N

O

P

results window：結果視窗／36-7, 48, 53

review window：回顧視窗／36-7

right-censored (or upper censoring)：右（上）方設限／246-7, 279, 281, 285-6, 288-9, 292

S

sample selection：選樣／3-4, 30, 239, 244-5, 247, 250, 263, 270, 309-11, 313-5, 319-20, 322, 327-8, 332

sample selection bias：選樣偏誤／309, 311, 313, 320

sample selection corrections model：選樣偏誤之校正模型／247, 250, 315, 319

sample selection model：選樣模型／243, 250, 303-4, 309-15, 317-23, 327, 330, 332, 340-3

scale parameter：分布尺度參數／10-1, 13, 17-8

selection：篩選／243, 245, 247, 249-50, 301-2, 304-7, 309, 316, 319, 331

selection equation (or choice equation)：選組方程式／337, 340

selection mechanism：篩選機制／243, 245, 249, 301-2, 304-5, 315, 332

selection on observables (or exogenous selection)：只根據觀察到的變數來選樣（或選組）／304-5, 313

selection on unobservables (or endogenous selection)：選樣（或選組）受未觀察到的變數影響／247, 331, 340

the selectivity correction：選組偏誤校正式／342

self-selection：自選／250

single member district, SMD：單一選區制／205-7, 346, 348-50

slope：斜率／61, 119, 177, 267

Social Democratic Party, SDP：社會民主黨（日本）／346-51

T

U

國家圖書館出版品預行編目資料

質變數與受限依變數的迴歸分析 / 黃紀、王德
育著；－初版.－臺北市：五南, 2012.06
　面；　公分.
ISBN: 978-957-11-6625-4（平裝）

1.統計分析　2.迴歸分析

511.7　　　　　　　　　101005217

1PM7

質變數與受限依變數的迴歸分析

作　　者 — 黃紀（302.7）　王德育（22.3）

發 行 人 — 楊榮川

總 編 輯 — 王翠華

主　　編 — 劉靜芬

責任編輯 — 李奇蓁

封面設計 — P. Design 視覺企劃

出 版 者 — 五南圖書出版股份有限公司

地　　址：106 台北市大安區和平東路二段 339 號 4 樓

電　　話：(02)2705-5066　　傳　　真：(02)2706-6100

網　　址：http://www.wunan.com.tw

電子郵件：wunan@wunan.com.tw

劃撥帳號：01068953

戶　　名：五南圖書出版股份有限公司

法律顧問　林勝安律師事務所　林勝安律師

出版日期　2012 年 6 月初版一刷
　　　　　2016 年 11 月初版二刷

定　　價　新臺幣 480 元

※版權所有‧欲利用本書內容，必須徵求本公司同意※